湖上

HUSHANG

湖山有美

㊤

癸卯·秋

李海波　主編
鍾楚怡　李嘉文　編著

中國美術學院出版社

趙躍鵬《西湖十景圖》

顧　問　陳越光　范景中　劉小楓　皮道堅
　　　　榮新江　王炳華　張志揚　鄭少梅

編委會主任　李雙木

編　委　長　北　蔡　葩　陳雲君　程志敏
　　　　管郁達　郭　平　杭　侃　李寂萊
　　　　李　桐　林海鐘　劉瑞芝　釋光泉
　　　　釋月真　王紹強　吳　敢　吳嘯海
　　　　伍立楊　謝　榕　張卜天　張　捷
　　　　鄭　力　朱　君　朱紹平

主　編　李海波

執行主編　鍾楚怡

編　輯　賈東陽　金　偉　李嘉文
　　　　李曉鳳　歐陽穩江　歐陽薇
　　　　王雪霽　王元明　余　准

設　計　茹寒越　單子沛　歐陽薇

新媒體　陳昱君　許　杰

主　辦　中國文化書院

地　址　中國杭州吳山景區元寶心六十七號林泉山房

聯繫方式　〇五七一—八七一六五八三六

郵　箱　hushang20120425@163.com

林泉山房 出品

東白《宅兹中國》麻紙岩彩 2021 年

湖山有美

趙躍鵬《西湖十景圖》

本期杭州專刊特別鳴謝：

杭州西湖風景名勝區管理委員會

編者語

一座城有一種文化性格，流於日常生活中經常能聽到上海洋氣，北京官氣，长沙火辣，成都巴适，杭州雅致這類表達，這些反映了城市的一面，又不是全部。城市文化性格，是外人對這座城市的感受，又是市民日常行爲沉澱下來的體現。城市學家伊裏爾·沙裏寧曾説過："讓我看看你的城市，我就能説出這個城市的居民在文化上追求的是什么。"文化是城市經久不衰、歷久彌新的秘密符鑰，不動聲色卻力量磅礴，足以重新定義一座城市的未來。在城市文化中，前衛與懷舊縈繞，時尚與傳統交匯，街景與服飾悄然變幻，人文理念與都市建築日新月異，時時處處彰顯著這座城市的文化與性格。一個世紀以前，日本學者內藤湖南在他的《燕山楚水》中就提出了城市文化性格，并且表達了他對杭州的偏愛。

杭州的城市文化性格，折射於物，水是性格的調和劑。每一座城市都經歷過千百年的洗禮，政權更迭後自愈的能力；杭州算是快速與有效的。西湖用她的平和与柔美，化人以愛、分享，與美的表達。這一代代，一層層的人文累積，奠定了今日杭州文化性格中的靜美與包容，包容中又捎帶三分自我的態度。日常中，對於不好的行爲與事務，人們都會有指証与批评的職責。对于平等與人性的表現，杭州走在了時代的前列，每個人願意把自己的情感與努力賦予這座城市，成功時她給你湖光山色溫柔的擁抱，失意時她給你曉風殘月式共鳴。這種慰藉，不曾有聲，但她來過。尊重每一位的感受也就有了人的味道！湖山之間，不僅是英雄的讚歌，還有西泠蘇小小，斷橋白娘子，萬松書院裏梁山伯與祝英臺的傳説。善良與勇敢，真誠與獨立，每一位平凡的命運於這座城市都譜寫著屬於自己的歌。人取代神、常識取代愚昧成爲杭州這座城市文化性格的底色。

杭州的文化性格還表現在堅守与創新。今天的杭州人不再囿於湖山之一隅，半個世紀以來，杭州從几十萬人口到千萬級別，容納的大多數是新杭州人。他們對城市過往有瞭解，那是看到的湖山歷史與人文沉澱，在與鄰爲友的過程中，他們感受到這座城市的溫度與包容，更多地，他們也在用自己的真誠與熱愛一起澆築這座城市的文明與希望。數字時代，杭州人有自己的笃定與追求。創造價值的多樣性，致良知與知行合一，可以討論但更要踐行，失敗與成功在這裏受到同等的尊重與鼓勵。朝氣蓬勃，锐意進取是新世紀杭州城市文化性格中扑面而来的气息！

杭州的文化性格裏對美的理解與要求一直秉持著一種態度，它體現在接納與輸出的文化裏。從中國美術學院的南山校區到象山校區，從劉莊的江南第一園林到天目裏那層淺淺水面，從良渚的民間棒球場到亞運主會場，文化的煥發與再造，都是對美有態度的追求。杭州走向國際的腳步稳健而堅毅，樂見杭州帶給世人的感觀與呈現。

山水爲魂，人文爲韵，智识开新，美學守正，這裏是杭州。

林泉山人寫於癸卯年小暑後一日

下卷

行深觸境

228 與牆的相逢，亦是與文明的相逢　文／陳耀光　著名空間設計師、湖上

240 深情難了憶西湖　文／張振宇　收藏家

260 先生之風，山高水長——西子湖畔憶山明教授　文／任道斌　中國美術學院教授

272 朱晨：我的舅舅　文／朱晨　中國美術學院教授

282 元代杭州西湖書院刻書考辨　文／童聖江　浙江圖書館

306 舉父：向前滾動的棒球精神　文／Jack 廖、Wendy　舉父棒壘球俱樂部創始人、湖上

神思我聞

324 良渚神徽中的華夏　文／陳輝　浙江大學教授

338 净土遺蹤——探尋杭州吴越國敕建佛教遺存　文／魏祝挺　浙江省博物館研究員

368 九龍山麓雜憶　文／王漱居　學者

380 兩浙第一世家錢氏與杭州　文／錢偉强　中國美術學院教授、湖上

392 孤山年年自梅花　文／徐達斯　學者

煙火人間

406 書店：城市裏的精神避難所　文／鍾楚怡　湖上

416 當我用聲音，去理解杭州的秋與冬　文／末末　獨立撰稿人

424 讀一座城，以及川流人生　文／王珏　浙江日報記者、湖上

434 城市栖居：播種城市記憶的人們　文／王珏　浙江日報記者、湖上

442 杭州的巷弄　文／余淮　湖上

目録

編者語　文／林泉山人李海波

光色瀲灧

002　三山萬户巷盤曲，百橋千街水縱橫——《康熙南巡圖》第九卷中的浙江　文／吕曉　北京畫院研究部主任、研究員

040　南宋宮苑草木志　文／姜青青　南宋史研究中心兼職研究員

058　天趣與人意——杭州園林　文／姜帥　中國美術學院青年學者

068　良渚——最早的江南水鄉　文／劉斌　浙江大學藝術與考古學院　宋姝　浙江省文物考古研究所

082　八千卷樓主人與十九世紀的杭州　文／温玉鵬　杭州博物館

墨客行吟

112　西湖第一解人——杭州詩人厲鶚西湖歌咏品讀　文／趙榮光　浙江工商大學中國飲食文化研究所所長

132　七面玲瓏——西湖十景御碑的故事　文／魏祝挺　浙江省博物館研究員

152　黄易所訪吴山石刻當代見聞録　文／錢塘漚影　學者

178　宋版『活人書』杭刻本還『活』著　文／姜青青　南宋史研究中心兼職研究員

菡萏浮香

188　在文化熏陶下——杭州建築淺議　文／謝榕　浙江工業大學教授、湖上

200　詩客僧家烹點出多少湖上茶事　文／阮浩耕　茶學專家

218　物華山水，香飄四季　文／陳立　美食家

上卷

光色瀲灩

三山萬户巷盤曲，百橋千街水縱横
——《康熙南巡圖》第九卷中的浙江

文／吕曉 北京畫院研究部主任、研究員

《康熙南巡圖》(以下簡稱“《南巡圖》”)是表現康熙皇帝1689年第二次南巡盛况的歷史圖卷，共十二卷，總長超過200米。1690年，王翬應宋駿業之邀北上京師，率領弟子歷時6年繪成這一鴻篇巨製，名動京師。該畫是我國第一套以長卷形式表現皇帝巡游的歷史長卷，畫中所繪人物萬余個，牛、馬、犬、羊等各類牲畜數千，更不要説江河山川、城池衙署、商鋪街巷應有盡有。《南巡圖》後來珍藏於景山壽皇殿。光緒二十六年七月二十日(1900年8月14日)，“八國聯軍”攻占了北京城，法軍少將司令弗雷將司令部設在壽皇殿正殿之中，并大肆洗劫殿中珍寶。《南巡圖》部分被盗運到法國，其中第二、四卷現藏於法國吉美博物館，第六卷被盗到法國後分割成七段，在一個家族兄弟中流傳。從20世紀80年代開始，第六卷陸續出現在拍賣會中，經過多次拍賣，現在分藏在兩位藏家手中，2020年曾在中國香港蘇富比拍賣公司合璧展出。第三卷現藏於美國大都會博物館，第七卷曾由一位丹麥私人收藏家收藏，20餘年前轉手給一位加拿大收藏家，現藏於加拿大阿爾伯塔大學。剩餘的第一、九、十、十一、十二卷珍藏於故宫博物院。遺憾的是，描繪揚州的第五卷和描繪杭州的第八卷再也未曾露面。我們只能通過第九卷領略康熙在浙江的巡幸之旅。

康熙二十八年（1689）二月九日，康熙南巡到達杭州，相關活動在《康熙起居注》中未有明確記載，因此，我們無法推斷散佚的第八卷的具體内容。十一日，康熙决定祭拜大禹陵，并諭扈從部院諸大臣曰：“朕稽古省方，諮求治理，閱視河道，期底平成，凡有利於民生，必令沾夫實惠。兹行次浙省，禹陵在望，念大禹功德隆盛，萬世永賴，應行親詣，以展企慕之忱。其致祭典禮，所司即察例舉行。”[1] 禮部官員查康熙二十三年（1684）康熙第一次南巡到南京時，是遣官致祭明太祖朱元璋的孝陵後，皇帝再親詣奠酒，認爲此次也應依例行事。但康熙却提出要親自致祭，并親撰祭文，其文曰：

“惟王精一傳心，儉勤式訓。道由天錫，啟皇極之圖疇。功在民生，定中邦之井牧。四載昔勞胼胝，永賴平成。九叙早著謀謨，惟歌府事。行其無間，德遠益新。朕省東南，道經吴越，睹長江之浩渺，心切溯洄；瞻高巘之嵯峨，企深仰止。幸矣！松楸伊邇，儼然律度可親。特薦馨香，躬修祀事，惟祈靈爽，尚克來歆。”[2]

以上足見康熙對於祭拜大禹陵的重視。同時他又諭禮部曰：“祭以敬爲主。禹陵僻處荒村，恐致褻慢，凡供獻粢盛、禮儀諸事，着都御史馬齊與席爾達同往省視。”

十三日，康熙乘御舟自杭州啟行，渡過錢塘江，從西興入浙東運河，經蕭山至紹興，當晚駐蹕紹興府會稽山之麓。次日黎明，康熙詣禹陵，“至外門前，步行入。率扈從王、内大臣、侍衛、部院大小官員行三跪九叩禮，讀祝文致祭。祭畢，上登窆石亭，留覽良久。”感慨萬千之餘，康熙揮毫寫下了《謁大禹廟》和《禹陵頌》兩首詩：

[1] 徐尚定标点：《康熙起居注》（第四册），北京：东方出版社，2014 年，第 113 页。
[2] 同上，第 214 页。

謁大禹廟

古廟青山下，登臨曉靄中。梅梁存舊迹，金簡紀神功。

九載隨刊力，千年統緒崇。兹來薦蘩藻，瞻對率群工。

禹陵頌

下民其諮，聖人乃生。危微精一，允執相承。

克勤克儉，不伐不矜。隨山刊木，地平天成。

九州始辯，萬世永寧。六府三事，政教修明。

會稽巨鎮，五嶽媲靈。兹惟其藏，陵穀式經。

百神守護，松柏鬱貞。仰止高山，時切景行。

意猶未盡，康熙還題匾“地平天成”一塊，并書一副楹聯：“江淮河漢思明德，精一危微見道心。”表達了對大禹的敬仰欽慕之情。是日即回鑾，當晚駐蹕蕭山縣西興鎮。十六日又令地方官修葺禹陵、增加守祀之人，并賜銀二百兩給守祀之人。

康熙祭拜大禹陵的巡幸路綫正好經過浙東運河[3]從起點西興到紹興的一段，兩天的行程被畫家記録在《南巡圖》第九卷中。畫卷爲絹本設色，縱 67.8 厘米，横 2227.5 厘米，包首題簽：“康熙南巡圖第九卷，渡錢塘江抵紹興府，躬祀禹陵。”卷前題：（圖一）

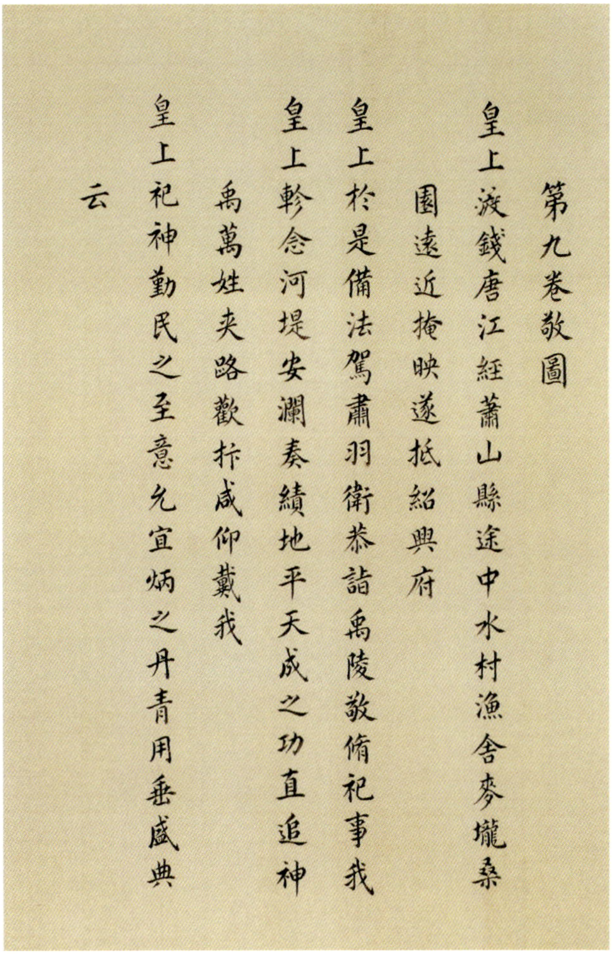
第九卷敬圖
皇上渡錢唐江經蕭山縣途中水村漁舍麥壟桑
園遠近掩映遂抵紹興府
皇上於是備法駕肅羽衛恭詣禹陵敬脩祀事我
皇上軫念河堤安瀾奏績地平天成之功直追神
禹萬姓夾路歡忭咸仰戴我
皇上祀神勤民之至意允宜炳之丹青用垂盛典
云

圖一 清 王翬等繪《康熙南巡圖》卷九 錢塘江至紹興段卷首題跋 絹本設色 故宮博物院藏

第九卷敬圖：皇上渡錢塘江，經蕭山縣，途中水村漁舍，麥壟桑園，遠近掩映，遂抵紹興府。皇上於是備法駕肅羽衛恭詣禹陵，敬修祀事。我皇上較念河堤安瀾，奏績地平天成之功，直追神禹。萬姓夾道歡抃，咸仰戴我皇上祀神勤民之至意。允宜炳之丹青，用垂盛典雲。

[3] 浙東運河又名杭甬運河，是中國浙江省境内的一條運河，西起杭州市濱江區西興街道，跨曹娥江，經過紹興市，東至寧波市甬江入海口，與海上絲綢之路相連，全長 239 千米。浙江南部多山，地勢南高北低，雖河流衆多，但多爲南北走向，浙東運河的走向基本爲東西走向，溝通了多條河流。最初開鑿的部分爲位於紹興市境内的山陰故水道，始建於春秋時期。西晉時，會稽内史賀循主持開挖西興運河，此後與曹娥江以東運河形成西起錢塘江，東到東海的完整運河。南宋建都臨安，浙東運河成爲當時重要的航運河道。元代至清代，浙東運河重要性有所下降，但仍然保持暢通。2014 年與京杭大運河和隋唐大運河一起列入世界遺産名録。浙東運河杭州蕭山—紹興段主要包括如今的西興運河、紹興城内運河、紹興護城河、山陰故水道等河段，全長約 90 千米。

作爲上古時代的治水英雄，中國第一個王朝夏朝的開國之君，大禹被後人尊爲“立國之祖”。明太祖洪武年間，大禹陵就被欽定爲全國设祭的 36 座王陵之一。康熙此次南巡的重要目的之一是視察黄淮水患治理工程，以祭拜治水英雄大禹爲巡視的南行終點，無疑具有重要意義。將此盛事繪之以圖，正可體現康熙“較念河堤安瀾，奏績地平天成之功，直追神禹”的功績。康熙出現在禹陵前，“萬姓夾道歡抃”，盡現“祀神勤民之至意”。畫面中標識的地點有：茶亭、西興關、西興驛、蕭山縣、柯橋鎮、紹興府、較場、府山、望越亭、鎮東閣、大禹廟、窆石亭、大禹陵。筆者還發現了一套已經失傳的第九卷稿本的照片，與正本在構圖造景和人物場景布置上存在極大差異。

爲了深入直觀地研究畫卷表現的內容，筆者近期赴杭州、紹興考察，沿浙東運河重走康熙南巡之路。雖然隨著社會經濟發展，城市和鄉村面貌發生了翻天覆地的變化，但基本方位和局部面貌仍有所保留，特别是紹興老城區格局和一些古迹保存相對完好，通過實景與畫卷的對比，有利於我們理解當時的畫家是如何描繪長達百餘里的風景名勝與風俗民情。下面我們將隨著展開的畫卷，來領略沿途的美景與民俗，并探尋正本與稿本之間的差異及其原因。

一、西興

畫卷從寬闊的錢塘江開始描繪，正值初春，江岸垂柳吐緑，江水浩蕩，風平浪静，南巡隊伍的五艘雕樑畫棟的御舟在數十艘大小船隻的簇擁下，駛抵錢塘江南岸。由於錢塘江水道不斷北移收縮，南岸泥沙沉積，近岸處江水較淺，小舟落帆可靠岸，吃水較深的大船隻能停泊在近岸處，再將船中物品經民夫肩扛手抬，或由牛車拉上岸，隨行人員也由當地民夫涉水背上岸，馬匹則被驅趕著涉水上岸。人馬上岸後，再進行集中整理。有趣的是，岸邊還立有不少石樁，供落轎歇息之用。（圖二）

上岸前行，出現一座城門，門洞結彩，上書“西興關”。進入城關後就是碼頭，碼頭上人頭攢動，河中停靠著許多貨船，沿河是一個坊肆櫛比的古鎮，商旅雲集，士民絡繹，市容繁華，岸邊一間民居上書“西興驛”。西興的歷史可上溯至春秋時期。越國大夫范蠡在此築城拒吴，時稱“固陵”。六朝時稱“西陵”。吴越王錢鏐以“陵”非吉語，改“西陵”爲“西興”至今。明清時，西興屬紹興府蕭山縣管轄，民國仍之。解放後，蕭山縣劃歸杭州市，西興亦屬杭州，但是無論語言還是建築，較之杭州，更近於紹興。（圖三）

圖二 清 王翬等繪《康熙南巡圖》卷九 錢塘江至紹興段局部·過錢塘江 絹本設色 故宫博物院藏

圖三 清 王翬等繪《康熙南巡圖》卷九 錢塘江至紹興段局部·西興 絹本設色 故宮博物院藏

西興是浙東古運河的起源之地，西興碼頭是溝通錢塘江與浙東運河，南來北往的中轉碼頭和運輸樞紐。明清時期，浙東運河與錢塘江之間無法直接行船通航，西興驛出現了大量專門負責貨物、人員轉運工作的“過塘行”。清代鼎盛時，西興的過塘行達72家之多，每家有專門的轉運貨物類型，如茶葉、煙葉、藥材、棉花、綢緞等等。畫卷中西興的店鋪多以二層樓屋爲主，足見此地商户之殷實。康熙此次南巡到紹興祭大禹陵，歸途便駐蹕西興。

奇怪的是，既然康熙的御舟無法直接從錢塘江到浙東運河，那麼他是如何坐船到大禹陵的呢？爲此，筆者請教了一些當地人，他們説錢塘江的船隻以前是通過“翻塘過壩”的方式進入浙東運河，并提供了一些民國時期的照片。（圖四）當時有專門的商行承辦這個工程。人們在堤上挖有一條很寬的槽，準備拖船的時候，先有人在槽中不斷地澆水，使泥土滑潤。船就在這槽中被拖上堤壩，再順著堤外的斜坡滑向海面，像兒童滑溜似的。過壩的船左右兩舷各系一條很粗的纜繩，從每條纜繩上又分出若干條繩索套住水牛。每一條牛都有一個壯漢拿著鞭子驅趕著。有一個總指揮，吆喝著號子，大家就按號子抽鞭催水牛一齊使勁。但是，老照片中均爲貨船或烏篷船，船體的體量和南巡的大型御舟無法相比，如果按照這種方式“翻塘過壩”，南巡的隊伍怎麼可能在一天的時間行進超過百餘里。仔細對比錢塘江和大禹陵旁停泊的御舟，并不相同，因此，筆者有一個大膽的推測，康熙的御舟很可能渡過錢塘江之後，并未進入浙東運河，而是由浙江地方官派船在運河中接應，換船繼續前行，這無疑可以節省大量的時間。

圖四　民國時期翻塘過壩的照片

圖五 清 王翬等繪《康熙南巡圖》卷九 錢塘江至紹興段局部·蕭山縣　絹本設色 故宮博物院藏

二、蕭山縣

出了西興，運河穿過一片鄉野，很快來到一座帶甕城的縣城，這便是蕭山縣。（圖五）甕城邊的城牆上還有一座水門，以便船隻直接進入城内。運河穿城而過，三座形態各異的橋樑橫跨於運河之上，出城後還有一座三拱石橋，橋頭是一個商業繁盛的碼頭，岸邊停泊著許多商船。蕭山城内街市整齊，熱鬧非凡，主幹道上搭有彩棚，爲迎聖做準備。稿本中的西興與蕭山縣之間的距離更近，西興驛的末端有一座單拱石橋，橋頭似有一座掩映在樹叢之中的寺廟，樹後便是寬闊的運河，很快便來到蕭山縣，并未繪甕城，直接從一座有

城樓的水門進入城内。城内屋舍沿河列布，其間布置山石蒼松，雲霧縈繞於樹梢，遠處更是山林鬱茂，城市與山林交錯，犹如一幅山水畫，并非正本中的規整城市。現在已很難考證正本和稿本誰更接近當時的真實景象。蕭山城地勢較平，西南方向有湘湖和西山、北山，如果按第九卷從西向東展開畫卷來看，的確在畫的上端，如此看來，稿本似乎更符合實景。

三、柯橋鎮

從蕭山縣城出來，是一長段郊野風光，河網縱橫，蜿蜒曲折，運河中，人們摇著烏篷船，順流而下，一些大型船隻則需縴夫拉行。浙東運河沿運河建有長長的纖道，畫中描繪并不明顯。河堤上，鄉民們三三兩兩行走。田間，農夫們已開始一天的耕種，遠處，一片片灰瓦白牆的民居掩映在霧靄之中，一派春和景明的田園風光。如果不是幾個戴著官帽的騎手飛馳而過，差點讓人忘記皇帝正在巡游。（圖六）

經過一座優美的三孔石橋後，行人漸稀，復又進入一集鎮，這便是柯橋鎮。柯橋又名“笛里”，據傳東漢大文豪蔡邕游經此地，於柯亭椽竹爲笛，創製名聞天下的“柯亭笛”，故名之。三國時，始爲草市，宋爲驛站，至明“開市”，成爲浙東重鎮，清設巡檢署。宣統二年建鎮，名柯鎮。柯橋古鎮是紹興縣的第一大鎮，也是浙江屈指可數的著名水鄉集鎮之一，因其經濟發達、物産豐富、市場繁榮，素有“金柯橋”之美稱。

進入柯橋鎮，運河中舟楫穿梭，橋上人來人往，街市摩肩接踵，岸上客商與小船互動交易，酒肆米行林立。運河上出現了一座高聳的三孔石橋，人們向橋頭聚攏，原來，橋頭有一座戲臺，正上演社戲。古時“社”指土地神或祀神之所，農村在春秋兩季祭祀土地神所演的戲稱“社戲”，用以求神祈福，紹興水鄉社戲

圖六　柯橋古纖道　吕曉攝

圖六 清 王翬等繪《康熙南巡圖》卷九 錢塘江至紹興段局部·郊野風光 絹本設色 故宮博物院藏

的特點是社、祭相統一，一般在廟台或野台演出。魯迅先生曾回憶過兒時在家鄉魯鎮看過的“社戲”。《南巡圖》中的社戲戲臺似乎也是臨時用竹席搭建的，從臺上演員的裝扮來看，演出的很可能是《單刀會》，孫權命魯肅向劉備再索荊州，劉備佯允以長沙、零陵、桂陽三郡交還；諸葛瑾向關羽照索，關羽不與。魯肅情急，設宴請關羽過江，預伏部將，擬加脅迫。關羽只偕周倉一人，單刀赴會，宴間歷叙戰功；魯肅索荊州，關乃佯醉，一手持刀，一手親執魯肅，東吴衆將投鼠忌器，不敢輕動，關羽安然返回荊州。畫中的人物雖小，但仍能分辨出赤臉綠袍者爲關羽，躬身作揖者爲魯肅，後臺敲鑼打鼓好不熱鬧。

社戲吸引了四面八方的鄉民，細數不下300人，這大概是第九卷人群最稠密之處。百姓密密匝匝地圍在戲臺前，後排的人乾脆站在高凳上，還有人搬著椅子趕來，連橋上和船上之人都伸頸眺望，畫中人物雖僅寸餘，但動態神情仍可分辨，成爲畫卷的第一個高潮。（圖七）

戲臺建在一座寺廟前，這便是柯橋鎮的城隍廟。畫中的這座三孔石橋，爲融光橋。（圖八）融光橋又名柯橋大橋，始建於宋代，明代按宋制重建，仍用原石料。實際爲單孔，橋長17米，寬6米，高7米，净跨10米，有人認爲畫家在此鬧了烏龍，將獨拱畫成了三孔，而且把急水弄的方位搞反了。[4] 將單孔的融光橋

圖七 清 王翬等繪《康熙南巡圖》卷九 錢塘江至紹興段局部·柯橋社戲 絹本設色 故宮博物院藏

畫成三孔，的確是一個錯誤，畫卷中出現了多座形態相似的三孔橋，這大概是畫家簡單處理之弊。紹興是一座没有圍牆的博物館，是一本漂在水上的書，素有“東方威尼斯”之稱，境内水道縱横，有水鄉水城之譽。因水而有橋，因橋必有景，美名橋鄉。融光橋與八字橋、廣寧橋、光相橋、太平橋、謝公橋、泗龍橋、題扇橋、接渡橋、拜王橋、涇口大橋、西跨湖橋以及迎恩橋合并，稱爲紹興古橋群，列入第七批全國重點文物保護單位。這些橋樑造型各具特色，比如柯橋古纖道上的太平橋（圖九），便是由一座半圓拱橋與九孔高低石樑橋組成，拱橋净跨 10 米，過大船，石樑橋孔徑 3—4 米，過小船，造型極爲優美。八字橋建於南宋，爲梁式石橋，建在 3 條河道的匯合處，主橋東西向，横跨稽山河，總長 32.82 米，橋洞净跨 4.91 米，寬 3.2 米，洞高 3.84 米。（圖十）建造者根據特殊的地形，結合周邊環境，因

[4]《紹興府、柯橋古鎮、大禹陵……〈康熙南巡圖〉重現紹興胜景》，文章來自網络：https://zj.zjol.com.cn/news/1459322.html

圖八 清 王翬等繪《康熙南巡圖》卷九 錢塘江至紹興段局部·融光橋 絹本設色 故宮博物院藏

地制宜，合理設計爲三街三河交叉的四向落坡設計，由主橋和輔橋組成，共有 4 組臺階。橋東爲南、北落坡，成八字形；橋西爲西、南落坡，成八字形；橋二端的南向二落坡也成八字形。第九卷蕭山與柯橋之間那座三孔石橋，畫家很可能本來想表現太平橋，只可惜概念化地將之畫成一座三孔石橋。

圖九　太平橋　吕曉攝

圖十-1 八字橋　吕曉攝

圖十-2 八字橋 吕曉攝

图十一 永丰桥和融光桥 吕晓摄

筆者此次到柯橋鎮實地考察，柯橋古鎮經過整治後正在招商中，部分民居已經拆除重建，但融光橋和與之相鄰的永豐橋保存較爲完好。兩橋正好處在兩條水道交匯的十字路口，融光橋跨東西向的浙東運河，永豐橋連接南北向的急水弄，考慮第九卷自西向東展開畫面，融光橋的方向并未全錯，但畫中未能畫出兩河交匯的十字形，而是將河道描繪成"丁"字形，這樣，永豐橋橫跨的急水弄無法畫出，永豐橋自然没能出現在畫面之上。融光橋的另一端應該在畫卷上方河道的左側，却畫成了右側。融光橋上方那座小平橋在今天的柯橋古鎮還能看到，而且還有好幾座形態各異的小石橋，從其密集度來看，有些不合理，很可能是後來修建，包括一座緊鄰融光橋、橫跨南北的拱橋。《南巡圖》雖然再現了康熙南巡的盛况，但參與繪製的畫家并未隨行，目前也尚未找到畫家事後去現場考察寫生的記載，况且爲了畫卷構圖的需要，將物象的方位形態進行變化的情况在《南巡圖》其他各卷中比比皆是，不可以作寫實繪畫觀。（圖十一）（圖十二）（圖十三）

圖十二 永豐橋 吕曉攝

圖十三 永豐橋與烏篷船

出柯橋鎮後，運河漸漸流出畫外，留出大片空間描繪水鄉之景。近處一片翠竹掩映水村漁舍，竹籬邊桃花盛開，河畔有一渡口，人們正扶老携幼登上渡船。中景爲一片平整的田野，阡陌縱横、麥壟平整，園圃中桑樹成排、楊柳依依。遠處青山連綿如黛。展現出一派寧静祥和之景，是柯橋鎮的高潮之後一段舒緩的過渡。稿本中此段并未表現柯橋鎮上的社戲場景，更像是一段單純的山水畫卷。

四、紹興府

繼續向前，經過一個小土丘，運河再次從畫卷下方出現，沿河是一條店鋪林立的街道，街後還有人正在新建房屋。經過一座吊橋，便來到紹興府。這是紹興府西北角的迎恩門，古時皇帝巡幸紹興必經此門，故稱“迎恩門”。迎恩門建有雄偉的甕城和城樓，城牆上還有供船隻進出的水門。（圖十四）歷史上迎恩門是從杭州進入紹興的主要水陸要道。20世紀20年代，因修建公路，迎恩門城樓被拆除。2000年紹興市政府在原址重建了迎恩門，讓人感到紹興古城厚重的歷史氣息。（圖十五）

運河在此繞了一個彎，從紹興城西側向南沿城牆流去，雲霧中，還能見到遠處有一座高峻巍峨的城樓，足見城市規模之大。這座城門很可能是常禧門，俗名“旱偏門”，是紹興府的西門。康熙當年南巡很可能未進入紹興城，直接乘御舟沿城外的運河去了大禹陵。但是，紹興城仍然做了迎聖的準備，從甕城進城後，沿主幹道搭有彩棚，遠處空曠之地爲校場，數匹官馬正在草地上嬉戲。下方有幾座青翠的山峰，這便是紹興城西的府山。

圖十四 清 王翬等繪《康熙南巡圖》卷九 錢塘江至紹興段局部・紹興迎恩門 絹本設色 故宮博物院藏

圖十五　復建的迎恩門 吕曉攝

府山又名卧龍山，與城内的蕺山、塔山鼎足而立，峰巒崛起，凹穀串聯，是紹興城内有名的風景區。“卧龍山”之名始於五代，又因舊紹興府署衙門設此，故又名府山。府山上古迹極多，山的主峰有一座八柱石柱，名“望海亭”。傳説當年越國大夫范蠡因軍事需要，在此建過飛翼樓，樓高十五丈，又叫鼓吹樓、鎮海樓、越五亭。唐時建望海亭。明嘉靖十五年，紹興知府湯紹恩重建，後毁，今又修復，仍名“飛翼樓”，站在樓上可俯瞰紹興城。光緒年間的《紹興府城衢路圖》上，此亭標爲“望越亭”，很可能就是清代的名稱。（圖十六）

圖十六 清 王翬等繪《康熙南巡圖》卷九 錢塘江至紹興段局部·紹興府山上的望越亭
絹本設色 故宮博物院藏

府山下有一座高閣，名"鎮東閣"。位於今天越城區府橋西堍宣化坊北口，原先有一座重檐翹角的高閣，是進入越國古都核心區的重要門户，也是"越子城"的一座正東門，歷史上曾有不少帝王將相、文人墨客在此留下遺迹。在吴越王錢鏐時期，爲鎮東軍軍門，門有額曰"鎮東軍"，爲郎中吴説題寫。宋代以後稱"鎮東閣"，高五丈四尺，東西進深四丈六尺，南北寬八丈六尺。隨著時代變遷，鎮東閣早已蕩然無存，它那雄壯渾樸的樣貌，只依稀留在耄耋老人的記憶裏。巧合的是，本次筆者在紹興考察入住的銀泰大酒店剛好就在鎮東閣附近，往北的方向便是府山，山下有越王臺，正是紹興府治所之地。

圖十七　清 王翬等繪《康熙南巡圖》卷九 錢塘江至紹興段局部·紹興府　絹本設色　故宮博物院藏

鎮東閣後便是繁華的街市。城内河道縱横交錯，滿是烏篷船和畫舫，沿河建有數重街道，有些房屋兩面臨水，甚至船從房屋下穿行，展現出紹興城“三山萬户巷盤曲，百橋千街水縱横”水城格局和奇麗景觀。城中熱鬧非凡，商業繁興，街道中還有數座精美的石牌坊，宫署、園林分散於市肆之間。（圖十七）遠處有一座高塔。或爲大善塔。大善塔現位於紹興市越城區光明路與解放北路交叉口西北側，原

在創建於梁天監三年（504）的大善寺內，故名。（圖十八）塔爲磚木結構的樓閣式塔，六角七層，高 40.5 米，底層邊長 3.8 米，底層每面均辟壺門，其上每層兩面相對辟壺門，其餘四面設壁龕，與畫中之塔頗相似，只是現在外檐已毀，僅存磚砌部分，已無彩繪，塔身呈白色，顯得更加纖秀靈巧。塔前那條平直的河道從一道蜿蜒的城牆中穿出城外，這便是紹興的南門，此處的城牆極爲特別，在城牆外的河道外側又建了一道半圓形的城牆，運河從牆下的門洞中穿過。從南門流出的這條河流爲府河，貫穿紹興老城區，自隋朝開皇九年（589）至民國元年（1912），一直是紹興府城同城而治的山陰、會稽兩縣的一條界河。府河自南門南渡橋流入，經舍子橋、大慶橋、大雲橋、清道橋、水澄橋、利濟橋，折而向東，經小江橋、斜橋、探花橋、香橋，再轉北向出昌安門，流入三江口。故同處一城，河東爲會稽縣，河西系山陰縣。（圖十九）

紹興城是第九卷最壯美的城市，難怪康熙來到紹興後，曾寫詩讚美道："越境湖山秀，文風天地成。南臨控禹穴，西枕俯蓬瀛。容與雙峰近，徘徊數旬盈。我心多愛戴，少慰始終情。"

稿本中對紹興城的表現，與正本差異較大，似乎只標注了"望越亭"，城門和街道的布局也大不相同。

圖十八　大善塔現狀

圖十九 光緒《紹興府城衢路圖》（1981 年重繪 較不清晰）

五、會稽山和大禹陵

從紹興城往東南, 便來到了會稽山。第九卷正本的重點是康熙祭拜大禹陵, 因此, 画面上對會稽山有所壓縮, 出紹興府後, 只通過一片田壟和幾座峻嶺, 便來到了大禹陵。(圖二十)

大禹陵, 古稱禹穴, 是大禹的葬地。它背靠會稽山, 前臨禹池, 距紹興城區僅 3 千米。

圖二十　清 王翬等繪《康熙南巡圖》卷九 錢塘江至紹興段局部 · 大禹陵　絹本設色　故宮博物院藏

大禹陵由禹陵、禹祠、禹廟三部分組成。禹陵在中，爲大禹陵的核心部分。禹陵以山爲陵，坐東向西，背負會稽山，面對亭山，前臨禹池。池岸建青石牌坊一座，由緩緩向上的通道入内，可見“大禹陵”碑亭，字體敦厚雋永，爲明嘉靖年間紹興知府南大吉手筆，碑亭後的享殿爲復建。（圖二十一）禹祠位於禹陵南側，祠外北側有“禹穴”碑，祠内有“禹穴辯”碑。大禹陵碑亭北側有咸若亭和碑廊，順碑廊而下即爲禹廟，爲歷代帝王、官府和百姓祭祀大禹的地方。禹廟坐北朝南，周以丹牆，是一組宫殿式建築群，自南而北，依次爲照壁、岣嶁碑亭、欞星門、午門、拜廳（圖二十二）、正殿（圖二十三），這些建築依山勢逐漸上升，禹廟配以窆石亭、宰牲房、菲飲泉等景點。窆石亭在大殿東側，亭中立有一塊高約六尺的“窆石”，頂端有一個碗大的洞。相傳這塊窆石是大禹下葬時所用的工具。整體來説，大禹陵周圍群山環抱，奇峰林立，若耶清流潺潺東去，鬱鬱葱葱的會稽山旁依赫黄色的殿宇，屋群高低錯落，各抱地勢，氣勢宏偉。

圖二十一　大禹陵 吕曉攝

圖二十二 禹廟大殿 吕曉攝

圖二十三 窆石亭 吕曉攝

圖二十四 《康熙南巡圖》稿本對康熙在會稽山下登岸的描繪

正本中，禹廟古松葉張翠蓋，殿宇雄偉。康熙站立於禹池前，周圍簇擁著衆多身著黃馬褂的宮廷侍衛，戒備森嚴，民衆在路旁的田間跪迎，儀仗威肅。大批御舟停泊在左側的河道之中。稿本中則表現數萬民衆在會稽山下碼頭跪迎康熙的場景。運河中集聚了大量的船隻，按照慣例，稿本并未直接描繪康熙，而是在一艘御舟的船頭畫了一個撐黃傘的侍衛。大概因爲第七卷已經描繪了康熙在蘇州閶門棄舟登岸的場景，因此第九卷正本康熙出現在大禹陵前。由於正本和稿本康熙出現的位置不同，因此，對於大禹陵的描繪也有所不同。正本要在禹陵前安排康熙祭陵的盛大場景，對禹陵的格局便有所取捨和改變。（圖二十四）

正本著重描繪了禹廟，禹陵和禹祠進行了簡化，方位也與禹廟平行，三組建築似乎建在一塊平地之上。實際上，禹廟前低後高，拜廳和大殿更是建在高臺之上，拜廳前的臺階超過 40 級，在臺階下，拜廳需仰望。只是現在階前和階旁的樹木過於茂盛，遮住了臺階，反而削弱了拜廳的氣勢。另外，窆石亭建在大殿東側的山坡上，從此可俯瞰禹廟。現在窆石亭是一座八角攢尖頂石亭，正本似乎只有 4 根柱子，而稿本繪成一座與大殿相似的重檐石亭，不知哪一种更符合康熙時期的形貌。正本對禹陵周圍的環境描繪也根據構圖進行了改動，使之成爲背靠大山，三面環水，相對獨立的平坦空間，以便容納衆多的南巡船隻、隨行人員及迎聖的民衆，因而將大禹陵與會稽山進行了空間的分割，在卷尾以相對獨立的篇幅表現會稽山之美，并以此作爲結束。畫家以典雅工麗的青緑山水描繪出會稽山“千岩競秀，萬壑爭流，草木朦朧其上，若雲蒸霞蔚”的美景，山間古松蒼鬱盤虬，山澗桃花盛開，樹梢仙鶴或飛或憩，山道上樵夫滿載而歸，好似桃源仙境。遠處的群山之間還有一抹紅霞，烘托出祥瑞之境。

圖二十五　《康熙南巡圖》稿本對大禹陵的描繪

稿本則將大禹陵與會稽山融爲一體進行描繪，從會稽山下碼頭迎圣的宏大場景開始，跪拜的民衆沿碼頭排列，碼頭後便是層巒疊嶂的會稽山，南巡的隊伍沿著山道上一直鋪排到大禹陵前。稿本也較爲準確完整地描繪了禹廟、禹陵和禹祠，整體方位和建築格局與《康熙會稽縣志》卷首的“禹陵圖”更爲接近。稿本末段亦爲會稽山，布景與正本相似，只是林間多了幾隻梅花鹿。（圖二十五、圖二十六）

由於地形地貌和城市化的進程，筆者無法對第九卷描繪的內容進行一一對應研究，但通過實地考察和查閱史料，我們發現，《康熙南巡圖》第九卷基本呈現了從錢塘江到大禹陵，百餘里浙東運河沿岸秀美的山水風光，尤其是濃墨重彩地勾繪了紹興水城“三山萬户巷盤曲，百橋千街水縱横”的奇麗景觀。爲了構圖的需要，有時會對景物進行取捨和剪裁，甚至變動，將山水與歷史事件完美地融合在一起。當然也有遺憾：比如，對沿途形態各異的橋樑描繪得比較程式化，很多都畫成三拱石橋；對運河邊的縴夫有所表現，但對紹興獨具特色的纖道却未描繪；畫卷中描繪了烏篷

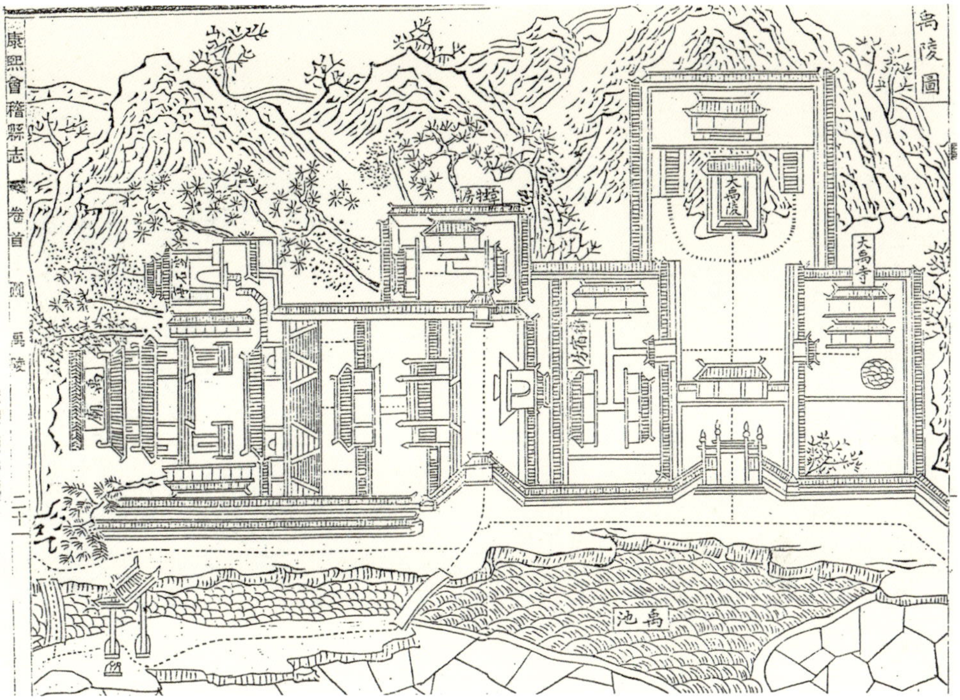

圖二十六　康熙《會稽縣志》禹陵圖

船，却未表現紹興獨有的船夫戴烏氈帽以脚摇櫓的風俗……儘管如此，《康熙南巡圖》第九卷仍然是第一幅用長卷的形式描繪浙東運河兩岸風景名勝、風俗民情的傑作，既是記録康熙偉業的歷史畫卷，亦是一卷優美的山水史詩，《南巡圖》的繪製，樹立了清代宫廷紀實性繪畫的典範。

南宋宮苑草木志

文／姜青青 南宋史研究中心兼職研究員

不同於中國歷史上其他王朝的皇宮大内，南宋皇城立足於杭州自然山水大環境，生長成一座江南山水園林式的宫城，并由此成爲它最大的特點。

從山水園林這一視角觀察南宋皇城，它在文化上又有什麽特點？有着怎樣的前生今世？至今還能見到何種遺存？

一、造境：十分雲氣近蓬萊

自漢唐以來，中國宫室園囿營造往往是人爲開挖大湖，堆築島嶼，形成“一池三山”格局，以像海中三神山（即蓬萊、方丈、瀛洲）。如唐長安大明宫（唐宫北内）的建造，挖成面積廣大的太液池，池中又有蓬萊島。宫中開挖大池湖泊，既是爲帝后嬪妃日常游賞觀景之需，也是爲宫廷救火消防之用。爲此，歷代宫苑建設中，開挖一定規模的湖泊已成爲一種“標配”。（圖一）

圖一 西安大明宫北部的太液池（東池）姜青青 攝

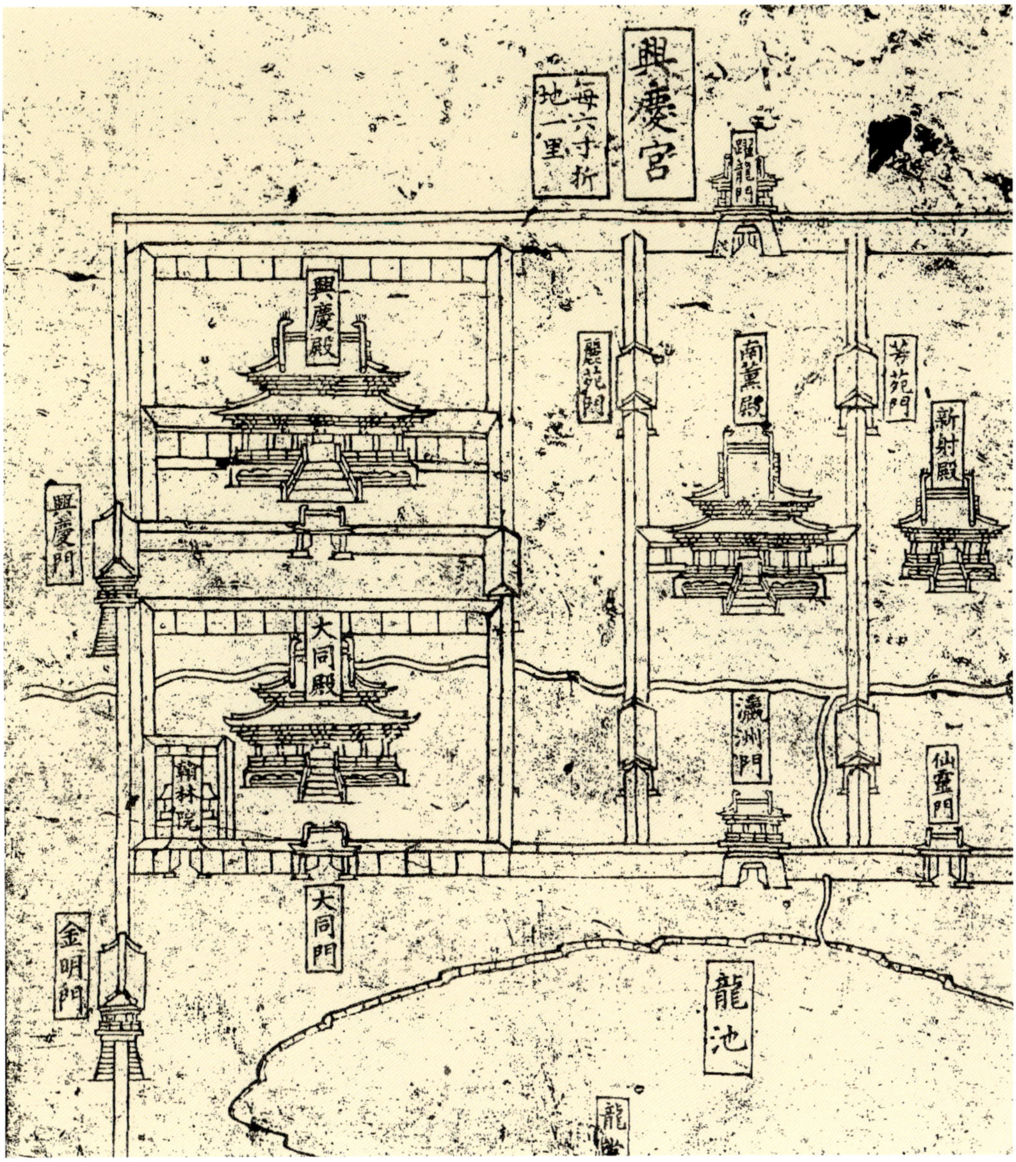

圖二 北宋刻碑《唐興慶宮圖》（反相）西安碑林博物館藏

唐長安興慶宮（唐宮南内，唐玄宗朝堂宮苑）的湖池稍有不同，興慶宮占地規模比大明宮要小很多，雖然也建有一龍池，却無蓬萊之類的神山仙島。儘管如此，池北一個“瀛洲門”，也足以表明了主人的一種願景。（圖二）

秌勁拒霜盛
峩冠錦羽雞
已知全五德
安逸勝鳧鷖
宣和殿御製并書

圖三 北宋徽宗趙佶《芙蓉錦雞圖》絹本設色 故宮博物院藏

相比唐興慶宮，南宋皇城無論是鳳凰山下的“南内”，還是“北内”德壽宮，單獨的占地規模都要小一些，且同樣具備“標配”，南北大内都“劃一”營建了“小西湖”（其中“南内”小西湖面積約十畝），湖中可行龍舟，但没有任何島嶼建設，似乎因地域有限而捨棄了“一池三山”的營造格局。但其實是因爲真山近在咫尺，而無需再建類似“湖中有島”的大場景。因而，可以説南宋皇城營造格局上追漢唐，比北宋皇宫更爲“規範”（北宋皇城的西北角有一規模很小的水池，於是在汴京城西又開鑿了皇家御苑金明池）。南宋詩人劉過曾探梅鳳凰山，眺望皇城，有詩寫道：“廉纖小雨久於梅，喜得新晴亦快哉。五色波光麗鳷鵲，十分雲氣近蓬萊。旌旗側畔官牆轉，戈戟叢中武庫回。走馬看花生怕晚，果然桃李一山開。”[1] 把皇城景象比作了蓬萊仙境。

再看德壽宮，雖無蓬萊三山，但并不是説這裏就没有類似的意境。宋孝宗曾爲德壽宮賦詩一首，極言這裏的園林之勝，其中有説：“規模絶似靈隱前，面勢恍疑天竺後。孰雲人力非自然，千岩萬壑藏雲煙。上有峥嶸倚空之翠壁，下有潺湲漱玉之飛泉……聖心仁智情悠閑，壺中天地非人間。蓬萊方丈渺空闊，豈若坐對三神山。”[2] 可見這裏的意象甚至比蓬萊三山還要讓人稱羡。

二、映帶：一朵芙蕖，開過尚盈盈

“南内”和“北内”的園林中有一明顯的特徵，即芙蓉花的屢屢顯身。這應當就是宋高宗對北宋故宫文化的繼承。德壽宮裏有芙蓉岡，“松菊三徑”中也種有芙蓉花，園中太湖石取名“芙蓉石”。而“南内”在饅頭山上建有芙蓉閣，并多處種植芙蓉花，如文獻記載的“入門，垂楊夾道，間芙蓉，環朱欄”。[3] 也有人記載説：“萬卉中出秋千，對陽春亭、清霽亭，前芙蓉，後木樨。”[4] 高宗常去的另一個御園富景園（即東花園，在今五柳巷以東），臨池也栽有大片芙蓉花。

而宋徽宗傳世名畫有《芙蓉錦鷄圖》（圖三）。芙蓉花花形碩大，淡雅清麗，盛開於秋季，故别號“拒霜”，具有一種無畏風霜侵襲的品格，是歷代文人喜好的名花。高宗充分利用杭州的自然條件，一岡一徑廣植芙蓉，一石之像也如芙蓉，在藝術趣味的傳承中也飽含了對乃父的緬懷意象。

圖四 現在北京的南宋芙蓉石正面，左上角的“青蓮朵”名稱爲乾隆皇帝所改。杜恩龍 攝

徽宗因石癖而生出的“花石綱”，興建假山禦園“艮園”，曾引得天下民怨沸騰。高宗也繼承了愛石的“基因”，在德壽宮構造了一個微縮版的“飛來峰”。德壽宮還有一叢色澤蒼潤的假山石，玲瓏剔透，如團如抱，恰似一朵朵盛開的木芙蓉，因而也稱“芙蓉石”。[5]（圖四）這很容易讓人聯想起徽宗的那幅傑作《芙蓉錦雞圖》，也使人恍然大悟，原來德壽宮東區的“芙蓉岡”和“松竹三徑”（其中一徑即以芙蓉花爲景），乃是繼承了徽宗花鳥畫的一些藝術審美傾向。

三、賞梅：冰姿自有仙風

後苑建設能更多體現帝后的個人癖好，以宮苑栽植名花來説，高宗更偏好於梅花。淳熙五年（1178）二月初一日，孝宗到德壽宮看望高宗，兩人在賞梅景區梅坡附近的梅堂里，一起喝着“梅花酒”，觀賞園内蒼蘚滿樹、苔須垂枝的古梅。高宗説：“苔梅有二種，宜興張公洞者苔蘚甚厚，花極香。一種出越上，苔如緑絲，長尺餘。今歲二種同時著花，不可不少留一觀。”[6] 可見高宗對梅花喜好已經到了“專業”水準，對老梅的“行情”如數家珍。（圖五）

圖五　德壽宮出土的酒罈封泥，印戳標示了釀酒原料、用水和酒品，有點葫蘆裏裝『梅花酒』的味道。
杭州市文物考古研究所 供圖

趙構對於梅花的喜好，還在他的鳳凰山皇城中多有體現。臨安城四季分明，使得花卉四季不斷，皇城從前朝到内苑，從山地到路旁，無處不是花團錦簇。而在四季群芳之中，趙構偏好的梅花明顯是一大主角。除了鳳凰山後苑有梅亭和梅岩亭，宫中還有春信亭、暗香亭、淩寒亭、雪徑亭、梅岡園和萼緑華堂等園林建築，多个景觀皆以梅花为主题，從中可以感知梅花的無處不在以及他对梅花的喜爱。

趙構身後，宫中梅花長久盛開，香韻依舊。寧宗的楊皇后住慈明殿，附近有座玉質亭，四周梅花環繞，可以想見這裏梅花綻放時的燦爛景象。那時，大内後苑還有梅岡亭和冰花亭，邊上梅花多至千樹，春暖時候，這裏香雪如海，蔚爲壯觀。畫院待詔馬遠的《華燈侍宴圖》上，宫中宴飲大殿前的梅花無以計數，畫中題詩説“寶瓶梅蕊千枝綻”，形象地再現了宫中廣栽梅樹的盛况。（圖六）

圖六 南宋 馬遠《華燈侍宴圖》局部 臺北『故宮博物院』藏

圖六 南宋 馬遠《華燈侍宴圖》局部 臺北“故宫博物院”藏

孤山原以林和靖“梅妻鶴子”著名，趙構的御花園也就選擇在了孤山。園內觀景的最佳處，有一座規模壯麗的凉堂，堂下特意植梅數百株，形成一片梅林，由此成爲他春游賞梅的一個必到之處。

還有湧金門外西湖邊的聚景園，這是孝宗爲太上皇趙構建的御花園，兩人也經常在此喝酒聽曲，觀花賞月。可是，後來的皇帝不太喜歡來聚景園，花園只能空關閑置。有一年，進士高似孫進了聚景園，眼前的景象令他感傷不已，寫了一首詩説:“翠華不向苑中來，可是年年惜露臺。水際春風寒漠漠，官梅却作野梅開。”[7]官家都不再來此游賞了，原來精心栽種的梅花現在却“野蠻生長”，都快成了荒郊野嶺中的野花了。可見梅花曾是聚景園的一大景觀，梅花衰落了，聚景園也就衰落了。

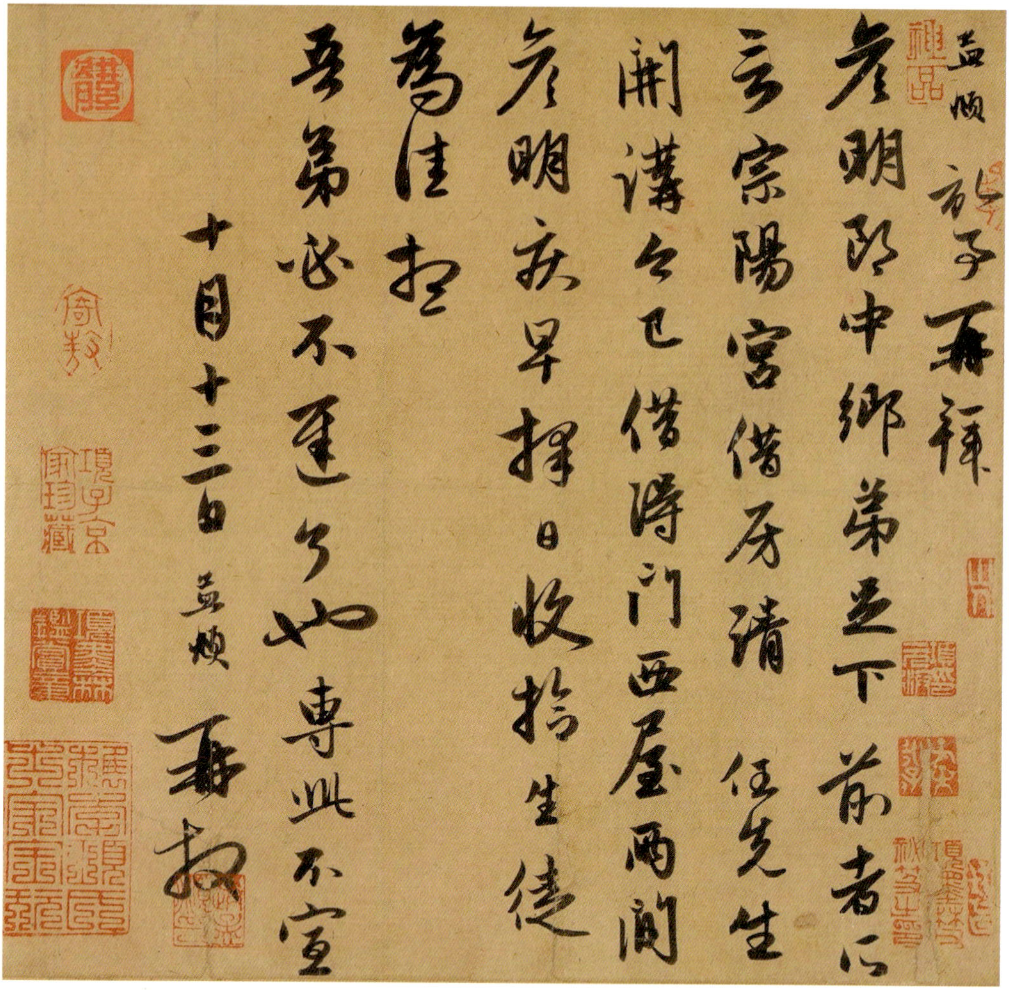

圖七 趙孟頫《宗陽宮帖》提到任士林借房宗陽宮設館授徒一事 故宮博物院藏

四、結緣：梅石雙清

德壽宮建築後毁於南宋的一次火災，南宋晚期以原址的一半之地新建宗陽宮。元代大德年間，宗陽宮曾是宋末元初著名道士杜道堅主持的道觀。趙孟頫的《宗陽宮帖》透露了杜道堅曾借房給名士任士林設館授徒的事。（圖七）

明代嘉靖中，宗陽宫成爲南關公署，梅石則爲公署後花園一景，因而又有梅花廳，匾題“梅石雙清”。明代時“芙蓉石”旁的宋梅，枝幹茂密，據稱花繁葉茂時冠蓋可蔭及三畝之地，被譽爲“德壽梅”。明末浙派畫家藍瑛、孫杕看到老梅古石尚在原處，便合作而成一幅梅石圖，并依圖刻成梅石碑，立碑於此。杭州“梅花碑”地名由此而來。

清乾隆十六年（1751），又一名“高宗”到訪德壽宫故地，他就是清高宗乾隆皇帝。乾隆帝慕“梅花碑”之名，特意前往宗陽宫尋訪，却見梅已枯槁多時，唯有“芙蓉石”依然完好。乾隆帝在石上撫摩良久，不捨而去。第二年乾隆帝回京不久，“芙蓉石”被杭州地方官員用船運至北京。乾隆帝心裏着實高興，將“芙蓉石”改名“青蓮朵”，御筆題刻石上，并將“青蓮朵”置於圓明園。

乾隆三十年（1765），乾隆帝再次南巡至杭州。他重游“梅花碑”，却見梅石碑石身斷裂，碑面剥蝕，漫漶難辨。惋惜之餘，他命人依據斷碑上藍、孫原來墨迹，重刻梅石碑，置於舊碑原處。隔了兩年，乾隆帝游圓明園看到“青蓮朵”，觸景生情，想爲這塊來自杭州的奇石重結梅石之緣，便命高手依照杭州梅石碑拓本，再刻一碑，置於“青蓮朵”旁。乾隆帝一生共四次莅臨杭州“梅花碑”，每次均有題詩或題聯。

1860 年英法聯軍焚燒圓明園，北京梅石碑和“青蓮朵”却倖免於難。民國時，“青蓮朵”被移至中山公園（現已成爲中國園林博物館的鎮館之寶），梅石碑則被移至燕京大學（北京大學前身）。但它的“母本”杭州梅石碑，却在 20 世紀六七十年代忽然失蹤了。

1988 年，上城區政府在舊址修建梅石園時，四處尋訪無果，便請畫家張耕源創作了一幅新圖，題作“梅花碑”，刻碑立石於原處。

20 世紀 90 年代初，杭州文史專家丁雲川在北京大學未名湖畔在水一方，意外發現了乾隆時摹刻的那塊梅石碑。他幾經周折，從海淀區文保所獲得了該碑精拓本。2009 年，刻碑高手沈立新根據這個北京拓本，在德壽宮後圃遺址——佑聖觀路梅石園，成功復制了“梅石碑”，使得絕迹杭城近半個世紀的一大勝迹文脉得以復原。（圖八）

五、在水一方：失之東隅，收之桑榆

清代原刻的杭州梅石碑真的就此消亡了?

勞動路杭州孔廟東距佑聖觀路梅石園直綫距離 1.2 公里。這座從南宋延續而來的學府，辟建有杭州碑林。2008 年孔廟復建一新，碑林以一池水庭爲中心，四面因地制宜構建了石經閣、法帖廊、星象館等建築，其間假山花草點綴，曲折回廊相連，儼然一座江南園林小庭院。在水庭東側的長廊中，建有一座玲瓏園亭，匾額題作“環璧琳琅”。走近可見這是一座碑亭，正中矗立著一塊大碑。在碑林收藏的近 500 方碑石中，此碑位置顯著，可見它的文化厚重。（圖九）

圖九　杭州碑林“梅石碑”碑亭 姜青青 攝

圖八 丁雲川藏本（現藏西湖博物館）梅石碑拓片 沈立新 供圖

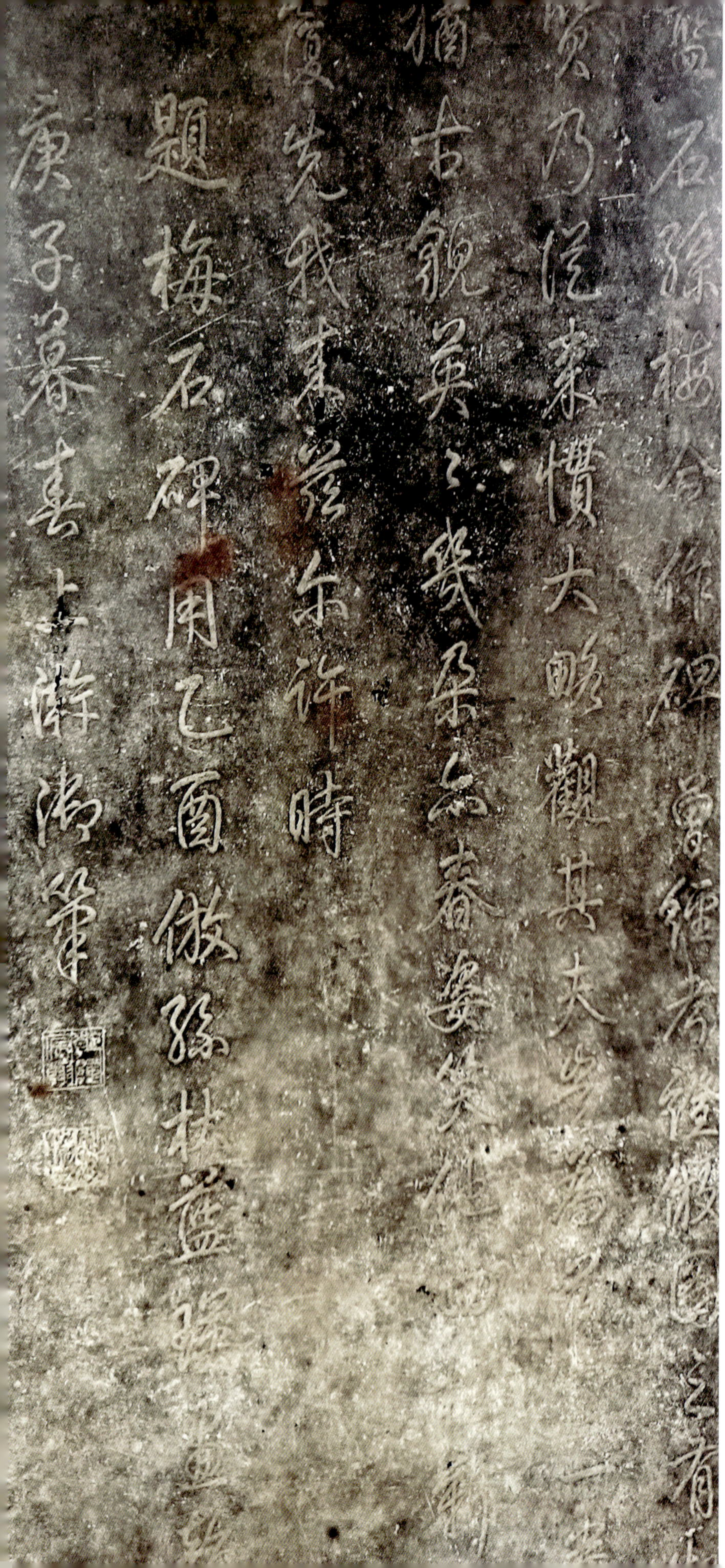

圖十 清代乾隆重刻的杭州梅石碑背面局部，刻有乾隆皇帝題诗。杭州碑林藏

可是細看這方碑石，白花花一片，根本看不清圖文痕迹，碑文大意無從談起。

爲什麼還要將它凸顯在此呢？轉到碑後，奥妙在碑陰一面！可以清晰看到這裏刻寫了乾隆四十五年（1780）的一首御筆題詩：（圖十、圖十一）

藍石孫梅合作碑，曾經考證仿圖之。
有疑質乃從來慣，大略觀其夫豈爲。
落落一拳猶古貌，英英幾朵亦春姿。
笑他四柱新亭覆，先我來兹爾許時。[8]

此詩殊無韻味，但足可明證，它就是當年一度失蹤的梅石碑原碑！石碑兩側，還刻有乾隆四十九年（1784）御筆書寫的一副對聯：

名迹補孫藍，還斯舊觀；
清風况梅石，寓以新題。

圖十一 梅石碑兩側乾隆御筆對聯 姜青青 攝

它何以會在這裏? 改革開放以後杭州大興舊城改造, 城内各處但凡發現碑碣石刻, 大都送歸孔廟收藏。這方梅石碑很有可能就是在這時, 隨著其他古碑一起流落到此。從它“失蹤”到在移送孔廟过程中被重新發現之前, 又極有可能因爲碑陽朝上而備受磨礪, 以致漫漶不清, 讓人無法辨識。由此, 與梅石園重建失之交臂。

風雨滄桑, 地老天荒。有位“佳人”, 在水一方。[9]（圖十二）

[1] 潛说友 :《咸淳臨安志》卷二二, 北京 : 北京圖書館出版社, 2006 年。
[2] 潛說友 :《咸淳臨安志》卷二, 北京 : 北京圖書館出版社, 2006 年。
[3] 陳世崇 :《南渡行宫記》, 北京 : 中華書局, 2010 年。
[4] 陶宗儀 :《南村輟耕録》, 北京 : 中華書局, 1959 年。
[5] 田汝成 :《西湖游覽志》卷一五 : “市舶司本宋德壽宫後圃也……内有芙蓉石, 高丈許, 竇穴玲瓏, 蒼潤可愛。”, 上海 : 上海古籍出版社, 1998 年。
[6] 周密 :《武林舊事》卷七, 杭州 : 杭州出版社, 2004 年。
[7] 吴自牧 :《夢粱録》卷一九, 杭州 : 杭州出版社, 2004 年。
[8] 弘曆 :《御制詩集》四集卷七〇收録此詩, 文淵閣四庫全書。
[9] 高晉 :《南巡盛典》卷八六收録此聯, 文淵閣四庫全書。

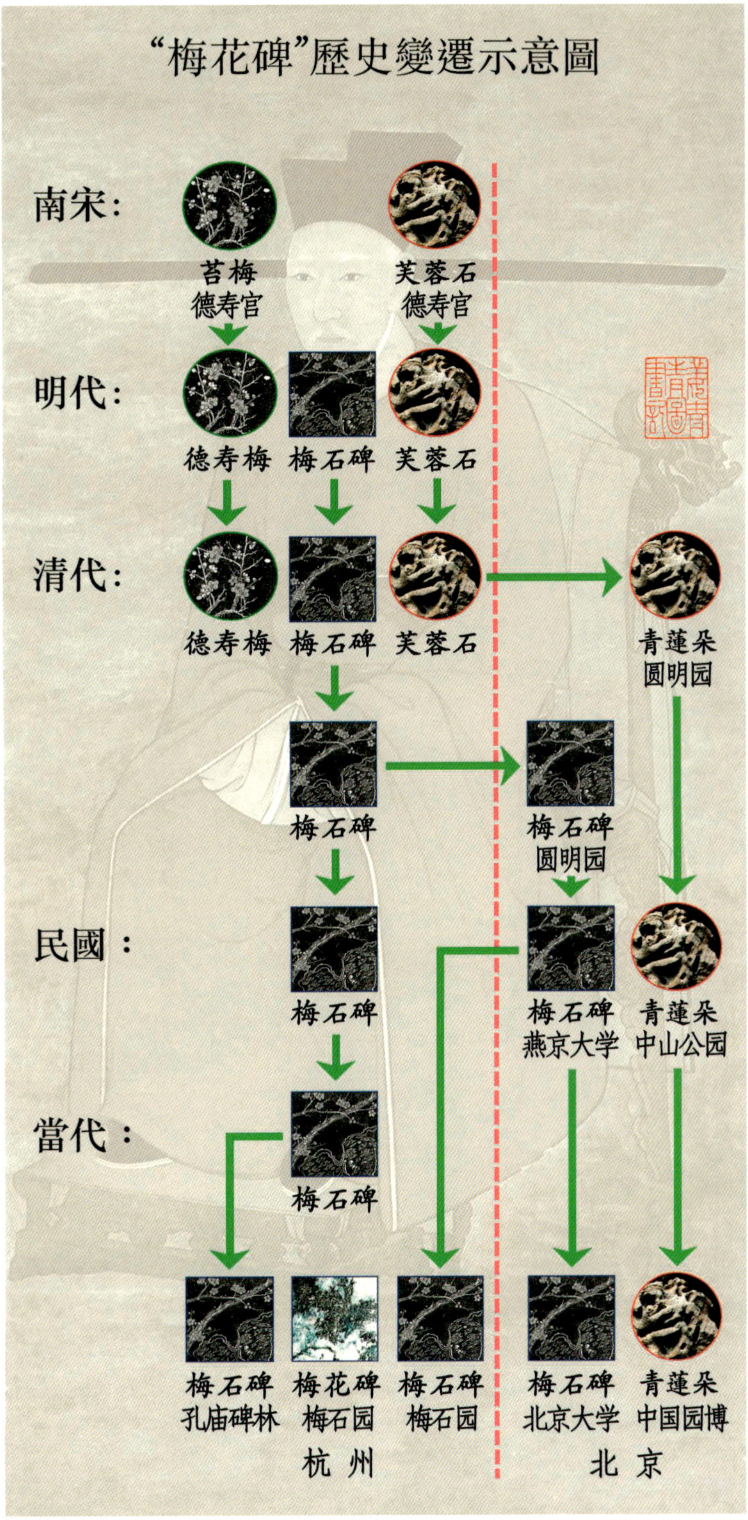

『梅花碑』歷史變遷示意圖，底圖爲臺北『故宮博物院』藏宋高宗像 姜青青 製圖

天趣與人意——杭州園林

文/姜帅 中國美術學院青年學者

相對其他江南城市的園林，杭州園林給人的第一感覺，往往是模糊而朦朧的。除了卧龍橋畔的郭莊與元寶街上的芝園，人們實在想不起具體有哪處園林能让人明確地感受到杭州濃郁的園林氛圍。大概是“久入芝蘭之室，而不聞其香”的緣故，人們很少關注到杭州園林。但是，童寯先生在《江南園林志》中寫道：“南宋以來，園林之盛，首推四州，即湖、杭、蘇、揚也，而以湖州、杭州爲尤。”給杭州園林以極高的評價。

而普通人對於園林的認知，是從多選址於“城市地”的私家園林和“江湖地”的皇家園

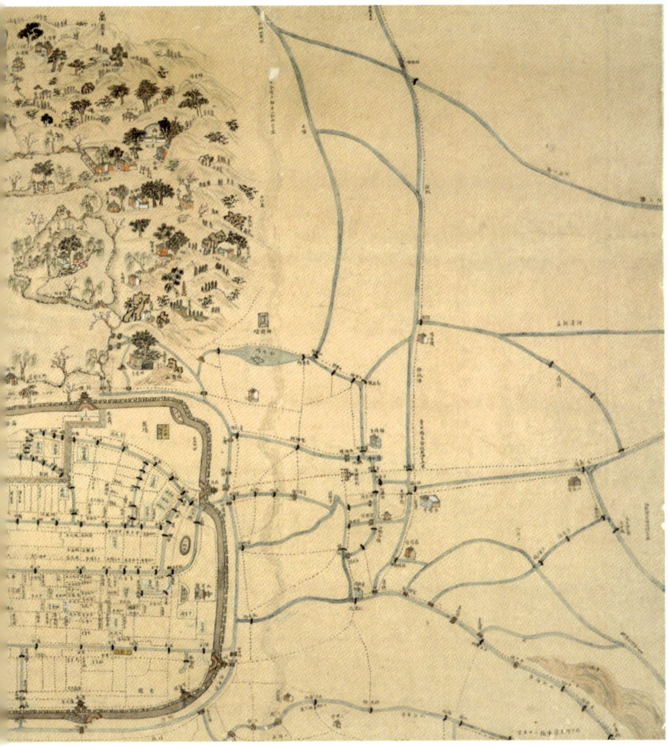

圖一 杭州地圖
（清康熙五五年至雍正五年間彩繪本）

圖片簡介：地圖中的老杭州城是一座南北長、東西短的“腰鼓城”，雖然城市内部也擁有衆多園林，但是大部分園林的面積較小，而最具杭州特色的園林主要還是分布於西子湖山間，這也使杭州園林與自然山水間的關係更爲密切。

林開始的。如果我們從孤山南麓登臨西泠印社這座被園林學家驚嘆的館社園林，那麼我們的園林觀一定會比先前開闊許多。而明代造園理論家計成在《園冶》中歸納六種園林選址：“山林地”“城市地”“村莊地”“郊野地”“傍宅地”與“江湖地”。在不少的江南城市中，這六種選址的園林皆有，但杭州的自然條件與人文稟賦獨特，使杭州園林又迥異於他處。杭州以湖山著稱，其園林多沿山林、湖岸或洲渚分布，故以“山林地”“江湖地”園林較有特色，故杭州園林之特點，在於多存天趣又巧得人意，天趣與人意亦水乳交融、不可分割。

杭州園林特點的形成并非一朝一夕，其選址又與古時杭州城的地理格局有關。杭州老城爲南北長、東西短的“腰鼓城”結構（圖一），城内外山水縈繞。《吴越備史》卷一云：“天目山前（一作垂）兩乳長，龍飛鳳舞到錢塘。”天目山脉自西向東延綿，到達西湖附近時分作兩脉，北岸有寶石山，南岸有吴山。吴山山脉入城後改作南北走向，并有支脉向杭城延伸，形成山體與平原市井犬牙交錯的格局，山脉的不同部分喚作伍公山、吴山、紫陽山、雲居山等。（圖二）

吴山上最有歷史底蘊的古園林，當數南宋寧宗時期權相韓侂胄的閱古泉，名稱源自韓侂胄的“閱古堂”。宋寧宗慶元年間（1195—1201），韓侂胄被賜第寶蓮山（今紫陽山）下，韓侂胄將園林的主堂命名爲“閱古堂”，取自其曾祖、北宋政治家韓琦的《定州閱古堂記》。《四朝聞見録》載:“自寧壽觀梅亭而至太室之後山，皆觀中地也。韓侂胄擅朝，舊居於太廟側，遂奄觀之山而有之，爲閱古堂、爲閱古泉、爲流觴曲水。”寧壽觀全稱三茅寧壽觀，在今三茅觀遺址，太廟爲今太廟廣場。園林範圍在今三茅觀遺址之東、太廟巷之西，園林核心在青衣泉、阮公祠一帶。韓侂胄憑權勢，占據太廟後山處的寧壽觀土地。擁有此園期間，請來詩人陆游作《閱古泉記》記録園林景物，可謂繁盛一時。八百餘載的時光飄然而逝，紫陽山上的宋代建築蕩然無存，在歲月的更迭中演變成寺院、祠堂，是周邊百姓休閒散步的去處。山間殘留的閱古泉，成爲訪古者懷想當年園林盛況的遺迹。

“閱古泉”原名“青衣泉”，在唐代開成年間，道士韓道古登紫陽山，遇一眉目清秀的青衣童子，童子步入山洞後不見其人，并聽到洞内隱約有風雨聲，因此命名該洞爲“青衣洞”。（圖三）今青衣泉洞口形似小門，高一米有餘，洞口處留有鑿刻臺階與泉亭遺迹。陆游《閱古泉記》載“泉上有小亭”，泉周邊林木幽深。韓侂胄曾與陆游等人同游青衣泉并共飲泉水。泉亭坐西朝東，即可下俯太廟、禦街、鬧市，又可遠眺江濤與滄海之日、既望之月。洞外石壁上刻有唐代道士諸葛鑒元的題記，時間在開成五年（840）。洞内泉水，甘甜清洌，明净如鏡。今泉水流出後，經水道流至阮公祠，此後流至山下。在南宋時，泉水下注到地面的水道

圖二 吴山山體

圖片簡介：圖中爲太廟遺址附近的平原市井與吴山景區的自然山體，表明吴山山體與老杭州城無縫對接，這使吴山距離喧鬧世俗并不遥遠，自身却是清静宜人。

上，有十二處彎折，并以瑪瑙石砌岸，水流集聚於閱古堂的數畝水池中。除水景外，園內有石景，陸游《閱古泉記》記載“五步一磴，十步一壑，崖如伏黿，徑如驚蛇，大石磊磊，或如地踴以立，或如空翔而下，或翩如將奮，或森如欲搏”。這些怪石并非人力疊砌而成，而是就地取材，以“洗石而雲根出”的方式，在人工的清洗下，凸顯怪石的整體形象，呈現出更多的奇趣與美感，其中最奇者名曰“雲岫”。閱古泉的花木種植，部分爲人工栽植，部分爲自然生長。園林依山而建，山坡上種有十二級桃樹，昔日花開時節山間當是紅粉一片。又有“壽藤怪蔓，羅絡蒙密。地多桂竹……”與今日園址林木現狀相似，不經刻意修剪的樹木多得自然之趣。（圖四）園内建築，除閱古泉亭、閱古堂外，還有梅亭。《園冶》説“園地惟山林地最勝，有高有凹，有曲有深，有峻而懸，有平而坦”，閱古泉園林屬“山林地”，不僅有天生怪石與自然泉水，而且可俯瞰西湖碧浪與錢江波濤，可謂天造地設與人工意匠的結合。

圖三 -1 青衣洞 泉亭柱礎遺迹

圖三 -2 青衣洞 泉亭柱礎遺迹

圖三 -3 青衣洞 泉亭柱礎遺迹

圖四 邵文歡《富春夏鬱圖》局部 宣紙 UV 列印 托裱 縱 200 厘米 × 橫 2500 厘米 2022 年

杭州老城素有“三面湖山一面城”之稱，湖城無縫銜接。晚清到民國時期，西湖的湖莊園林迎來一次營建高峰，多集中於南里湖、西里湖、孤山一帶，如汪莊、蔣莊、劉莊、羅苑等，最知名的湖莊園林當數郭莊。（圖五）童寯的《江南園林志》里説郭莊“雅潔有致似吴門之網師，爲武林池館中最富古趣者”。郭莊原名宋莊，後轉入廣東籍商人郭士林。郭氏先祖爲唐代名將、汾陽王郭子儀，郭士林爲紀念先祖將園子命名爲汾陽别墅。

圖五 郭莊“浣池”水景

圖片簡介：郭莊有“雅潔有致似吴門之網師，爲武林池館中最富古趣者”之譽，“浣池”是郭莊三池中較爲秀雅的一處，池邊湖石駁岸、花木環繞。

郭莊在楊公堤卧龍橋北，其北、東、南三面臨水。從卧龍橋北的正門而入，由門廳折轉入園，園景豁然開朗，爲典型的南宅北園格局。宅院部分坐南朝北，北設“香雪分春”廳，南有“西山爽氣”堂，東西設對稱廂房，四屋合圍的院落中間建有種植白蓮的方池。“香雪分春”廳前，隔着蟹眼天井處爲游廊。廊臨“浣池”一面設美人靠，可觀池西“凝香亭”與湖石水口，隔“浣池”對望“兩宜軒”，東有“浣藻亭”。“浣池”邊湖石駁岸、花木環繞，顯得静謐嫻雅。“浣藻亭”東爲“景蘇閣”，閣東月洞門兩面題有“枕湖”“摩月”，月洞門外爲瀕

圖六 濱水準臺所見湖山景色（蘇堤方向）

圖片簡介：在濱水準臺南望南屏山和雷峰塔，東對西湖與蘇堤，北瞰寶石和保俶塔。陳從周讚譽郭莊“園外有湖、湖外有堤、堤外有山、山上有塔”，表明郭莊長於借景。

湖平臺，可枕湖賞月。“景蘇閣”南爲“乘風邀月軒”與花園綠地，軒四周窗户圍閉、前覽西湖。“景蘇閣”之北爲四角攢尖頂的方亭“賞心悦目閣”，又名“佇雲亭”。此亭屹立在假山頂端，居高臨下，亭内視野開闊，一面朝西子湖山，奪自然造化之天趣；另一面朝園林内景，多匠心獨運之人意。亭下假山由湖石疊砌而成，山體内洞穴模仿溶洞建構。即可當高臺登亭遠眺，也可作水閘調節園内水位，又可用作船塢停泊園主游船。此假山對園林而言，一方面屬於造景，連接“景蘇閣”與“兩宜軒”之間的空間，使之形成視覺中心；另一方面屬於障景，將西湖美景掩藏於山後，使游人能獲得異樣的視覺感受。同時，假山上有一方湖石，石上孔竅正對蘇堤壓堤橋，得框景之趣。“兩宜軒”北爲“鏡池”，池形方折、水面平整，可倒映天光雲影。池東隔矮牆處有濱水準臺，南望南屏山和雷峰塔，東對西湖與蘇堤，北瞰寶石和保俶塔。（圖六）池東北有後門通往“曲院風荷”，值得一提的是後門外有碧水環繞，既與園内水景呼應，又自成園林邊界，園林以自然過渡的方式收尾。

圖七《宋帝命題册》之《青峰夕霞圖》

圖片簡介:此圖描繪的詩意,爲南宋詩人楊萬里的《晚登連天觀望越臺山》:"暮山如淡復如濃,烟拂山前一兩重。山背更將霞萬疋,生紅錦障裹青峯。"

圖八《宋帝命題册》之《扇子詩圖》

圖片簡介:此圖描繪的詩意,爲宋代詩人李石的《扇子詩》:"黄金坐擁拂衣紅,風動荷花香動風。鼻觀浮香誰領會,嫦娥夜泊水晶宫。"

郭莊園林之特色在於“理水”，其水面不僅限於園内三池，也包括園外水景。舊時游人多從湖上來，從西裏湖往郭莊方向望去，郭莊猶如水上殿堂，園内的景物藏於花木園牆之内，故顯得既外向又含蓄。而郭莊内的假山數量雖不多，却優在體量適宜、大小有别。如“佇雲亭”假山體量不大，以追求實用功能爲主，并不刻意模仿真山。再如“浣池”岸邊的假山體量較小，爲能突出水景，故疊砌得較爲克制。

杭州園林重視天趣與人意的結合，是繼承自南宋時期的傳統，從南宋馬遠畫作《宋帝命題册》中的圖像，就有“山林地”與“江湖地”園林。（圖七、圖八）杭州園林重視天趣，即便是人工之物，也盡量與周邊環境保持諧調統一、過渡自然；巧得人意，即便是自然景物，也會在合適的位置點綴人工景物，以形成視覺中心。杭州園林造園手法，以借景、透景、框景爲主，造景、障景爲輔。由於杭州園林視野開闊，且多與自然景物相鄰，借景的造園手法較爲先进，甚至“打通”園牆内外，達到園内、園外互爲借景的狀態。

良渚——最早的江南水鄉

文／劉斌　浙江大學藝術與考古學院
宋姝　浙江省文物考古研究所

“江南”在字面上的含義僅是江的南面，實際上它是一個不斷變化、極富彈性的概念。在衆多歷史文獻中，“江南”時而代表或廣義或狹義的自然地理區域，與“漠北”“中原”等并立；時而又被劃爲社會政治區域的代名詞。簡單的“江南”二字，在中國人心中被賦予了無限的人文情懷。作爲一個典型的歷史地理概念，“江南水鄉”被用以指代長江以南中下游平原地區的全部水網地帶上的居民生活區。江南地區自古以來氣候温潤、雨水充沛、水網密布，是中國水資源最爲豐富的區域，也是重要的糧、油、棉生産基地。作爲一個土生土長的北方人，學生時代僅在文人的筆墨中領略過“日出江花紅勝火，春來江水緑如藍”，來到浙江工作後才真正感受到與北方的硬朗風格不同，“小橋流水”的诗意别有一番意境。那麼，最早的江南水鄉又在哪裏呢？

一、尋找最早的江南水鄉

在卷帙浩繁的文獻典籍中，我們可以看到中華民族三千多年的歷史。但更早的文明史，甚至幾百萬年前的人類發展史并没有通過文字留存下來。考古學者們將深埋於地下的古代遺迹、遺物發掘出來，不斷填補着歷史文獻中的空白，將中華文明史向前推進。通過持續的考古工作，我們知道自人類誕生以來，經過了約三百萬年的舊石器時代。

全新世（距今約 11700 年）以來全球經歷了多次變化幅度極大的氣候事件，對人類社會的影響十分深遠。尤其是在古人改造自然能力較弱的時代，氣候和環境關係到農業的起源和發展、甚至左右古代文明的興衰。而作爲古文明發展最重要的客觀因素，自然環境也逐漸被越來越多的考古學家所關注。在距今約 12000 年前，東海海平面比現在還低 100 多米，8000 多年前上漲到現在海拔負 8 米左右。2020 年浙江省文物考古研究所通過對余姚井頭山遺址的發掘，發現了一處距今 8000 年前的海岸型貝丘遺址，揭露出了“滄海桑田”之前的古海岸，使我們掌握了海平面及海岸綫變化更確切的證據。良渚文化遺址集中分布的杭嘉湖平原成陸於約 8000 年前的全新中期，年均氣温約比現在高 5℃，年降水量比現在多約 200 毫米。良渚古城遺址區域的水位比現今低約 2 米左右，良渚文化層的分布高程在海平面下 1—2 米。在遺址持續的上千年中（距今 5300—4300 年），這裏屬於古地理氣候中全新世大暖期時期的亞熱帶季風氣候區，其地理、地質、氣候、水文、植被等自然環境與現在有所區別，并在早、中、晚三個時期各有變化，大致是良渚文化早期暖濕、中期温和，降水曾有小幅下降，良渚文化晚期恢復暖濕。

環太湖地區以平原爲主，其餘爲丘陵和山地，河網密布、植被繁盛，與我們今天所知“江南水鄉”的自然環境別無二致。良渚人生活的主要區域位於山地與平原的交匯地帶，但這裏并不是他們世代繁衍、自然沿襲的聚居地。在距今7000年左右的馬家浜時期，人類多生活於山前崗地；距今6000年左右的崧澤時期，人類的分布區域與馬家浜時期相似，以自然山地的坡脚爲依託，這兩個時期的遺址數量發現較少。與此相比，距今5300年的良渚文化遺址的數量則大幅度增多，人類將目光由空間局限的高處轉移到了平坦、開闊的低處。人口的增多使得人類對於生存空間提出了更高的要求，生産生活場地、水源、動植物資源、交通、安全等成爲了選址的重要依據。出於這些考慮，"靠天吃飯"的史前人類做出了最優選擇，從山地走向平原，這對於當時人類的意義重大，標志着生産、生活方式的巨大變化。

由於氣候地帶性變化的影響，太湖流域丘陵山區的地帶性土壤包括黄棕壤和紅壤皆呈酸性，不利於遺迹遺物的保存；非地帶性土壤則包括濱海平原鹽土、冲積平原草甸土和太湖平原的沼澤土。其中，沼澤土是最適宜被改造成水稻田的。從比較大的地理環境看，這裏是太湖的主要水源地東苕溪流域的中游，是杭州所在的南北20多千米、東西40多千米、面積將近1000平方千米的C字形盆地的邊緣。它的南面、西面、北面以及東南面都被天目山的支脉包圍着，在地理位置上遠離其他族群，是一個安全的大後方。這1000平方千米的平原濕地，是良渚都城可以直接依託的稻作農業與采集捕魚經濟的來源，而西面與北面的廣袤山地，則有取之不盡的山禽野獸與野果珍饈。得天獨厚的自然環境使得良渚人不斷發展壯大起來，人口數量更是以不可想象的速度增長着，大型建築和水利系統拔地而起，身份等級日益森嚴，手工業、農業技術日新月異。

目前，長江下游環太湖地區史前文化的發展序列已經非常明確，馬家浜文化—崧澤文化—良渚文化—錢山漾文化和廣富林文化等一系列發展階段，在文化因素和分布範圍上一脉相承，從距今約7000年延續到距今約2000年，最終發展爲先秦時期的吴越文化。其中，良渚文化作爲環太湖流域史前文化的高峰，有源可循。在馬家浜、崧澤文化時期已可見明顯的等級分化和社會分工，這些構成文明的重要因素在早期社會進程中産生并不斷發展，爲良渚文明社會的出現打下了堅實的基礎。

二、考古發現的“水鄉澤國”

與其他古老的文明類似，中華文明的形成亦有著深厚的歷史基礎，是不同區域文明之間相互碰撞、交流與融合的産物，而作爲重要區域文明之一的良渚文明，是目前所能確認的中國最早的文明。

良渚文化是我國長江下游環太湖地區史前文化的高峰，其輻射範圍非常廣，主要分布在環太湖地區約 3.65 萬平方千米的廣袤土地上。迄今爲止，在浙江、江蘇、上海等地已發現了 700 多處良渚文化遺址（圖一）。作爲都城的良渚古城遺址，是歷來良渚考古工作的重點。

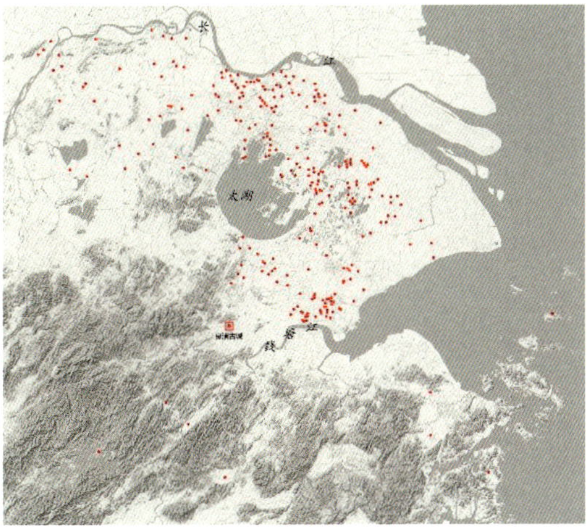

圖一 良渚文化遺址分布圖 浙江省文物考古研究所供圖

古代江南主要依靠水路交通，通往太湖的苕溪，使這個看上去地處偏狹的封閉之地，具有退可以依山據守，出可以通江達海的地理優勢。從良渚古城沿苕溪順流而下，到達太湖只有 60 多千米，進入太湖則可以上下長江，通達四域。理解了這種交通之便與地理優勢，我們便理解了良渚古城作爲太湖流域良渚文化這個族群之都的原因——隱于山野，兼及天下。距今 4100 年左右，苕溪的泛濫與錢塘潮的涌入，使 1000 平方千米的杭州盆地成爲一片汪洋，千年繁華的良渚王都從此銷聲匿迹。在經歷了將近 2000 年的沉寂之後，漢代時此處又漸漸人丁興旺起來。他們臨河而居，飯稻羹魚，死後便埋葬在周圍的山坡和良渚人留下的高臺土塚上。這樣的生活方式一直延續到 20 世紀。

從目前考古工作發掘出的良渚古城遺址來看，良渚先民無疑是傑出的城市規劃師，在經歷了崧澤文化晚期變革後，他們選擇了理想的都城營建地點，與之配套的規劃理念也應運而生。碳十四測年和器物類型學的研究結果表明，在統一規劃後，古城的各個組成部分便先後被有序建設出來。城外的瑶山和匯觀山祭壇墓地的建成使用時間最早，在整個規劃中首先被展示出來。城外的大型水利系統則是綜合治理水患的最佳體現，使良渚權貴階級對大遮山和大雄山之間 100 平方千米土地的統治更加安全、穩固。古城核心區的規劃則最先依託東北和西南的兩座自然山體——雉山和鳳山，内城位於兩山之間，宮殿區在内城中心，兩山到宮殿區基本上等距離分布。兩山也構成了城牆的兩處制高點。内城、外城之中各個遺址點有序分布，整體格局中的功能分區十分明顯。充分體現了“天地之中，以山爲郭”的規劃理念。可見，良渚古城遺址是衆多良渚文化遺址的結合體，這些遺址點不應該被割裂開來，而是需要被納入整體規劃當中去考察。

作爲良渚文化的都城，良渚古城所在的遺址密集區域有 100 多平方千米，這是當年良渚城興建時統一規劃的範圍。良渚古城遺址的遺産區範圍約 14 平方千米，包含了城址區、水利系統區和瑶山祭壇區三個部分（圖二）。

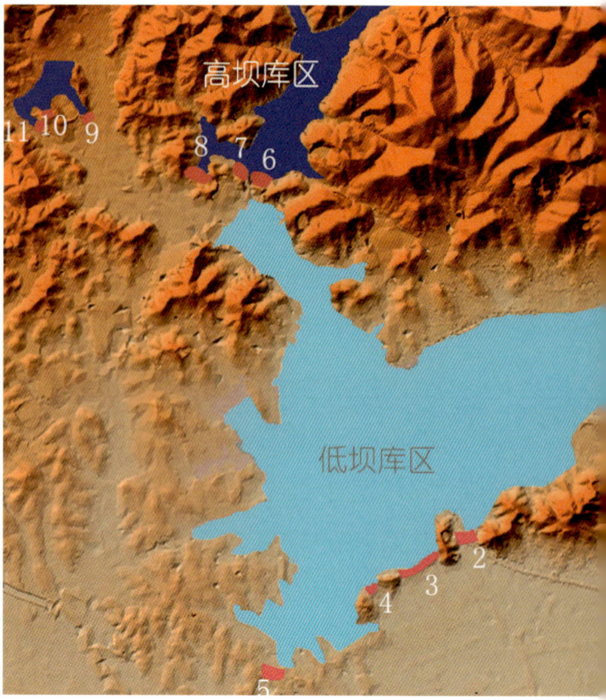

圖二 良渚古城遺址的内外布局 浙江省文物考古研究所供圖

古城發現和確認於 2007 年，内外的結構層次分明。内城由長約 6000 米的夯土城牆圍合而成，面積近 300 萬平方米，相當於四個故宮的大小。宮殿區（圖三）面積約爲 30 萬平方米，土石方量達 228 萬立方米，在胡夫金字塔建成之前曾是世界上最大的單體建築物。宮殿區又分爲大莫角山、小莫角山、烏龜山三處人工堆築的土臺，上面皆有房屋遺迹。莫角山臺地是宮殿區的核心，爲形態規整的長方形覆斗狀高臺，東西約 630 米、南北約 450 米，人工堆築高度約 12 米。在基礎高臺之上，再分別堆築相對高約 4 米的三個大型臺基，發現了 30 多座建築遺迹，應該是主要的宮殿或神廟所在。

良渚古城内與宮殿區一水之隔的反山遺址就是高等級貴族墓葬的典型代表，可以確定已經達到了王陵的級別。其中，以 12 號墓（圖四）規格最高，并第一次發現了良渚文化的完整神徽、最大的玉琮（圖五）與玉鉞。内圓外方的玉琮是最具代表性、輻射面最寬、影響力最强的玉器，藴含着“天圓地方”的原始宇宙觀，是對神人獸面紋（圖六）中所含神靈崇拜的重要載體。神人獸面紋存在于良渚文化發展的全過程，遍布于長江下游環太湖地區的所有良渚文化遺址中，輻射範圍達數百

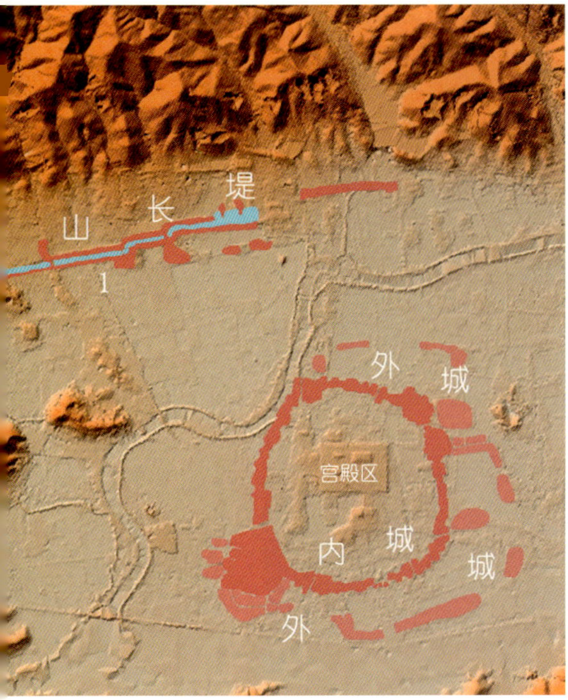

圖三 古城核心區布局 浙江省文物考古研究所供圖

萬平方千米。它的形態固定，在玉器上位於核心位置，也是象牙器、嵌玉漆器等其他良渚文化高級禮器上的主要圖案。衆多良渚文化的墓葬材料表明，良渚社會存在著明顯的等級分化和職業差異。這些差異并不是個別現象，而是群體和地域性的集中體現。在良渚社會中，玉器與貴族的生活息息相關，而高等級墓葬中隨葬的玉器正是貴族"視死如生"觀念的最好體現。墓葬中出土的琮、璧、鉞、璜、冠裝飾、三叉形器、錐形器等玉器最具特色，對於考古學家們探索墓主人的身份和當時的社會生活有著非常重要的意義。

倉儲區在莫角山宮殿區的南側，皇墳山高臺西面，是一塊獨立的臺地，面積約 10000 平方米，有一條堤狀的道路向北連接到莫角山，當地的名稱叫做池中寺。當年這裏三面環水，與這個地名很相應。在池中寺臺地下面，發現了約 50 厘米厚的炭化稻米層，這是當年糧倉失火後留下的遺迹，以千粒重測算，燒毀的糧食約有 20 萬千克，以此我們可以推測這座城市當年的糧食儲備。

圖四 反山 M12（自北向南）浙江省文物考古研究所供圖

圖五 玉琮王（反山 M12：98）浙江省文物考古研究所供圖

圖六 神人獸面紋綫圖 浙江省文物考古研究所供圖

内外城牆由不同方式修建而成，内城略呈圓角長方形，南北長約 1910 米、東西寬約 1770 米，總面積近 300 萬平方米，共發現 8 座水城門，四面城牆各 2 座，另在南城牆中部發現陸城門 1 處。除南城牆無外城河，其餘三面城牆均有内外城河，這種夾河築城的模式，一直延續至後世的江南。由於在沼澤地上起建，城墻底部都鋪墊有約 50 厘米的石頭，這些石頭開采自南北的山谷（圖七）；同時沼澤地的泥土不適宜築牆，因此牆體也用取自山坡的黄色黏土夯築。城牆的寬度爲 20—150 米不等，高約 4 米，寬大的城牆在良渚文化晚期也成爲居住地，因此在四面城河裏都有大量良渚文化晚期的生活堆積，隨着人口的增加，城墻又逐漸向城的周邊擴展。

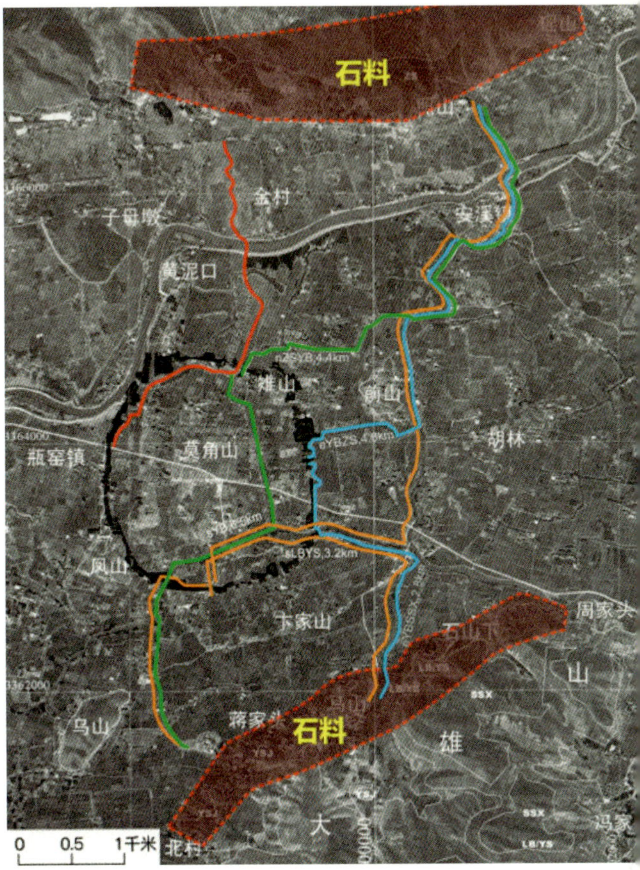

圖七 城牆墊石來源 浙江省文物考古研究所供圖

鼎盛時期的良渚古城内大約生活著 2 萬人，大多爲貴族和手工業匠人。登臺遠眺，（古城）北面是巍峨的青山，西面是高等級貴族王陵，東面是穿城而過的鍾家港（兩岸分布著玉器、石器、漆木器、骨器等手工業作坊），南面是開闊的沙土廣場，城内景象一覽無餘。居住在宫殿内的良渚統治者曾在這裏俯視他的臣民、檢閲軍隊或是發布各種政令。

瑶山祭壇位於良渚古城東北約 5 千米，是一座海拔約 35 米的自然山丘。祭壇主體是依託山頂砂性紅土修築的一處長方形覆斗狀土臺，邊緣有石砌護坡，正南北向，東西長約 40 米、南北寬約 19 米，土臺西北角殘存的石坎高度近 1 米。在土臺西半部中央，用挖土填築的方式做出東西約 9 米，南北約 11 米的回字形灰土方框，推測最初用於觀象測年。其祭壇功能廢棄後，作爲神聖之地成爲了貴族的墓地。瑶山共發掘出土了 13 座良渚大墓（圖八），分兩排埋在祭壇的南側。從瑶山墓葬隨葬品的規律看，作爲武器的鉞只有南排墓葬才有，而紡輪和織具等則僅見於北排墓中，所以我們推測南排墓可能是男性，北排墓則可能是女性。瑶山墓地的年代與反山相仿，部分墓略早於反山。高等級的墓葬居中，邊緣的墓葬相對級别較低，墓葬排列的位置，可能反映了墓主人生前的位次。

爲了抵禦暴雨和山洪的侵襲，良渚先民在城外建設了龐大的水利系統（圖九）。築壩主要依靠草裹泥工藝，即利用蘆荻和茅草捆裹泥土製成。大量的草裹泥被堆疊在一起，類似于現代的防洪沙袋。整個古城和周邊水利系統的總土方量約爲 1005 萬立方米。這樣宏大的工程以 1 萬個人農閑時間參與建設 100 天計算，需要近 30 年才能完成。這是中國最早的大型水利系統，比傳說中大禹治水的時間還要早上一千年左右。

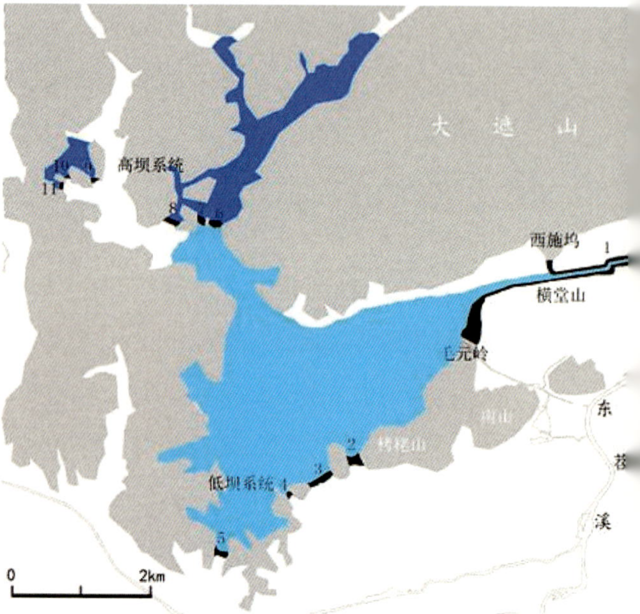

圖八 2017 年瑤山祭壇墓地航拍照 浙江省文物考古研究所供圖

圖九 良渚古城周邊水利系統
浙江省文物考古研究所供圖

1- 塘山；
2- 獅子山；
3- 鯉魚山；
4- 官山；
5- 梧桐弄；
6- 崗公嶺；
7- 老虎嶺；
8- 周家畈；
9- 秋塢；
10- 石塢；
11- 蜜蜂弄。

三、走向世界的“最早的江南水鄉”

國際學術界曾普遍認爲中華文明的起始時間爲商代，是四大古代文明中最晚産生的。然而，隨著對良渚古城遺址和良渚文化研究的深入，這一傳統觀念已經被徹底改變。良渚古城的規模、墓葬的等級與分化、玉器所體現的權力與信仰等，都反映出良渚社會已經進入了成熟的國家文明階段。頗具規模的古城、等級分化的墓葬、體現權力與信仰的玉器，都反映出良渚社會已經進入了成熟的國家文明階段。良渚文明與古埃及、蘇美爾、哈拉帕等文明處於相同的時間階段，如果仍以國際上所謂的“文明標準”來衡量良渚，顯然并不科學。科林·倫福儒先生認爲：“中國新石器時代是遠遠被低估的時代，良渚遺址在很大程度上已經達到了國家的標準。”

良渚文明是長江下游地區區域文明的代表，其中的玉文化影響力巨大，且在後世得到有序的傳承，是中華文明多元一體的重要組成部分，也體現出長江下游環太湖地區對中華文明起源的深刻影響。同時，良渚文明具有一種以神權爲中心的文明模式，豐富了世界早期文明理論體系。

城址、周邊水利系統、分等級的墓地和玉器這四項基本要素，體現出良渚古城遺址中蘊含的普遍價值。良渚古城遺址尤爲符合世界文化遺產的兩條價值標準，即標準III（能爲延續至今或業已消逝的文明或文化傳統提供獨特的或至少是特殊的見證）和標準IV（编者注：该标准是一種建築、建築或技術整體、或景觀的傑出範例，展現人類歷史上一個或幾個重要階段），并得到國際古迹理事會的認可。隨著申遺的成功，良渚古城也成爲我國第 55 處世界遺産。

與世界上其他已經消逝的古代文明類似，良渚文明的驟然消失令人唏噓，作爲早期城市文明，良渚無疑是當時先進的典範。其特點可以被簡要歸納爲城市文明、玉器文明、稻作文明、土築文明、水利文明、原始文字、禮制文明、宗教文明等。時至今日，良渚文明帶來的深遠影響仍在繼續，而透過考古發現，我們依稀可見五千年前那個“最早的江南水鄉”。

八千卷樓主人丁丙與十九世紀的杭州

文／温玉鵬 杭州博物館

説起杭州這個城市，就不能不提到一個人——丁丙。丁丙（1832—1899），字嘉魚，別字松生，晚號松存，別署錢塘流民、八千卷樓主人、竹書堂主人等，錢塘（今浙江杭州）人，晚清著名藏書家。丁丙一生淡泊名利，以學行著於時。作爲19世紀杭州士紳的代表性人物，丁丙帶領杭州丁氏家族開創了實業、藏書、慈善三大世業。周膺提出：“丁丙是浙江現代工業的先驅，晚清中國最大的私人藏書家和出版家之一，更是中國歷史上最典型的道德人物之一。”[1]

明清時期的杭州，作爲浙江省的省城、全國水運交通之要津，以湖山勝覽名闻天下。從康熙、乾隆皇帝，到文人雅士，皆以到杭州爲“最憶”，他们或泛舟西湖，或游觀西溪，或在武林坊巷間，偶作閑游，或在古迹名園外，幾度勾留。1851年，洪秀全在廣西桂平金田村發動起義，後建立“太平天國”，并於1853年攻取江寧（今江蘇南京），改稱天京。19世紀60年代，太平天國戰事波及杭州，“鉛丸如雨落城中，火箭斜穿屋角紅”[2]，以至“井邑燒殘廣厦頹，山村小市燼餘灰”[3]，昔日的“東南第一州”幾乎化爲丘墟。

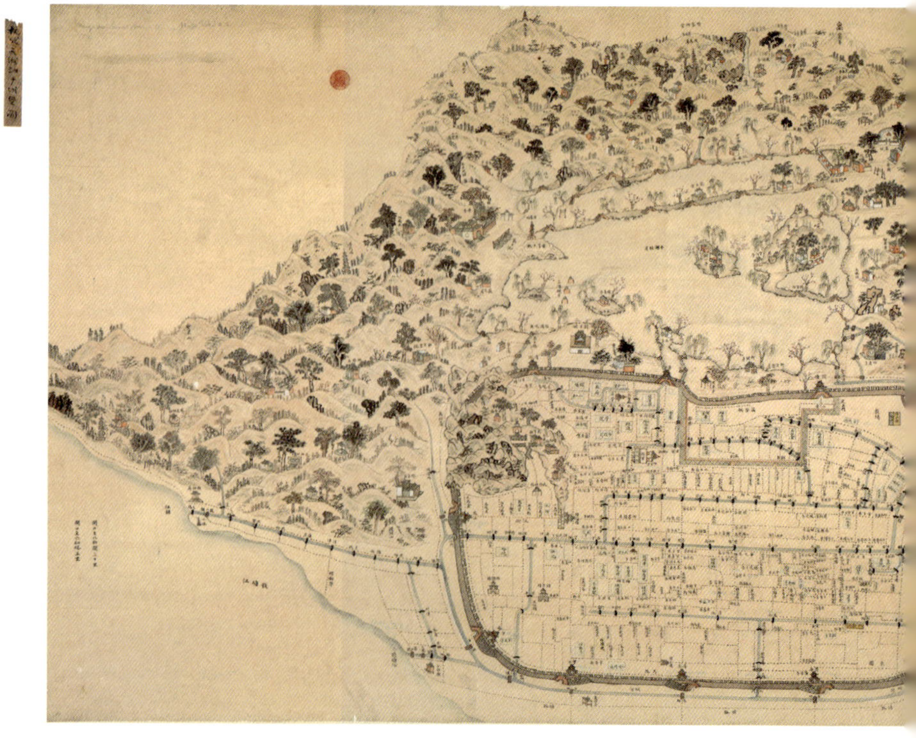

戰後的杭州，雖恢復行政建置，但滿目瘡痍，百廢待興。以丁丙爲代表的杭州士紳自觉肩負起杭州城市文化振興的重任，從杭州孔廟的修復到文瀾閣《四庫全書》的補抄，從輯刊故籍到重修杭垣名勝，從興辦實業到主持創辦中國近代史上規模最大的慈善組織——杭州善舉聯合體，以傳統士紳的使命感、對桑梓文化的熱忱及卓有成效的城市發展規略，推動杭州城市在 19 世紀後期的重建與振興。（圖一）

[1] 徐穎：《尺素存心：丁丙書劄中的十九世紀杭州》，杭州：浙江大學出版社，2022 年，序一。
[2] 丁丙、庚辛泣杭録，王國平主編:《杭州文獻集成》第 9 冊《武林掌故叢編 9》，2014 年，第 616 頁。
[3] 同上。

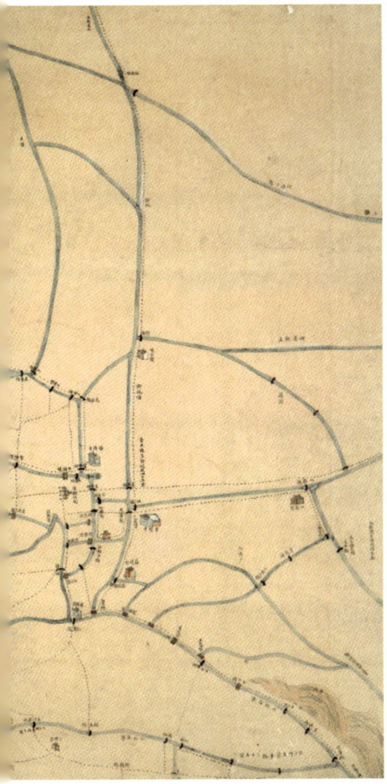

圖一 清 佚名 杭城西湖江干湖墅圖
（19 世紀中後期）

簡介：全圖以傳統繪畫糅合地圖繪製的技巧表現，將杭州城與西湖及城北附郭仁和縣、城南附郭錢塘縣一帶山形水勢盡收於圖中。布局采取西上、東下，不附圖例、比例及方位。各處標示地名，杭州城内官署、坊巷、水道橋樑均詳細注記；杭城外西湖及周圍山嶺、寺廟及景點也都非常細膩描繪，錢塘江水面在圖右，以圖面空白的方式表現，僅注記“閘口至北新關三十里”“閘口至六和塔五里”等兩處文字。

一、恢復孔廟

太平天國獨尊上帝，斥佛、道諸神爲“妖”。在洪秀全看來，“推堪妖魔作怪之由，總追究孔丘教人之書多錯”，“凡一切孔孟諸子家妖書邪説者盡行焚除”[4]，故太平天國所到之地，孔廟多遭兵火。1861—1863 年間，杭州孔廟自禮殿而外悉遭焚毀。清同治三年（1864），杭州克復。以左宗棠爲代表的士人，投戈講藝，首崇學校。清同治九年（1870），浙江巡撫楊昌濬有感於杭州孔廟之坍毀，禮樂器之流散，委託丁丙按照《皇朝禮器圖式》和《御纂律吕正義》的規制來製作禮樂器，共恢復并置辦“禮器凡二千四十有八，樂器凡一百九十有四，舞器凡三百七十有二”。其所置豆、敦、尊、簠等銅器，現藏於浙江省博物館、杭州市文物遺産與歷史建築保護中心等單位。丁丙“於府縣學之修建尤多盡力”，并與同人創設丁祭局，集諸生供灑掃、治祭器，考訂禮器樂器，恢復祭孔之儀，創修《府仁錢三學志》。丁祭，又稱“祭丁”。祭祀孔子之禮，因在每年二、八月的第一個丁日（上丁）舉行故名。杭州博物館藏丁丙致蔚也信劄，系統展現了丁丙重修孔廟禮樂器的過程。（圖二）（圖三）（圖四）

[4] 張秀民、王會庵：《太平天國資料目録》，上海：上海人民出版社，1957 年，第 313 頁。

圖二 -1 丁丙參與監製的孔廟禮樂器 杭州市文物遺產與歷史建築保護中心藏

圖二-2 丁丙參與監製的孔廟禮樂器 杭州市文物遺產與歷史建築保護中心藏

圖二-3 丁丙參與監製的孔廟禮樂器 浙江省博物館藏

圖三 南宋 馬遠《孔丘像》故宮博物院藏

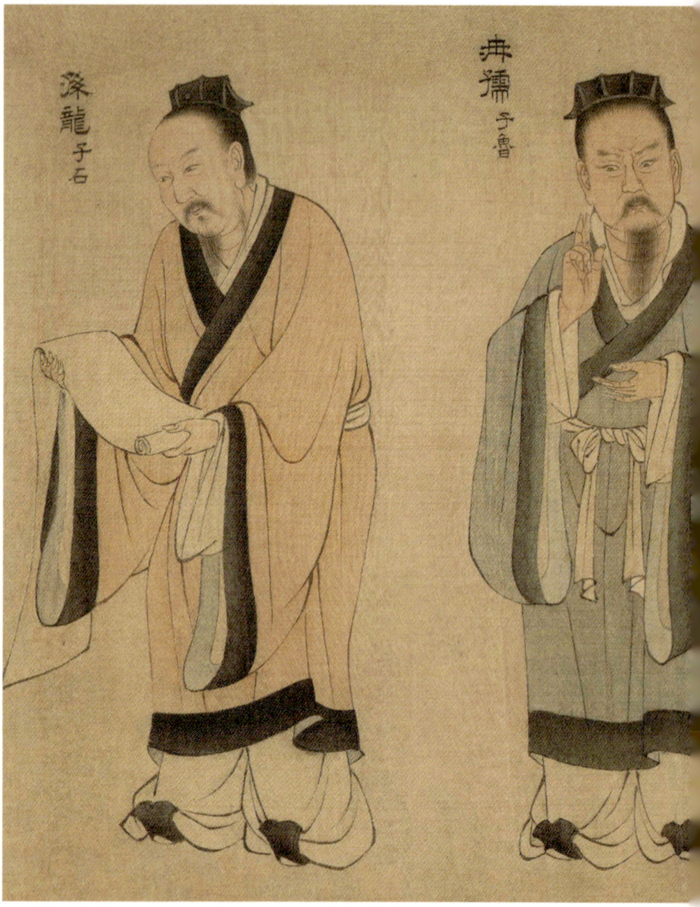

圖四 南宋 佚名《孔門弟子像》故宮博物院藏

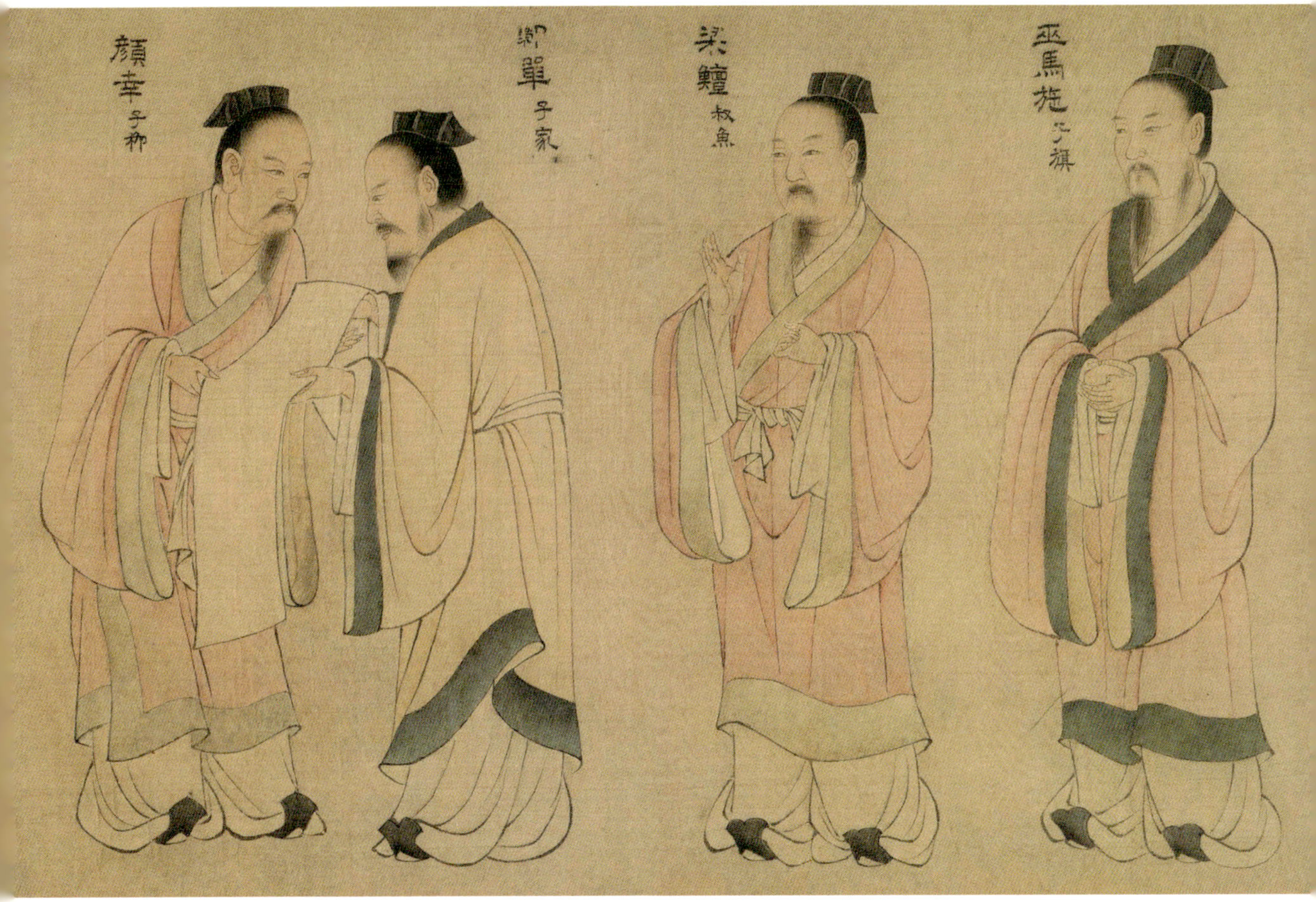
顏幸 子柳
鄡單 子家
梁鱣 叔魚
巫馬施 子旗

二、興復文瀾

《四庫全書》是繼《永樂大典》、《古今圖書集成》後編纂的一部大型叢書，分經、史、子、集四部。全書卷帙浩繁，包括中國有文字以來三千多年間的政治、經濟、哲學、文學、天算、典地、科技、醫藥等各方面內容，是中國有史以來最大的一部叢書。

清乾隆四十六年（1782），第一份《四庫全書》繕抄告竣。乾隆皇帝"因思江浙爲人文淵藪，允宜廣布流傳，以光文治"，下詔在文淵、文源、文津、文溯四閣庋藏《四庫全書》的基礎上，再行繕寫三份，分藏於揚州大觀堂文匯閣、鎮江金山寺文宗閣，杭州聖因寺內擬改建文瀾閣。清乾隆四十九年（1784），文瀾閣落成，建築式樣仿照寧波天一閣。文瀾閣《四庫全書》自乾隆五十二年（1787）始陸續頒發，至乾隆末年頒齊，共三萬五千九百九十冊。

清咸豐年間，太平軍戰事波及江浙，鎮江、揚州遭兵之難，文宗閣、文匯閣毀於戰火。文瀾閣及《四庫全書》也受浩劫，閣圮書散。杭州八千卷藏書樓傳人丁丙、丁申兄弟不避艱險，在戰火中搶救閣書，運往上海保存。清光緒七年（1881），在原址重建文瀾閣。後經丁丙主持的清光緒補抄、錢恂主持的乙卯（1915年）補抄、張宗祥主持的癸亥（1923年）補抄等三次大規模的補抄，文瀾閣《四庫全書》基本上恢復原貌。現藏於浙江圖書館。

圖五 清 乾隆《西湖十景圖題字》臺北"故宮博物院"藏

爲了紀念丁丙在興復文瀾閣過程中的功績，特邀杭城名流繪製了《文瀾補書圖》《文瀾歸書圖》《書庫抱殘圖》等圖卷，反映了文瀾閣圮毀書散、丁丙搶救庫書、重建故閣、庫書歸閣和丁氏主持的第一次補抄文瀾閣《四庫全書》的全過程。相關圖卷現藏於杭州博物館。（圖五）（圖六）（圖七）

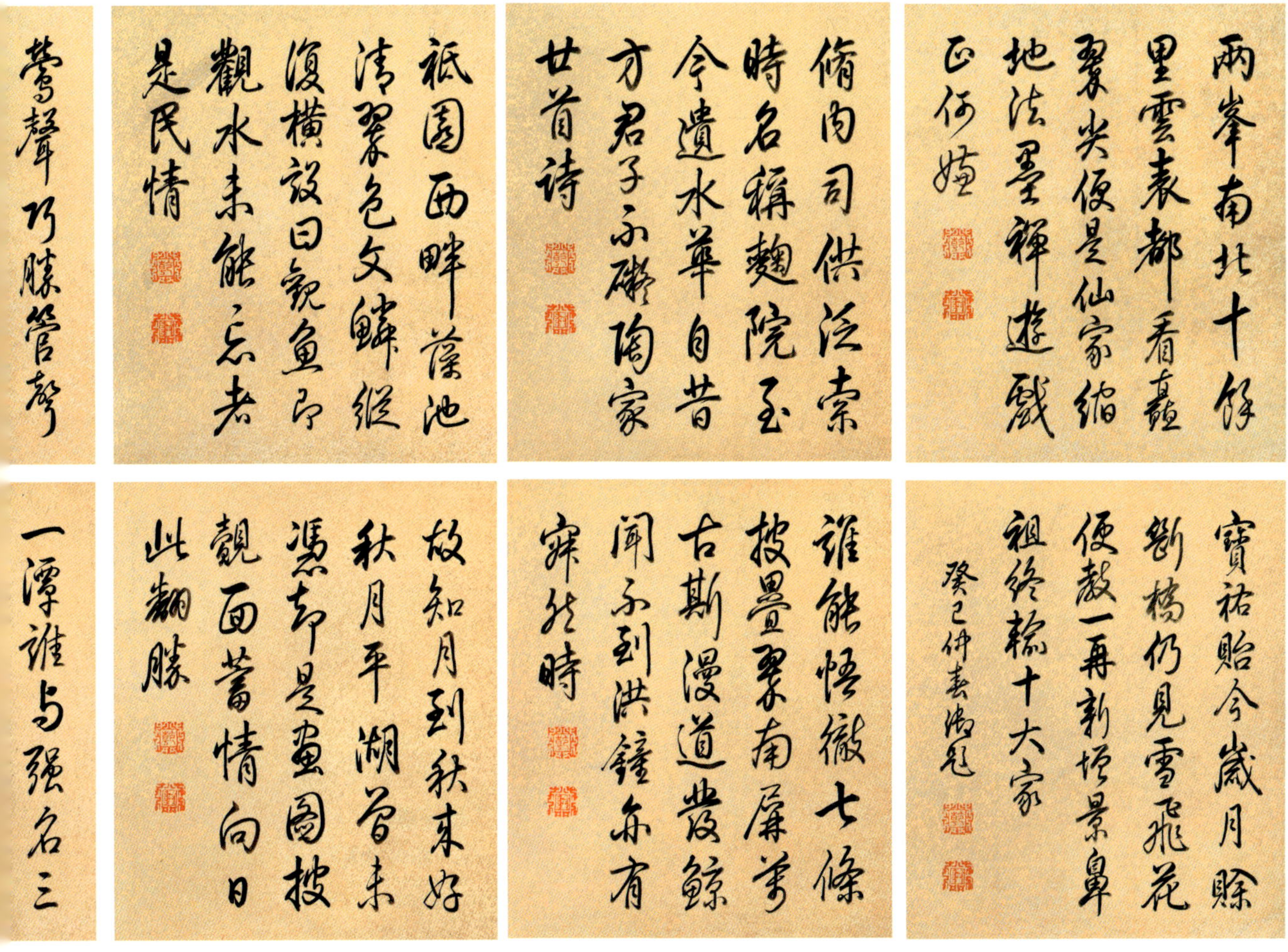

圖六 清 王原祁《西湖十景圖》遼寧省博物館藏

簡介：圖繪蘇堤春曉、平湖秋月等杭州西湖景觀。整卷山勢重疊，湖光山色，景物富麗，設色淡雅。圖中山石林木重是施青綠，建築物著色濃艷。跌宕的群峰，繚繞的雲氣，開闊的水域給人一種曠遠雄渾之感。圖中的行宮，曾爲康熙南巡時的駐蹕之地，清雍正五年（1727），改爲聖因寺。清乾隆四十七年（1782），將聖因寺旁原藏《古今圖書集成》之藏經閣改建文瀾閣。清乾隆四十九年（1784），文瀾閣建成。

圖七 清 董邦達《西湖十景圖》臺北“故宮博物院”藏

湖山神廟
岳武穆祠
曲院風荷
西泠橋
跨虹橋
東浦橋
問水亭
湧金門

三、輯刊故籍

錢塘丁氏以藏書而著名。其藏書樓八千卷樓與常熟瞿氏鐵琴銅劍樓、湖州陸氏皕宋樓、聊城楊氏海源閣并稱清末四大私人藏書樓。作爲藏書家，丁丙在版本學、目録學等領域成就卓著。“丁氏是中國最早形成公共圖書意識的藏書家，也是中國地方文獻整理刊印最具成就者。”[5]

清同治六年（1867），浙江巡撫馬新貽委託丁丙籌建浙江官書局。浙江官書局是一個編刊與發行書籍的機構，與金陵、湖北、湖南、廣東等書局合稱“五局”。開局之後，首刊《欽定七經》《御纂通鑒輯覽》《御選古文淵鑒》等書，對 19 世紀後期杭州的文化振興，具有極其重要的意義。

丁丙還致力於杭州鄉邦文獻的發掘、整理與刊刻，最爲系統地出版杭州地方文獻，自清同治二年（1863）到光緒二十五年（1899），先後刊書 200 餘種，包括《武林掌故叢編》《武林往哲遺著》《西泠五布衣遺著》《西泠詞萃》《當歸草堂叢書》《當歸草堂醫學叢書》等大型叢書。其中《武林掌故叢編》26 集 187 種 200 餘册，乃杭州鄉邦文獻之百科全書，使杭州成爲中國保存地方文獻最完整的城市。丁丙編著的還有《武林坊巷志》《杭郡詩三輯》《善本書室藏書志》等巨著。古代最後一部并且最系統的《杭州府志》也是在他的支持下完成的。直到 21 世紀，王國平主編的《杭州文獻集成》《西湖文獻集成》等叢書仍以此爲底本。

在 2021 年籌備“丁丙與十九世紀的杭州”特展時，還在杭州博物館舊藏丁丙信劄中發現了更多丁丙致力於鄉邦文獻的資料。如在一通致蔚也的信劄中談到《蔣廟志》的編纂：“應請幾諫《蔣廟志》照寄樣，缺頁無幾，但其前須編一目録，才能清楚，後跋亦不可少，請尊翁一擬板成，速寄，以便刷分。惟内有元胡長孺、明徐一夔、國朝馮景三篇，名忽列於題下，與通體之式不合，擬各接書於文尾，‘元’‘明’兩字去之。又胡長儒一篇内，胡先生曰擬改，却十分整齊，特此附聞。”

蔣廟位於杭州城内豐樂橋西南側祖廟巷，宋時名七郎堂巷。七郎，指的是鹽橋上蔣廟（蔣侯祠）之神，姓蔣，名崇仁，排行第七，他的家就在此巷，故稱七郎堂巷。又因他的祖廟也在此，所以又名祖廟巷。相傳，這位蔣崇仁仗義樂施，以家財買糧賤賣，救濟窮人。其弟崇義、崇信，亦承兄志。等到他去世，即其家立祠祀之，有禱輒應。據《西湖游覽志》載，南宋淳熙年間，京尹擬翻修其祠，神忽借老兵之口，願徙橋上，遂於鹽橋上立廟，士女爭趨拜

[5] 周膺、吴晶：《丁丙及杭州丁氏家族家世考述》，《浙江学刊》2013 年第 5 期，第 80-91 頁。

之，民效其風，饑歲仍平價售糧。南宋咸淳初年，京尹請於朝廷，賜廟額曰“廣福廟”，封蔣崇仁爲孚順侯，蔣崇義爲孚惠侯，蔣崇信爲孚佑侯。對於這樣的地方信仰，丁丙亦能做到鉤沉掌故，纂修廟志，對鄉土文獻之用心可見一斑。(圖八)

四、實業先驅

清朝後期，中國逐步淪爲半封建半殖民地社會，帝國主義列强加緊經濟掠奪，民族危機日深，一些有識之士要求變法圖强，“抵制外商，挽回權利”的呼聲日高。清統治者迫於内憂外患，不得不表示“提挈工商”，并頒發了一些“獎勵工藝”的法令。浙江民族工業漸次興起，紡織工業噴薄而出。

以丁丙的“丁日升”綢莊爲代表，整合杭州原本的絲綢業資源，采取向零機户放料代織、兼營批發與零售的經營方式，推動了杭州絲綢業的近代化。丁丙還被推選爲“觀成堂”(綢業會館) 正董事。在他的主持下，觀成堂代表杭州絲綢行業成爲官商稅務仲介辦理認捐公所，并在寶善橋倉河下購進高廣裕錫箔坊坊址及(東) 河邊凉亭，辟爲會員整批綢貨運輸的絲綢業專用碼頭。

19 世紀末，丁丙進一步采用當時先進的機器生産方式，先後創辦通益公紗廠、世經繅絲廠和大綸絲廠，成爲杭州近代絲綢、棉紡工業的先驅。其中，“通益公紗廠”與蕭山“通惠公紗廠”、寧波“通元源紗廠”并稱“三通”，是當時浙江規模最大、設備最先進的三家近代棉紡織工廠，并成爲杭州第一棉織廠的前身。(圖九)

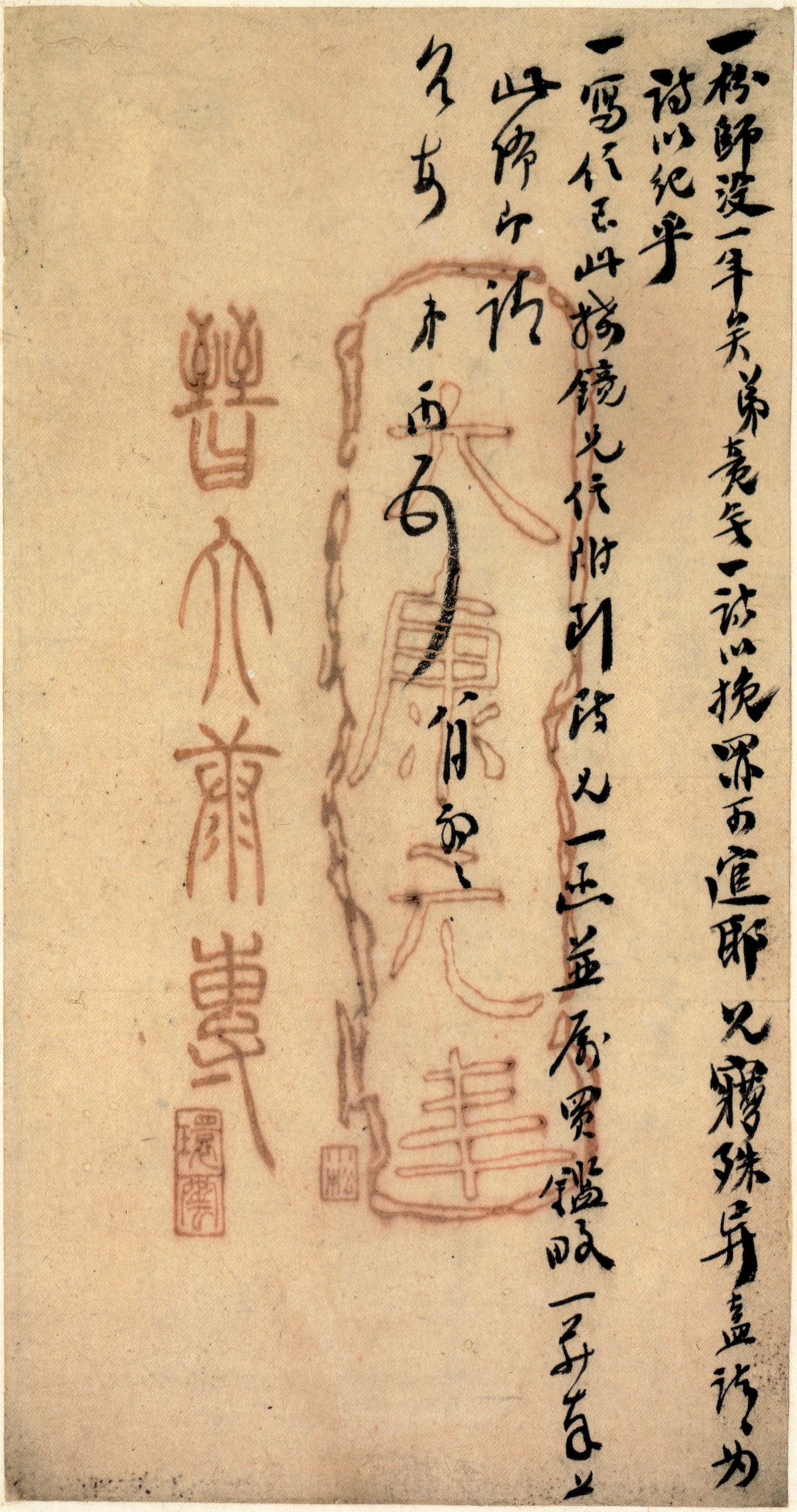

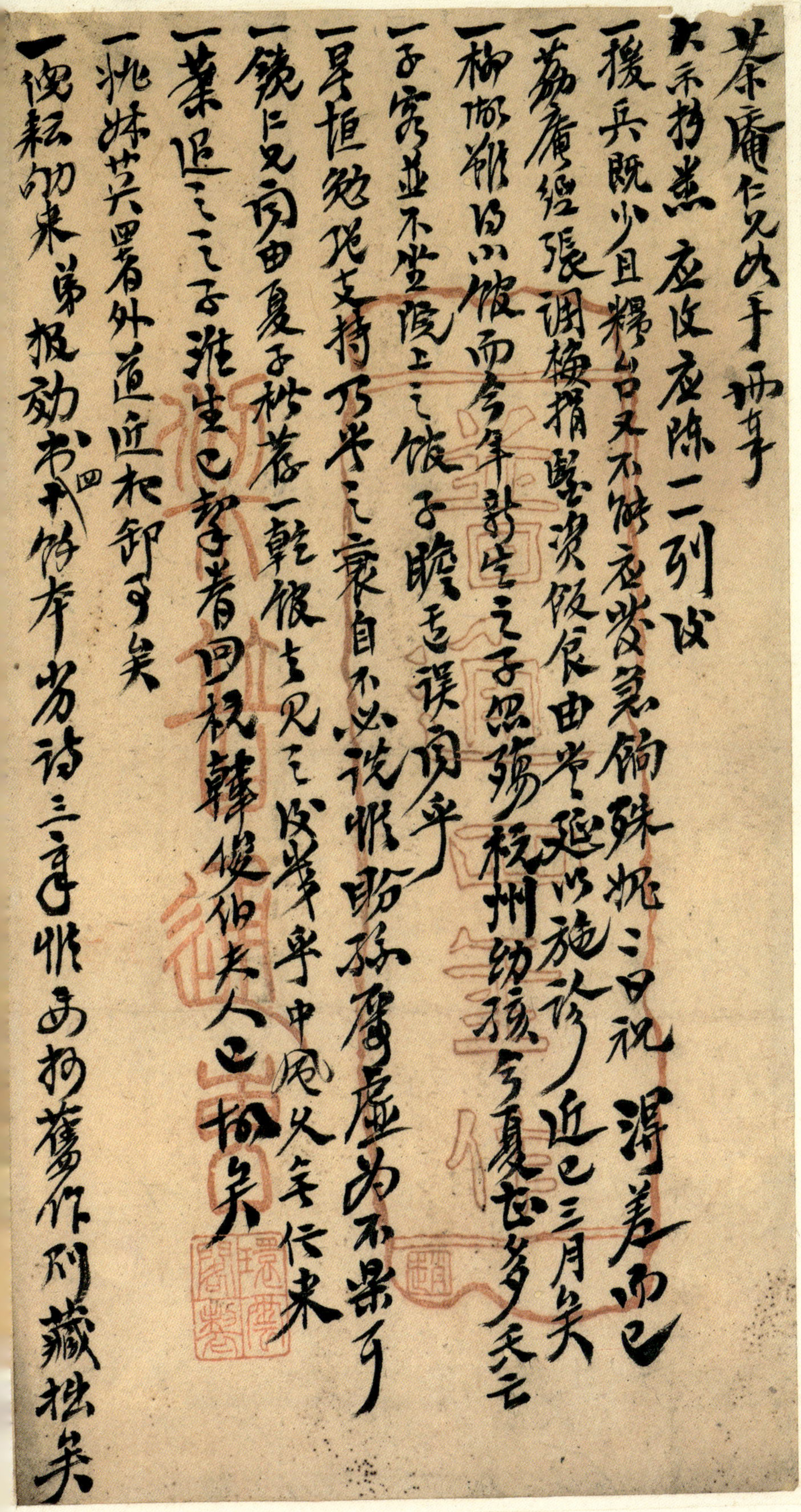

圖八 清 丁丙致蔚也信劄 杭州博物館藏

圖九 民國時期 杭州紡織廠的機頭布 杭州博物館藏

浙杭李植記内造甯綢

浙杭天泰森造頭號寧綢

浙杭緯綸廠浙杭緯綸廠浙杭緯綸廠浙杭緯綸廠

浙杭裕泰豐廠

浙杭大克利緞

五、爲善最樂

太平天國戰爭後，杭州雖恢復了行政建置，但機構不全，人員缺少，財政虧空，市政設施又毀之十九，政府的行政能力微乎其微，限於軍事和稅賦。由丁丙主持的“杭州善舉聯合體”這一中國近代史上規模最大的慈善組織，不僅主導着杭州的社會自救和社會重建，還在實際中解決了晚清社會轉型、市民社會萌芽、城市現代化所產生的新問題，實際代替地方政府履行了大部分行政職能。

善舉聯合體是民間發起、政府資助并由善舉總董統一領導的慈善組織，主體部分是普濟堂、同善堂、育嬰堂，總稱“三善堂”，共同經營管理著 27 個機構，功能基本涵蓋政府社會管理的方方面面，其鼎盛時期工作人員多達千餘人。

善舉聯合體有严格的管理体系，被稱爲“善舉董事”，具体分级为善舉總董—各堂（局、集、倉等）董事—司事 3 個層面。丁丙在《樂善録》裏記録了善舉聯合體的 21 位總董、170 多位堂（局、業）董、160 多位司事以及 130 多位粥廠和保甲局紳董的姓名籍貫，展現出杭州士紳群體（主要包括退休官員和紳商）對桑梓的熱愛以及對同里百姓的同情。

杭州博物館藏清拓本《杭州善舉二十八事碑記》，記録了丁丙所做的二十八件善事，包括辦育嬰堂，辦正蒙義塾，辦丁祭局（祭祀孔子），辦惜字會（宣導尊孔尚儒、愛惜字紙的會社組織），辦杭州府學和錢塘、仁和縣學和重修杭州貢院，濟貧助學，辦普濟堂，辦給米所，辦清節堂（收養 70 歲以上無依靠寡婦），辦穗遺集（援助守寡但有公婆子女需要撫養的婦女），辦醫藥局，辦棲流所（收容患病旅客），辦恤災所（安置火災民），辦報驗局（驗屍），辦義倉，辦施粥廠，辦義田，辦錢江義渡局，辦錢江救生局，辦乞丐廠，辦浚湖局（疏浚西湖、西溪濕地等），重建文瀾閣和搶救《四庫全書》，疏浚苕溪和運河，辦保甲局（負責治安巡防），辦遷善所（收容輕度違法者），辦施材局（分施棺木），辦掩埋局（埋葬死者），設烈士祠堂等。其义举，无不展現出丁丙對桑梓的熱愛、對同里百姓的同情，爲人所稱道。

六、興創名勝

圖十 清 董邦達 柳浪聞鶯禦題軸 臺北『故宫博物院』藏

杭州自唐宋以來,“白蘇繼美, 其間名人結廬, 賢達經游, 遺徽餘韻, 弈世猶芳”。從鄉邦先哲到郡邑名宦, 往往飾墓立祠, 或結廬在西子湖畔,形成了獨特的“湖山勝覽”。1861—1863年, 西湖一帶淪爲戰場, 兵火歷劫, 名勝多化作斷壁殘垣。以丁丙爲代表的杭州士紳, 盡力於名勝之興修, 或自爲創建, 或監造重修, 其成績主要集中在三個方面:

(一) 疏浚西湖。主持疏浚西湖, 籌集西湖歲浚經費, 以使西湖得到經常性疏浚。此外还重修以“柳浪聞鶯”爲代表的西湖景觀。

(二) 興復祠墓。復錢王祠、白公祠、蘇公祠、岳飛祠、于谦祠、張履祥墓等名人祠堂和墓葬, 并爲清代浙江督撫大臣左宗棠、蔣益澧、楊昌浚、彭玉麟、譚鐘麟等修建生祠。

(三) 興建橋樑。先後集資重建斷橋、慶春橋、寶善橋, 興建横河橋、普濟橋、壩子橋、德勝橋、萬安橋等。這些橋樑除爲了“舟車之便”, 也成爲杭城重要的景觀。(圖十)(圖十一)

圖十一 清 張若澄設色西湖風景圖扇頁 桂林博物館藏

簡介：

圖中所繪西湖景觀，在太平天國期間多有毀壞。19 世紀 60 年代以後，部分景觀被丁丙等杭州士紳重建，部分保存至今。

餘響

1899 年，丁丙去世後，安葬於風木庵祖塋，由袁昶撰寫墓表，王同以楷體書寫，經學大師俞樾撰《丁君松生家傳》，并給予丁丙高度評價："杭城克復以來三十餘年，湖山歌舞粗復其舊，固由諸大吏振興於上，賢有司經畫於下，而拮据撖捆、心口交瘁、黽没從事，使公私交受其益者，則君一人也。君有官不赴，伏處鄉里，而惠澤被乎四方，聲名動乎朝野。求之古人，未可多得。微論劉勝寒蟬不堪比擬，即王烈、陽城輩徒以德化其鄉者，亦不能屍居龍見若斯也。"到 19 世紀末，杭州已基本恢復舊日的湖山勝覽，爲 20 世紀杭州作爲浙江省會的發展，奠定了重要基礎。

1932 年，時值丁丙誕辰百年，浙江圖書館主辦"丁松生文物展覽會"，展出丁丙相關照片、書籍、匾額、繪畫等文物。漱石在《丁松生先生文物展覽參觀印象記》中提出："錢唐丁松生先生爲護持文瀾閣四庫全書之元勳，功在文化，足垂千古；浙江圖書館之所以擁有兹巨籍，雄視江南，實維先生之力，宜其飲水思源，永矢勿諼也。"浙江圖書館特推出《丁松生先生誕辰百年紀念》專號。

直到今日，從西子湖畔到拱宸橋頭，丁丙對杭州城市的貢獻仍隨處可見，可謂"宜其飲水思源，永矢勿諼也"。

邵文歡《湖山勝覽 · 山水錢塘 - 山高水長》2020—2021 年（150cm×1800cm）攝影、數字拼貼

《湖山勝覽·山水錢塘》系列

我們從機器之眼中得到的圖像並非僅是還原時空中焦點的世界，當我們調動人眼的觀看後，情況便不盡然了。用眼在時間中觀看，通過一至數個視點、焦點的掃視，時空交匯使機器之眼和人眼共同合作得到演繹。

這些作品用成百上千張照片拼合成一個完整的看上去卻是符合透視（現實）的圖像。在拼合的過程中，通過對自然的調用和變形的協調關係，嘗試拆解時間，將成百上千個焦點、瞬間潛藏至一張畫面中，如同“插敘”的方式，延異單個平面的時間性。作品通過巨幅畫面的展現，從左至右，自上而下的眼光掃視利用了攝影焦點和視點的掃描與遊走，暗合“散點”、“移動點”的觀看方式，使人“眼”帶動各個凝固的時間層次，感受空間的倘徉，演繹了時空交匯的定格。它在時而纖毫畢露、時而超以象外的超視覺體驗中，延展、更新了曾經改變過我們觀看的技術性觀視。

邵文歡《湖山勝覽 · 山水錢塘 - 吴山天風》2020—2021 年（150cm×1800cm）攝影、數字拼貼

墨客行吟

西湖第一解人——杭州詩人厲鶚西湖歌咏品讀

文／趙榮光　浙江工商大學中國飲食文化研究所所長

"江南憶，最憶是杭州"[1]，是唐代大詩人白居易贊美杭州的名句，它讓天下人神思夢繞，讓世代杭州人感念。中國杭幫菜博物館，有一副楹聯："西湖美景春夏秋冬遠近聽聽看看，杭州名菜東西南北古今品品嘗嘗。"上聯講的是西湖十景：春（蘇堤春曉）、夏（曲院風荷）、秋（平湖秋月）、冬（斷橋殘雪）、遠（雙峰插雲）、近（三潭印月）、聽（南屏晚鐘）、聽（柳浪聞鶯）、看（雷峰夕照）、看（花港觀

[1]［唐］白居易：《憶江南詞三首》之二，《全唐詩》卷四百五十七，北京：中華書局，1960年，第5196頁。

圖一　厲鶚像　取自《清代學者像傳》第一集　葉衍蘭輯摹　黃小泉繪

魚)。古來贊美西湖景色的詩文可謂難以勝計,但深入分析者少,人們印記最深,可以脱口樂道的無過白居易(772—846)、蘇東坡(1037—1101)兩位名聲顯赫的大詩人。作者以二十餘年近湖生活體會,體悟清代著名杭州詩人厲鶚(1692—1752)西湖咏作,認爲他應是深愛西湖且感受最切、解悟最深的詩人。

圖二 清 方士庶《九日行庵文宴圖》中的厲鶚(右)

一、平生湖山"厲游仙"

厲鶚,字太鴻,又字雄飛,號樊榭,浙江錢塘(今杭州市)人(圖一、圖二)。因晚年移居杭州城南,又自號南湖花隱。厲家"得姓自齊始,家聲著景陽……婺州分派遠,甬上衍流長"。鶚之祖、父皆系平民,家貧窮而書香不絕,爲康熙朝舉人,乾隆初試鴻博不遇,遂潛心詩文,成康乾時著名詩人和學者、浙西詞派中堅。史稱鶚"搜奇嗜博","于學無所不窺,一發之于詩",著作等身而窮愁終身,竟以貧病卒,享年61歲,葬杭州西溪法華山王家塢。鶚自詡"厲游仙"(《再續游仙百咏》序),畢生創作的詩文結于《樊榭山房集》,清史有傳[2]。

史稱厲鶚"詩刻煉",一部《樊榭山房集》可以説是"十詩九山水","風塵耻作吏,山水事幽討"。[3]厲鶚算得上空前絶后的"杭州詩人",他的"一生就是詩人的一生,以實力聲名主持江、浙吟社三十餘年。他爲詩而傾注了畢生的心血,甚至爲詩而放棄了政治前途"[4]。誠如其所自詡:"平生湖山鄰",目寓、步履、神思、吐屬,皆是杭州景物,偌大杭州幾爲私家園林,或曰詩人起卧行止,身心皆在其中。維生艱難的一介書生,只以寄迹湖山、歌咏娱性以安人生,這種心態,志趣與堅持,今日讀者非走進厲鶚的歷史時代,走近厲鶚其人,絶難深刻理解。

[2] [民國] 趙爾巽等:《清史稿·厲鶚傳》第四四册,卷四百八十五,北京:中華書局,1977年,第13373—13374頁。

[3] [清] 厲鶚:《六十生日答吴葦村見貽之作》,《樊榭山房集》下,續集卷八詩辛,上海:上海古籍出版社,2012年,第1631頁。

[4] [清] 厲鶚:《樊榭山房集》上,陳九思《前言》,上海:上海古籍出版社,2012年,第1—5頁。

二、西湖之美，樊榭先生解第一

杭州諸處景致，他頻頻歌咏，彌有未及之處，而以西湖主題爲最（圖三、圖四）。尤其是一首長韻《春湖夜泛歌》，如邀讀者于蒙蒙細雨中夜游西湖："晴湖不如游雨湖，雨湖不如游月湖（圖五、圖六）。同時看月兼聽雨，二事難得魚熊俱。沙外登舟棹徐撥，天融山暖雲初活。水月樓邊水越昏，烟水磯頭烟水闊。尊前緑暗萬垂柳，月痕似酒浮鵝黄。一片蛙聲遥鼓吹，四圍山影争低昂。此時坐上各無語，流雲走月相吞吐。欲潤冥冥隄上花，故灑疏疏篷背雨。合成芳夜銷金鍋，繁華千古隨逝波。誰把長橋短橋月，譜入吴娘暮雨歌。雨止依然月不見，空裏湖光白如霰。歸向龍宫枕手眠，粥魚初唤流鶯囀。"[5] 詩中"水月樓"，乃詩人所乘畫舫之慣用雅稱："杭湖船精妙者，曰'水月樓'。"[6] 夜游倦罷之際，魚粥開煲，香氣徐來，善解人意的厨娘歌喉婉傳告"客官請進魚粥"，那種情致該是何等愜意。夜色西湖，真個人半神仙。

[5] ［清］厲鶚：《樊榭山房集》下，續集卷六詩己，上海：上海古籍出版社，2012 年，第 1468—1469 頁。
[6] ［明］李詡：《戒庵老人漫筆》卷七"西湖佳舫"，北京：中華書局，1982 年，第 272 頁。

圖三 南宋 李嵩（傳）《西湖清趣圖》（局部）弗利爾藝術博物館藏

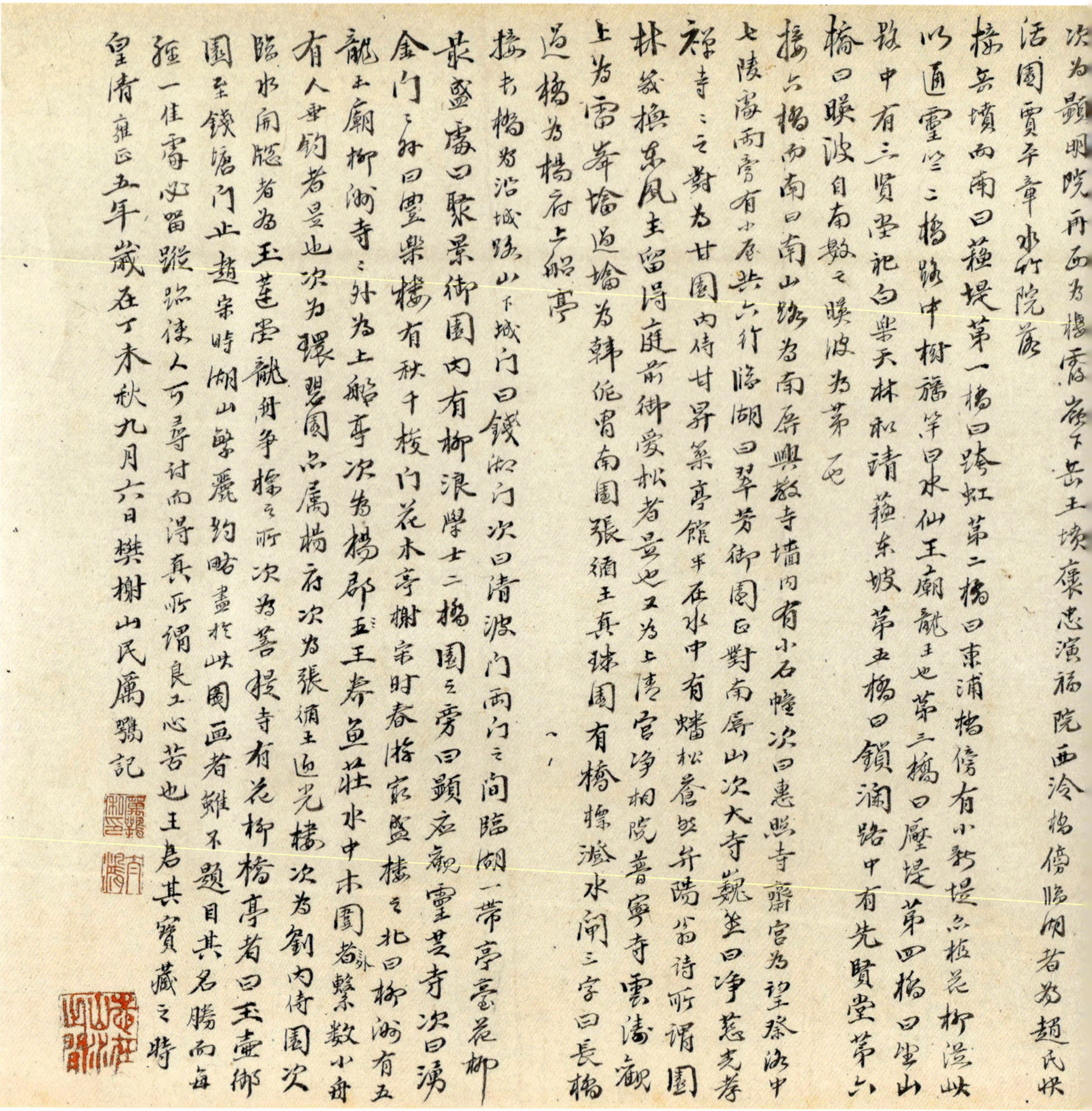
次為顯明院，再西為棲霞嶺下岳王墳、褒忠演福院，西泠橋傍臨湖者為趙氏快
活園、賈平章水竹院落。
橋在墳西南曰蘇堤第一橋，曰跨虹第二橋，曰東浦橋，傍有小新堤亦植花柳，沿此
以通靈竺二橋路中，樹緇竿曰水仙王廟，龍王也，第三橋曰壓堤，第四橋曰望山
路中有三賢堂，祀白樂天、林和靖、蘇東坡，第五橋曰鎖瀾，路中有先賢堂，第六
橋曰映波，自南數之映波為第一也。
橋六橋而南曰南山路，為南屏興教寺，墻內有小石幢，次曰惠照寺，齋宮為望祭湖中
七陵處，兩旁有小屋共六行，臨湖曰翠芳御園，正對南屏山，次大寺巍然曰淨慈光孝
禪寺，寺之對為甘園，內侍甘昪築亭館半在水中，有蟠松蒼然，竹隱翁詩所謂園
林幾換東風主，留得庭前御愛松者是也。又為上清宮、淨相院、普寧寺、雲濤觀，
上為雷峯塔，過塔為韓侂胄南園、張循王真珠園，有橋跨瀫水，閘三字曰長橋
過橋為楊府上船亭。
橋北橋為沿城路，山下城門曰錢湖門，次曰清波門，兩門之間臨湖一帶亭臺花柳
最盛處曰聚景御園，內有柳浪學士二橋，園之旁曰顯應觀、靈芝寺，次曰湧
金門，門外曰豐樂樓，有秋千梭門、花木亭榭，宋時春游最盛，樓之北曰柳洲，有五
龍王廟、柳洲寺，寺外為上船亭，次為楊郡王玉壺園莊，水中木園者，外繫數小舟
有人垂釣者是也，次為環碧園，亦屬楊府，次為張循王迎光樓，次為劉內侍園，次
臨水開牕者為玉蓮堂，龍舟爭標之所，次為菩提寺，有花柳橋亭者曰玉壺鄉
園，至錢塘門止。趙宋時湖山繁麗，約略盡於此。園西者雖不題目，其名勝而無
疆。一佳處必留蹤跡，使人可尋討而得，真所謂良工心苦也。王君其寶藏之。時
皇清雍正五年歲在丁未秋九月六日樊榭山民厲鶚記

圖四《西湖清趣圖》卷末厲鶚題跋

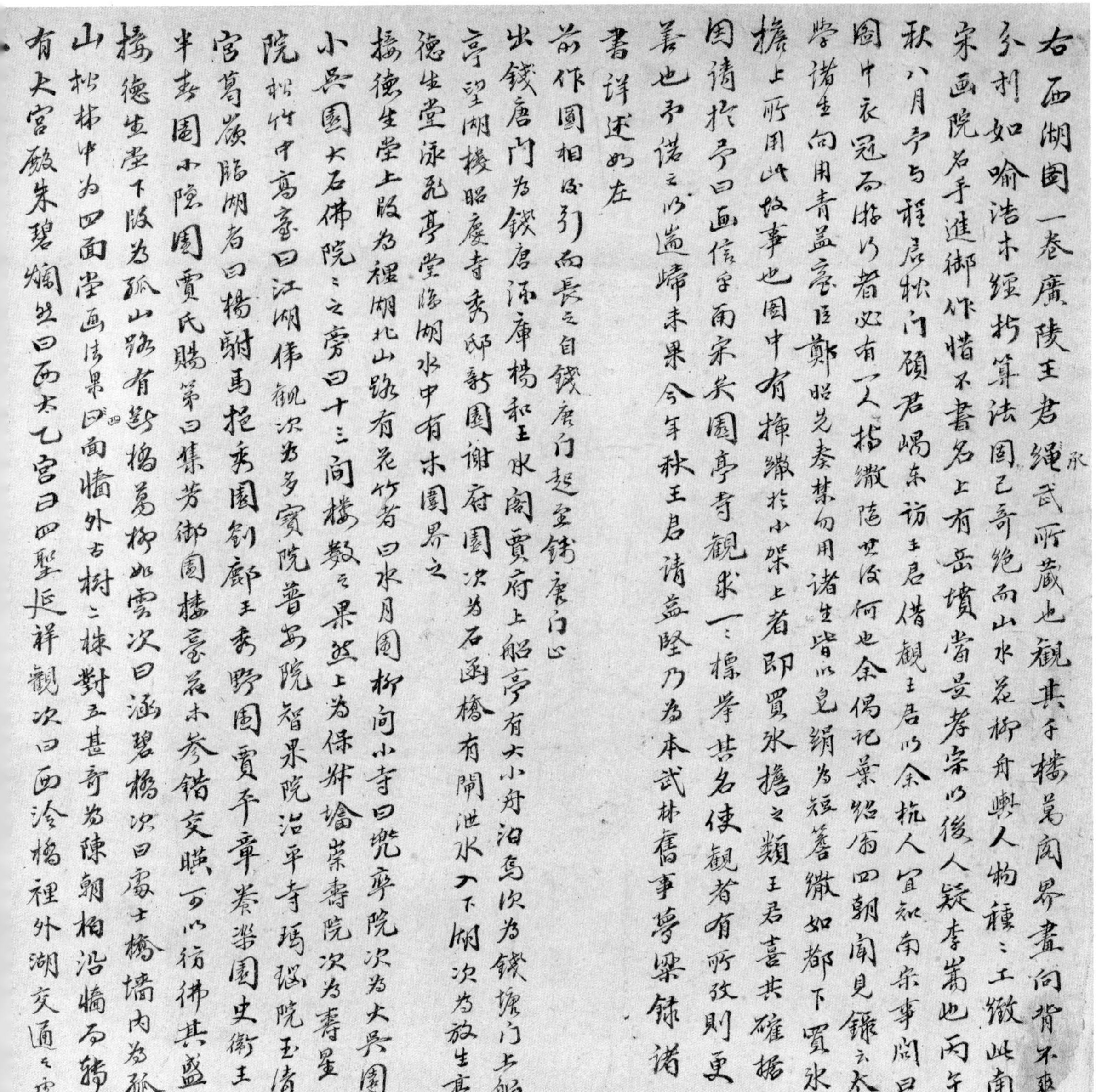
右西湖圖一卷廣陵王君繩武所藏也觀其子樓台界畫向背不爽
分刌如喻浩木經於算法圖已奇絕而山水花柳舟輿人物種種工緻此南
宋畫院名手進御作惜不書名上有岳墳當是孝宗以後人疑李嵩也丙午
秋八月予與程君松门頎君竭东訪王君借觀王君以余杭人宜知南宋事問曰
圖中衣冠而攜以者必有其人指繳隨世沒何也余偶記葉紹翁四朝聞見錄云太
學諸生向用青蓋恙臣鄭昭先奏禁而用諸生皆以皂絹為短簷繳如都下賣冰
檐上所用此故事也圖中有攜繳於小架上者即買冰檐之類王君喜其確據
因請於予曰畫信乎南宋矣園亭寺觀求一一標舉其名使觀者有所致則更
善也予諾之以匆遽未果今年秋王君請益堅乃為本武林舊事夢粱錄諸
書詳述如左
前作圖相從引而長之自錢唐门起至錢唐门止
出錢唐门為錢唐源庫楊和王水閣賈府上船亭有大小舟泊焉次為錢塘门上船
亭望湖樓昭慶寺秀邸新園謝府園次為石函橋有閘泄水入下湖次為放生亭
德生堂涵虛亭堂臨湖水中有木闌界之
擡德生堂上啟為裡湖北山路有花竹者曰水月園柳向小寺曰兜率院次為大吳園
小吳園大石佛院院之旁曰十三間樓樓之果然上為保叔塔崇壽院次為壽星
院松竹中高臺曰江湖偉觀次為多寶院普安院智果院治平寺瑪瑙院玉清
宮葛嶺臨湖者曰楊駙馬抱秀園劉鄜王秀野園賈平章養樂園史衛王
半春園小隱園賈氏賜第曰集芳御園樓臺花木參錯交映可以彷彿其盛
擡德生堂下啟為孤山路有斷橋蘇柳如雲次曰涵碧橋次曰處士橋墻內為孤
山松林中為四面堂畫法果以四面牆外古樹二株對立甚奇為陳朝柏沿牆而歸
有太宮廄朱碧爛然曰西太乙宮曰四聖延祥觀次曰西泠橋裡外湖交通之處

圖五　南宋 葉肖岩《西湖十景圖頁之平湖秋月》

圖六 南宋 葉肖岩《西湖十景圖頁之三潭印月》

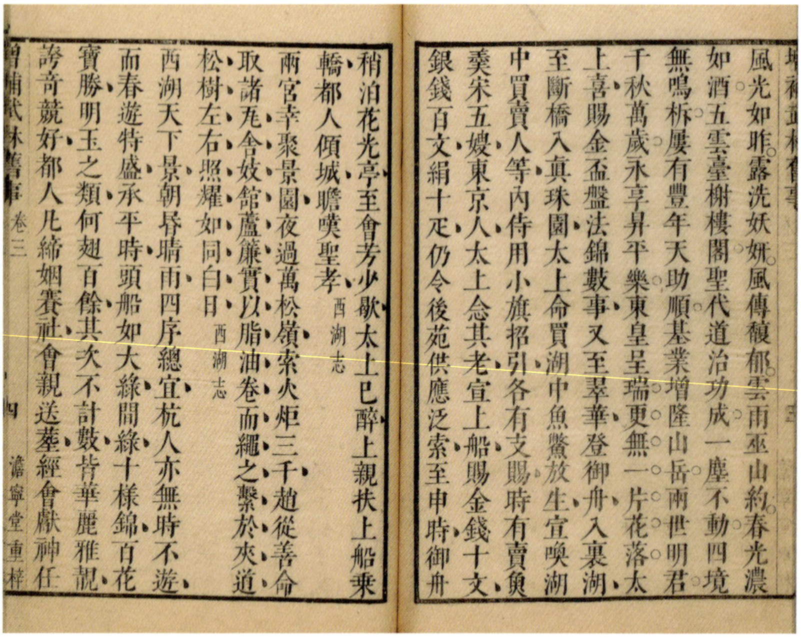
增補武林舊事　卷三

風光如昨。露洗妖妍。風傳馥郁。雲雨巫山約。春光濃如酒。五雲臺榭樓閣。聖代道治功成。一塵不動。四境無鳴柝。屢有豐年。天助順基業。增隆山嶽。兩世明君。千秋萬歲。永享昇平。樂東皇呈瑞。更無一片花落。太上喜。賜金盃盤法錦數事。又至翠華登御舟。入裏湖。至斷橋。入真珠園。太上命買湖中魚鱉放生。宣喚湖中買賣人等。內侍用小旗招引。各有支賜。時有賣魚羹宋五嫂。東京人。太上念其老。宣上船。賜金錢十文。銀錢百文。絹十疋。仍令後苑供應。泛索至申時。御舟稍泊花光亭。至會芳少歇。太上已醉。上親扶上船。乘轎。都人傾城瞻嘆聖孝。西湖志

兩宮幸聚景園。夜過萬松嶺。索火炬三千。趙從善命取諸瓦舍妓館蘆簾。實以脂油卷而縛之。繫於夾道松樹左右。照耀如同白日。西湖志

西湖天下景。朝昏晴雨。四序總宜。杭人亦無時不遊。而春遊特盛。承平時。頭船如大綠。間綠。十樣錦。百花寶勝。明玉之類。何翅百餘。其次不計數。皆華麗雅靚。誇奇競好。都人凡締姻。賽社。會親。送葬。經會。獻神。任

增補武林舊事　卷三　四　濟寧堂重梓

圖七《增補武林舊事》宋末元初周密編輯　明朱廷煥增補
清康熙四十三年朱氏濟寧堂重刊本　卷第三　西湖游幸（節選）

1966 年 12 月，余自出生地北疆來杭州，第一次乘船游湖。既購票，岸上經理者高呼："鳳娣！船來！"一望，近中年窈窕船娘將油艫輕摇抵岸，接得幾位游客，遍歷湖中諸景，并登小瀛洲。返棹途中，答問際，余徐謂："敢問大姐，家有幾弟？"船娘開懷大笑："小女子身下兩弟！"第一次乘"鳳娣小船"游西湖的經歷，每常愉快憶起。二十餘年前移居杭州之後，亦時常陰雨天步行堤岸，或于孤山古籍圖書館閲讀間隙小憩坐望湖山。閲讀既多，比較漸深，可以説，古來詩人解西湖、游西湖、狀游西湖之美者，無逾樊榭先生《春湖夜泛歌》之作。宜指出者，"晴湖不如游雨湖，雨湖不如游月湖"系明代時即已經流行之杭諺。而更早的元人周密亦曾記時俗云："西湖天下景，朝昏晴雨，四序總宜，杭人亦無時而不游，而春游特盛焉。承平時，頭船如大緑、間緑、十樣錦、百花、寶勝、明玉之類，何翅百餘。其次則不計其數，皆華麗雅靚，誇奇競好（圖七）。"[7] 若更早，則是東坡先生西湖"初晴後雨"景致神韻的獨到描繪了。而至厲鶚，則將這一西湖景致的傳統審美推至了歷史的巔峰，其後則随物人運轉，漸次進入時代與世代更替之中了。

[7]［南宋］周密：《武林舊事》卷第三《西湖游幸》，北京：中國商業出版社，1982 年，第 43 頁。

三、雨後乍晴、陰霧迷蒙最神韻

厲鶚咏西湖的詩作很多，尤著意雨中或雨後乍晴、陰霧迷蒙的時段，若《初秋雨中泛湖》："湖上經旬兩度過，亂雲陡頓暗高荷。北峰半没南峰出，日脚斜明雨脚多。豈有吴兒愁蕩槳，漫從漁父聽鳴蓑。誰臨潑墨屏風樣，坐看秋風起白波。"[8]《初晴曉行湖上》："一年難得是春晴，落盡梅花始出城。半白烟横山淡冶，初黄柳照水空明。自披絮帽寒猶峭，才上籃輿趣便生。底事不教浮艇去，尋僧又過亂泉行。"[9]《曉至湖上》："出郭曉色微，臨水人意静。水上寒霧生，彌漫與天永。折葦動有聲，遥山淡無影。稍見初日升，三兩列舴艋。安能學野鳧，汎汎逐清景。"[10]"尋僧過亂泉"，"折葦動有聲"，詩讀至此，西湖景色直現眼前，動静入耳，恍若與詩人聯袂，跨步漫泉，折葦共話，心曲與湖水蕩漾。他咏繪西湖，有季節時段、因由物候、起訖游程等諸多名目、各種境況，因而視角更多，尤富深度，如《曉發南屏渡湖歸舟中寫望》："乍解輕舟曉色交，僧房回首小于巢。一湖春水窺山影，十里初陽上柳梢。爛漫狂名幽鳥識，參差老態野人嘲。游蹤未逐香塵動，遠聽漁榔隔浦敲。"[11]净慈寺位于西湖南岸南屏山慧日峰下，系西湖史上四大古刹，詩人夜宿南屏當是爲深度體味"西湖十景"之"南屏晚鐘"（圖八）。天未昧爽，詩人輕舟入湖，瞭望北岸宝石山頂初陽臺隱映柳梢，四遠寂静，而漁夫敲擊木榔驅魚入網的聲音，似乎在催促沉睡的人醒來，開啓又一天的生活與忙碌。這情景與詩人前一日游宿净慈寺與禪師品茶參佛的境遇恰成禪機映照："笑拖雙屐入空山，借榻松風竹靄間。得得來遲如有約，騰騰游好許誰攀。禪燈照影詩皆瘦，客枕和雲夢亦閑。更愛點茶三昧手，火前曉試不知還。"[12]南屏山房讓山上人是詩人的推心道友，又同爲西湖解人："經年阻幽踐，覓路出高松。湖

[8]［清］厲鶚：《樊榭山房集》下，續集卷四詩丁，上海：上海古籍出版社，2012年，第1268頁。
[9]同上，第1234—1235頁。
[10]《樊榭山房集》上，卷一詩甲，第101頁。
[11]《樊榭山房集》下，續集卷六詩己，第1472—1473頁。
[12]《宿南坪讓公房用東坡病中獨游净慈韻》，同上，續集卷六詩己，第1472頁。

色浮空曲，雲陰過别峰。禪餘寒尚在，話久乍初逢。自笑瘦居士，偏宜筍蕨供。”[13] 兩位西湖解人，還相約轉瞬即逝的早春，泛舟查看夾岸垂柳新條汲水，其情致心臆已難能求解于當下了：“堤上無窮柳，春來那忍攀？絲長初蘸水，緑淺不遮山。烟態思前日，風情愧老顔。阿師觀物幻，相與棹舟還。”[14]《湖心寺見柳花作》：“亭亭酒舫著三潭，楊柳飛花水染藍。却訝春衣風力緊，一天晴雪過湖南。”[15]《湖心亭大風快凉得絶句二首》：“西北雲多失柳陰，快風特地掃煩襟。不成飛雨欄幹外，凉殺沙邊兩睡禽。湖上青山深幾重，紛然幽緑舞長松。何人爲唤昭華手，横笛吹驚水底龍。”[16] 觀察細膩，體味獨到，狀物準確，不禁令身臨其境的後來者感慨唏嘘。其咏孤山亦是微微細雨中景：“弄晴小雨落餘飛，水外西峰未夕暉。滿地緑陰春去後，幽禽猶道不如歸。”[17] 又一首雨中游湖：“陰晴無定驗朝霞，零落還因故友嗟。社燕來時初上塚，林鳩啼處各歸家。山容正媚偏逢雨，酒價初高只爲花。老向太平行樂地，一枝柔櫓是生涯。”[18]

杭幫菜博物館楹聯“東西南北古今品品嘗嘗”的最後一個“嘗”字喻指“西湖蒓菜羹”。晉人張翰“因見秋風起，乃思吴中菰菜、蒓羹、鱸魚膾”，“遂命駕而歸”[19]。這個故事使得蒓菜羹成爲江浙特産名菜的歷史代表，而西湖蒓菜的滑嫩肥美更是天下聞名，陸游也認爲蒓菜羹是浙江最具代表的新美味[20]。厲鶚自然少不了對杭人應時采摘西湖蒓菜習俗的關注，《西湖采蒓曲》：“湖波春深碧于苔，游魚布影三潭隈。三潭倒浸三塔小，中有蒓根不用栽。蒓根歷亂蒓絲滑，半捲幺荷縈石髪。曉光蕩漾膩山烟，夜色微茫罥水月。大姑采采瓜皮舟，小姑蕩槳歌中流。指纖爲怕龍涎失，腕弱尤憐雉尾柔。春風采蒓蒓正好，秋風采蒓蒓已老。願如蒓好系郎思，歸來同拜水仙祠。”[21] 可以説，非鍾情西湖的杭人是難能將新湖采蒓風俗描繪得如此鮮活的。他記咏西湖的詩作很多，如描繪端午風俗龍舟競渡的熱烈景觀，一氣呵成四首：“熟梅過後水如天，疊鼓初聞破曉烟。三載王郎棚下夢，何如閑上泛湖船。”“竹風葵日共鮮新，向午湖亭扇障塵。試爲樓家參轉語，八分烟水二分人。”“簾影參差幾舸開，傍湖亦有小樓臺。緑窗翦舌教鸜鵒，催看龍舟獨後來。”“青山四壓碧奩幽，高處風光望裏收。絶似東京舊圖樣，彩旗横過寶津樓。”[22]

圖八 南宋 葉肖岩《西湖十景圖頁之南屏晚鐘》

13《宿南坪讓公房用東坡病中獨游净慈韻》，同上，續集卷六詩己，第1464頁。

14《同讓師泛湖看新柳》，同上，第1465頁。

15《樊榭山房集》中，卷八詩辛，第647頁。

16《樊榭山房集》上，卷三詩丙，第202頁。

17《初夏泛舟至孤山》，《樊榭山房集》下，續集卷五詩戊，第1363頁。

18《泛湖歸舟遇雨用前韻》，同上，續集卷八詩辛，第1606頁。

19［唐］房玄齡等：《晉書·文苑列傳·張翰》卷九十二，北京：中華書局，1974年，第2384頁。

20［南宋］陸游：《南烹》，《劍南詩稿》卷十，上海：上海古籍出版社，1985年，第812頁。

21［清］厲鶚：《樊榭山房集》下，續集卷五詩戊，上海：上海古籍出版社，2012年，第1288—1289頁。

22 同上，續集卷六詩己，第1380—1381頁。

四、空蒙神韻尤醉人

當然，詩人也不乏抽象西湖情景的描寫，如竹枝詞調："楊柳作花湖水香，湖上樓高不見郎。西山惱殺冷泉冷，南山愛殺長橋長。新堤桃李能白紅，畫船來往只湖中。郎怕傷春復傷別，儂怕愁水又愁風。儂住西村暮又朝，摺盡畫裙金綫條。女兒山頭新月上，照儂自掃雙眉嬌。"[23] 西湖景美，不止湖上，近岸周邊之景相映成輝，渾然一體。《花塢二首》："法華山西山翠深，松篁蒙密自成陰。團瓢更在雲深處，惟有樵風引磬音。白練鳥從深竹飛，春泉浄緑上人衣。分明孟尉投金瀨，吟到日斜猶未歸 。"[24] 花塢以花多得名，地幽邈多古庵。《宿龍門山巢雲上人房》："山樓出樹杪，夜宿萬山中。虎嘯不驚定，鐘聲疑在空。背窗棲鳥影，滅燭聽松風。明日尋堦水，應添十二筒。"[25] 龍門山俗名小和山，是筆者數十次登臨拜謁過的地方，然樊榭先生眼中的景貌已經难觅其踪了。其他如《曉行裏湖作》[26]，《曉行蘇堤作二首》[27]，《曉登韜光絶頂》[28]，《雪後寶石山二首》[29]，《雨後坐孤山》[30]，《靈隱寺月夜》[31]，無论數十百首，皆不同視角心境的西湖咏作。

西湖之外，厲鶚有大量描繪西溪景色的詩，這不惟是歷史風貌的歌咏存證，更是久廢新葺之後西溪景區的舊影參照，既爲西湖映照，亦滋養後來者徜徉于此之情致。如《西溪曉起》："開門殘月在，下見數峰雪。雪際生白雲，窅暎不可說。"[32] 那景境心境的獨特，時下怕是難有人能體悟了。而《十一月一日自西溪泛舟之余杭》的景色地貌，更令今人聯翩浮想、感慨不已："……余杭有勝踐，梭艇冒凄飀。疎林翼霜岸，破屋列烟術。摇兀溪光中，煜煜上初日。平野皆令姿，疎澹狀非一。况逢載穫後，田水涸已畢。曠望愜所宜，漸進叢篠密。喧雀迎舟前，幽討自擁膝。稍稍居人稠，佛刹林外出……"[33]

杭州城之始，因緣西湖，而其累成名郡則賴京杭大運河。正是因爲歷史上難能類比的地理、交通、經濟、文化優勢，杭州成了最負盛名的大都會。而杭州的名聲遠播，則主要因一泓"淡妝濃抹總相宜"的西子湖。瀏覽歷代的西湖歌咏，發現大凡見識獨到的佳句作者，基本是與杭州羈絆緣深，或是諳習鍾情職守，如白居易刺史三年，蘇軾兩次任職五年；或者就是杭州人，高濂、厲鶚、袁枚皆是。高濂廬築蘇堤，更是"西湖居民"。我亦如此移居此地二十三年，雖未完全入鄉隨俗，也算是傍近西湖的半個杭州人了。

圖九 南宋 佚名《西湖春曉圖》故宮博物院藏

簡介：此頁繪西湖柳岸春景，山色葱郁，雲烟輕攏，湖岸柳樹成蔭，庭院屋舍掩映其中，隱士揚一片小舟於開闊湖面之处，此地正是春游好去處。

[23]《西湖竹枝詞三首》《樊榭山房集》上，卷二詩乙，第154頁。
[24] 同上，卷一詩甲，第6頁。
[25] 同上，卷一詩甲，第18頁。
[26]《樊榭山房集》中，續集卷二詩乙，第1061—1062頁。
[27]《樊榭山房集》下，續集卷四詩丁，第1241—1242頁。
[28]《樊榭山房集》上，卷一詩甲，第61頁。
[29]《樊榭山房集》下，續集集外詩，第1693頁。
[30]《樊榭山房集》上，卷三詩丙，第201頁。
[31] 同上，卷一詩甲，第61頁。
[32] 同上，卷七詩庚，第557頁。
[33] 同上，卷二詩乙，第117頁。

圖十 -1　南宋 李嵩《西湖圖》上海博物館藏
圖十 -2　南宋 李嵩《西湖圖》上海博物館藏（局部）

簡介：繪西湖山巒起伏，南北高峰對峙，蘇堤橫卧，六橋、雷峰塔、孤山、雙峰插雲、斷橋等名勝皆隱現於烟鎖霧迷之中。畫幅左邊，連綿山脉，林木叢生，雷峰塔高聳屹立其間，群樓屋宇櫛比，連成一片；湖的右邊，白堤可見，依湖而建一幢幢樓閣水榭。近處爲湖東，只露出幾座高聳的城樓，自左向右一字排開，形斷勢連。

湖山佳處
石田

圖十一 元 佚名《西湖圖》克利夫蘭藝術博物館藏

圖十二 南宋 夏圭《西湖柳艇圖》臺北“故宫博物院”藏

簡介：此幅繪湖濱一角，依水民居，阡陌間楊柳依依，桃花灼灼，兩人乘轎游山，僕役挑食盒等物隨於其後。上半幅盡在烟雲漫漶之中，遂覺滿紙空靈。畫無名款，舊傳爲南宋院畫家夏圭之作。

圖十三 清 關槐《西湖圖》（局部）臺北“故宮博物院”藏

七面玲瓏——西湖十景御碑的故事

文／魏祝挺　浙江省博物館研究員

杭州西湖十景，自南宋以來名聞天下，詩詞書畫中屢有描繪。清康熙帝下江南時親自題寫景名，并於西湖周邊十處景觀，竖立了十方御碑，奠定了西湖十景的最終格局。

但是，經歷了 20 世紀 60 年代的破壞，如今這十塊御碑中的大部分已經不是原物了。“斷橋殘雪”“平湖秋月”“雷峰夕照”“雙峰插雲”“柳浪聞鶯”“花港觀魚”這六塊碑，原石已毀。只有“曲院風荷”“蘇堤春曉”“南屏晚鐘”“三潭印月”四方碑是清代遺存的古物。我們就從現存的這四方古碑入手，探尋西湖十景碑的原貌，以及它們身上 300 多年的歲月痕迹。

圖一 曲院風荷

一、“曲院風荷”（圖一）御碑

“曲院風荷”御碑，位於西湖蘇堤的跨虹橋邊。碑爲太湖石所制，通高 2.41 米，其中底座高 0.48 米；碑身高 1.93 米，寬 1.10 米，厚 0.23 米。1966 年，幸運的是，“曲院風荷”碑被園林工人沉湖保存，碑身才得以保全，完好無損，但碑額早年已毀。

圖二 曲院風荷碑陽

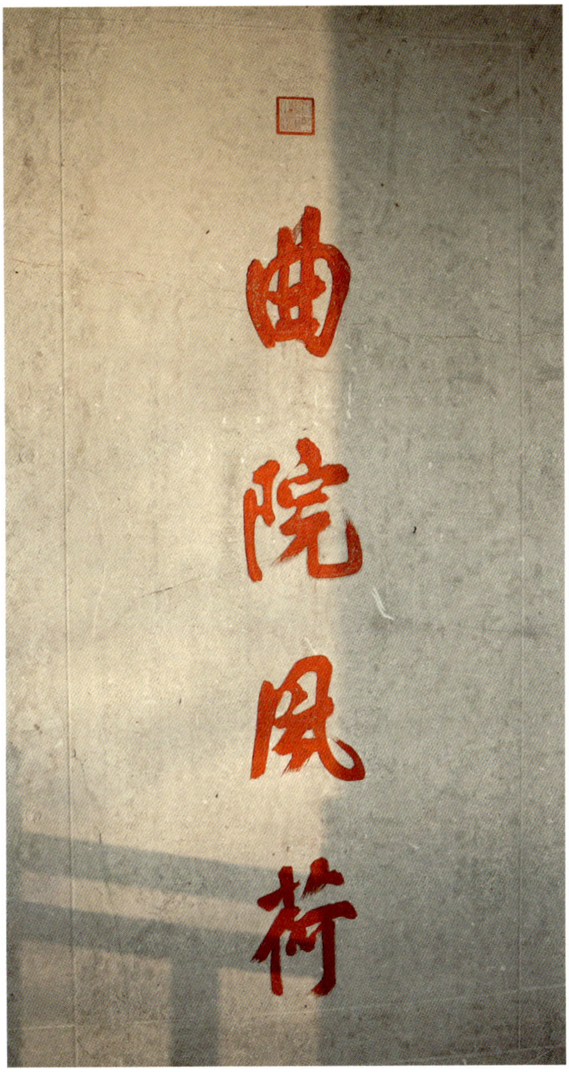

1

碑陽 康熙帝題景名（1699年）（圖二）

釋文：曲院風荷

康熙三十八年三月二十六日（右上角小字一行）

總督福建浙江等處地方軍務兼理糧餉兵部右侍郎兼都察院右副都御史臣郭世隆

巡撫浙江等處地方提督軍務都察院右都御史加二級臣張敏

日講官起居注詹事府詹事兼翰林院侍讀學士加五級臣高士奇恭摹（左下角小字三行）

印文：康熙御筆之寶

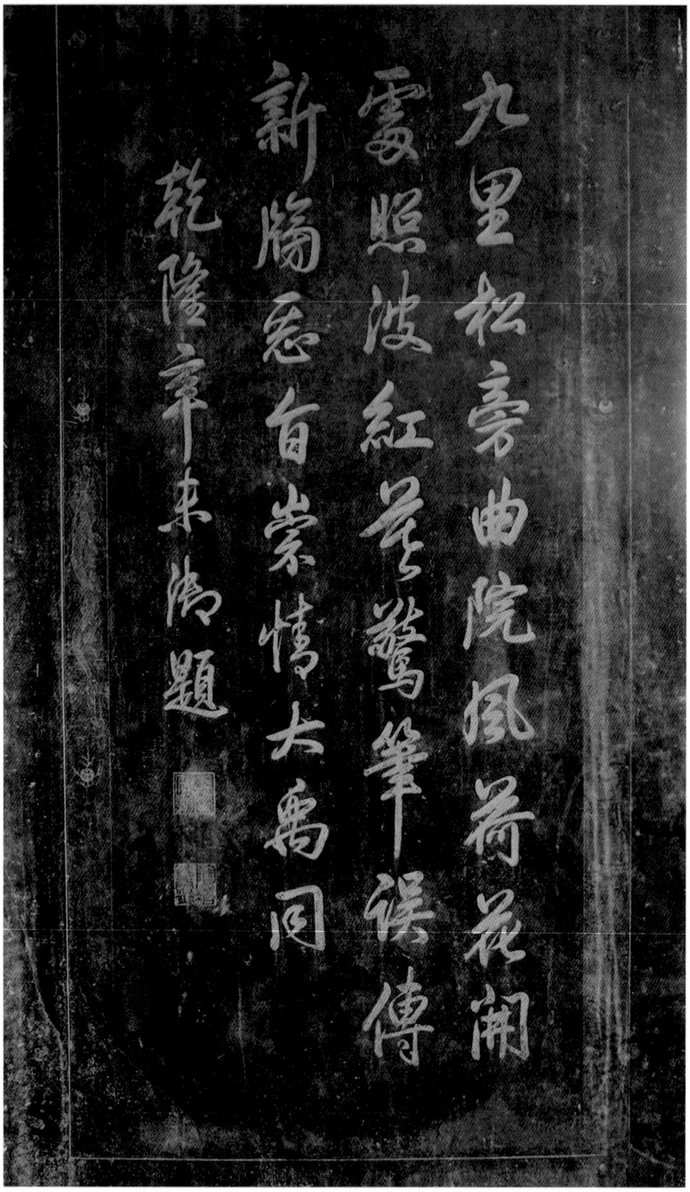

圖三　曲院風荷碑陰

2

碑陰 乾隆帝初次南巡題咏（1751年）（圖三）

釋文：九里松旁曲院風，荷花開 / 處照波紅，莫驚筆誤傳 /

新謗，惡旨崇情大禹同。/ 乾隆辛未御題

印文：乾隆宸翰、陶冶性靈

圖四 -1 曲院風荷碑右（局部）

圖四 -2 曲院風荷碑右（局部）

3

碑右 乾隆帝二次南巡題咏（1757 年）（圖四）

釋文：嫩芷新蒲始漾風，那看渌水植花紅。笑予却是構名象，杏 / 雨桃霞豈不同。/ 曲院風荷

丁丑春御題叠前韻

印文：所寶惟賢、乾隆御筆

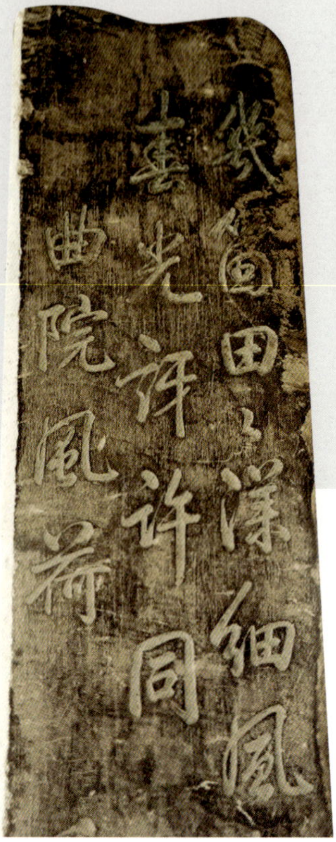

圖五 曲院風荷碑左（局部）

4

碑左 乾隆帝三次南巡題咏（1762 年）（圖五）

釋文：幾個田田漾細風，乍看緑葉想花紅。

昆明湖上浮輕舫，六月 /

春光訝許同。/ 曲院風荷 壬午春御題再叠前韻

印文：所寶惟賢、乾隆御筆

碑陽行書“曲院風荷”四個大字，并蓋有“康熙御筆至寶”大印。這是康熙三十八年（1699）康熙帝三下江南時，欽定西湖十景時留下的題名墨迹。碑陰、碑左、碑右三面分刻三首乾隆帝自撰并書《曲院風荷》七言絶句。絶句用上平一東韻，韻脚“風”“紅”“同”，二次和三次題咏皆叠前韻。碑陽之詩，是乾隆帝爲祖父康熙帝題“麯”爲“曲”之誤洗白，以大禹類比。碑左碑右之詩，皆是乾隆帝於春季到杭，無法一睹“接天蓮葉、映日荷花”勝景，而表達的無奈之情。

辛未（1751 年）、丁丑（1757 年）、壬午（1762 年）分別是乾隆前三次下江南的時間。乾隆一共六下江南，那麼後三次下江南時，乾隆是否也有御製詩留於該碑之上呢？遺憾的是，“曲院風荷”碑的碑額已經缺失，缺失了重要資訊。

圖六 蘇堤春曉碑亭

1

碑陽：康熙帝題景名（1699 年）

釋文：蘇堤春曉

印文：康熙御筆之寶

二、“蘇堤春曉”御碑

“蘇堤春曉”御碑位於蘇堤第四橋壓堤橋畔，1966 年被打斷成數截後，園林工人將斷碑沉湖保存。20 世紀 80 年代，該碑殘件才被打撈出水，經文物部門修復，碑身碑額居然俱全，使我們能够一窺西湖十景碑的全貌。碑爲太湖石所製，通高 2.71 米，其中底座高 0.36 米；碑身高 1.81 米，寬 0.83 米，厚 0.22 米；碑額高 0.54 米，寬 0.83 米，厚 0.2 米。

2

碑陰　乾隆帝初次南巡題咏（1751 年）

釋文：通守錢塘記大蘇，取之無 / 盡適逢吾。長堤萬古傳 / 名姓，肯讓夷光擅此湖。/ 乾隆御題

印文：乾隆宸翰、陶冶性靈

圖七 -1 蘇堤春曉碑陰

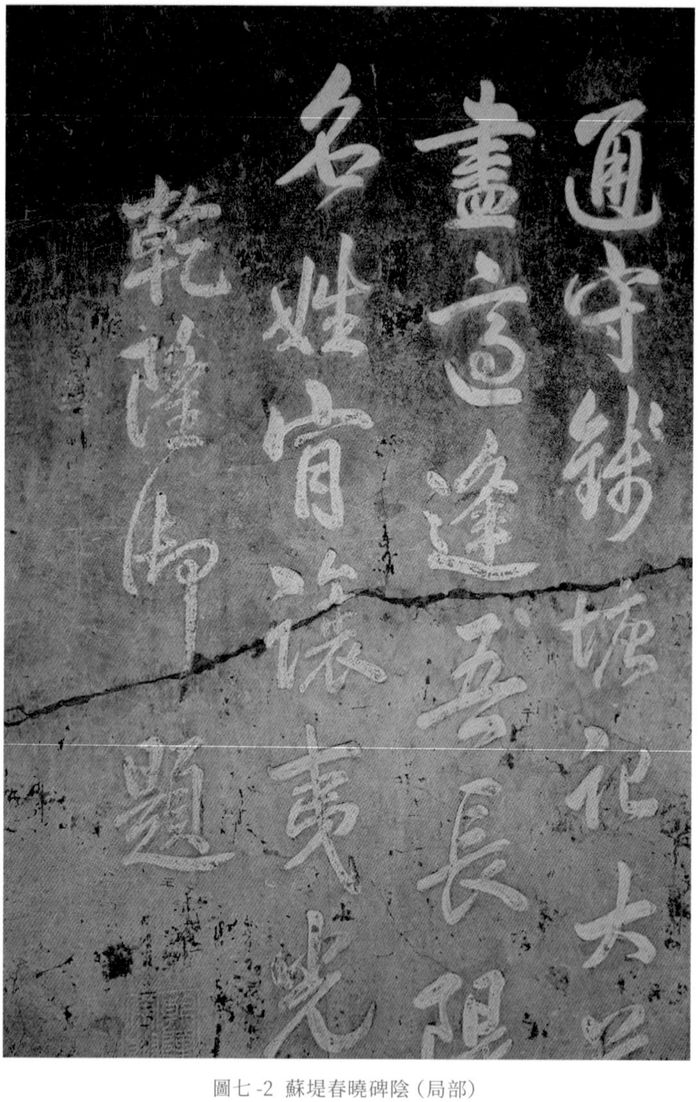

圖七 -2 蘇堤春曉碑陰（局部）

圖八 蘇堤春曉碑左（局部）

3

碑左 乾隆帝二次南巡題咏（1757 年）（圖八）

釋文：重來民氣幸新蘇，災後猶然念廑吾。此是春巡第一義，游堤寧爲玩 /

西湖。蘇堤春曉

丁丑春御題叠前韻

印文：所寶惟賢、乾隆御筆

圖九 蘇堤春曉碑右（局部）

4

碑右 乾隆帝三次南巡題咏（1762年）（圖九）

釋文：三度南巡杭復蘇，民風吏治并勤吾。長堤今日游乘暇，與物皆春似／此湖。蘇堤春曉壬午春御題再疊前韻

印文：所寶惟賢、乾隆御筆

圖十 蘇堤春曉額陰

5

額陰 乾隆帝四次南巡題咏（1765年）（圖十）

釋文：春來萬物喜／昭蘇，正值邊／方歸駐吾。跋／馬長堤須按／轡，韶光輝映／兩西湖。／乙酉春閏御題／三疊前韻

印文：乾隆御筆

圖十一　蘇堤春曉額右

6

額右　乾隆帝五次南巡題詠（1780年）（圖十一）

釋文：千古長隄衹姓蘇，牧民絜矩意／殷吾。春風十五重經面，摘句能／無愧此湖。／庚子暮春月御題

印文：惟精惟弌、乾隆宸翰

圖十二　蘇堤春曉額左

7

額左　乾隆帝第六次南巡題詠（1784年）（圖十二）

釋文：頻煩叠韻拗髯蘇，一再無妨肖／以吾。增景已難僂指計，却玆數／典占西湖。／甲辰暮春御題

印文：古稀天子之寶、猶日孜孜

同"曲院風荷"碑一樣,"蘇堤春曉"碑陽也是康熙三十八年(1699)康熙帝欽定西湖十景的題名墨迹。庆幸的是,由於"蘇堤春曉"碑身碑額俱全,我們看到了乾隆六下江南的全部六首《蘇堤春曉》詩。這六首詩都是乾隆自撰并書的七言絶句,上平七虞韻,韻脚"蘇""吾""湖",後五首皆叠前韻。辛未(1751)、丁丑(1757)、壬午(1762)、乙酉(1765)、庚子(1780)、甲辰(1784)分别是乾隆六下江南的時間。顯而易見,題咏西湖十景,已經成爲乾隆每次南巡到達杭州後必做的功課。六次南巡,皆在春季,故六首《蘇堤春曉》詩都是即景賦詩,無須如《曲院風荷》詩想象景色。從韻脚來看,"吾"字較難叠韻,想必乾隆帝后來每次題咏時,爲了湊出第二句也是頭疼吧。

然而,西湖十景碑的表面空間有限,乾隆帝初次題咏時已經把整面碑陰都占去。二次、三次題咏分别使用了碑身兩側的狹長平面,詩刻兩行或三行。第四次題咏時,工匠不得不把龍紋碑額的背面磨平,分八行刻詩。第五次、第六次題咏,則分别把碑額兩側的龍紋磨平,才各得到了小小的一方空間,刻四行小字。也就是説,乾隆帝每次都是在不同形狀和大小的紙面上,書寫自己的作品,因此字體大小差異很大。所以,每一塊西湖十景御碑,都是經過七次題刻方才完工,可稱"七面玲瓏"。從康熙三十八年(1699)到乾隆四十九年(1784),歷經86年,精雕細琢,最終完成。

由於碑陽是康熙帝御題景名"蘇堤春曉",整個正面是留給康熙帝的空間,故乾隆帝不敢磨平額陽龍紋來題詩。這樣算下來,乾隆帝六次題咏之後,碑身碑額可以利用的平面幾乎已經用盡。只剩下碑額頂部那個平面空着,當然那裏也不可能刻字,因爲没有人能看得到。這不禁令筆者想起了遍布乾隆題跋的《富春山居圖·子明卷》,以至最後他只能無奈題寫"以後展玩亦不復題識矣"。假設乾隆帝第七次下江南,十景碑將没有平面可供其題咏。可能也是因此,他從此再也没有來過杭州……

圖十三 南屏晚鐘御碑殘件

三、“南屏晚鐘”御碑

“南屏晚鐘”御碑殘件（圖十三），位於净慈寺東側碑廊中。原碑於1966年被砸成數段，近年來净慈寺在重建過程中，發現了這截殘碑。殘碑高66厘米、寬87厘米、厚22厘米，是原碑碑身的三分之一左右。

碑陽存康熙御筆題寫景名“南屏晚鐘”中的“南”字，及“康熙御筆之寶”印。碑陰爲乾隆帝初次南巡題咏（1751年），現存4行12字，對照文獻及拓片所載，可補齊全文。碑右爲乾隆帝三次南巡題咏（1762年），現存2行12字，對照文獻及拓片所載，可補齊全文。由於碑右石面完全損毁，故乾隆帝二次南巡題咏已經不存一字。由於碑額不存，故四、五、六次南巡題咏也已不存。

圖十四　南屏晚鐘御碑殘件碑陽（局部）

1

碑陽 康熙帝題景名（1699 年）（圖十四）

釋文：南（屏晚鐘）

印文：康熙御筆之寶

2

碑陰　乾隆帝初次南巡題詠（1751 年）

釋文：净慈掩（映對南屏，斷續蒲）/ 牢入夜聲。（却憶姑蘇城 / 外泊。）/ 寒山聽得正三更。/ 乾隆辛（未春御題）

注释：括號內爲御碑殘件缺失字樣。

圖十五 南屏晚鐘御碑殘件碑左（局部）

3

碑左 乾隆帝三次南巡題詠（1762 年）（圖十五）

釋文：綉峰南面正開屏,（净色兼之發净聲。我聽未能息諸慮,）

（宵衣問政惕）/ 深更。/ 南屏晚（鐘 壬午春御題再叠前韻）

四、“三潭印月”碑

“三潭印月”（圖十六）碑，在小瀛洲島（圖十七）南側的迎翠軒西的碑亭之中。碑通高266厘米，其中碑身高159厘米，寬77厘米。碑身兩面均刻“三潭印月”四字（圖十八），筆法渾厚雄健，無落款。碑額兩面有浮雕流雲百幅圖案。

據施奠東主編《西湖志》載，該碑在20世紀60年代被砸爲三截，由園林工人搶救，埋藏於地下，1979年經補修重立。

該碑碑額不用龍紋，碑陽字體迥異於康熙帝書風，碑陰等處未題寫詩句，碑石尺寸也不同於現存御碑，可以斷定其并非“三潭印月”御碑原物。目前立碑的位置，也與《南巡盛典》圖中小瀛洲御碑亭的位置相距甚遠。筆者認爲“三潭印月”的御碑可能毀於太平天國占領杭州時期（1861—1864），晚清時期的杭州士紳重立此碑，并請名家題寫，即是如今的“三潭印月”碑。

圖十六　三潭印月

圖十七　由小瀛洲島向外看

圖十八-1　三潭印月碑陽
圖十八-2　三潭印月碑陰

五、總結

康熙三十八年（1699），康熙帝下江南時欽定西湖十景，御題景名并立碑西湖。乾隆十六年（1751）到乾隆四十九年（1784）間，乾隆帝六下江南，又 6 次題咏西湖十景，分刻碑石之上。歷經 86 年的 7 次題刻，最終完成了西子湖畔的 10 處御題西湖十景碑。

此後的 200 餘年間，十處御題西湖十景碑歷經太平天國、抗日战争、“文化大革命”等動亂時代，命途多舛，没有一塊御碑能完好無損保存下來。最終“斷橋殘雪”“平湖秋月”“柳浪聞鶯”“花港觀魚”“雙峰插雲”“三潭印月”“雷峰夕照”七處御碑全毁，僅有“南屏晚鐘”存碑身三分之一，“曲院風荷”存碑身，“蘇堤春曉”碑身碑額俱全，但也遍布傷痕。後世重立的“三潭印月”，也再遭劫難，斷爲三截。

如今，缺損的西湖十景碑大多依據原碑陽康熙御題的舊拓，立石重刻，但因缺少乾隆六次題詩拓片，不能展現原碑“七面玲瓏”的舊貌，十分遺憾。2013 年，這新舊十块景碑被一視同仁，同時成爲第七批全國重點文物保护單位“西湖十景”的一部分，得到了妥善的保護，這也是文物保護理念的一大進步。

黄易所訪吴山石刻當代見聞録

文／錢塘漚影學者

兩百多年前的清乾隆六十年（1795），當時的杭州，也如现在一般冬夏分明。吴山上雖有緑蔭遮日，仍擋不住西湖的氤氳水汽，夏日難免暑氣熏蒸。如此大熱天，吴山上却響起一位金石家尋石訪碑的匆匆脚步聲。這位金石家，即是日後被譽爲“西泠四老”之一的錢塘人——黄易。黄易雖爲杭人，但一生宦游四海，除去少年時期外，浸潤於杭城湖山的時間并不長。乾隆六十年，此年黄易五十二歲，因年初回鄉丁母憂，才有更多閑暇時光，故地重訪西湖四圍各處，剜苔剔蘚，摩挲古碑，爲其撰録《武林訪碑録》作實地考查。

當他登至吴山某處，見有佛像無數，并於壁間石面上，拓得其中一品詩刻殘迹。因當日實在陽光炎熾，况且天色已晚，黄易思量着日後再細細打拓其餘石刻，并作一一考釋，却不承想，這是黄易與吴山這片石崖的最後一次因緣。往後的日子，黄易匆匆北上，作嵩山、洛陽、岱山之行，寫有《嵩洛訪碑圖册》《岱麓訪碑圖册》，数餘年并未返杭，所以也就一直未能就此再作細考。

黄易當日吴山之行，在其存世抄本《武林訪碑録》中，是這般記述的：

寶成寺後相右近青衣泉，余見有石壁無數，所鑿佛像甚多，因細閲，拓得一詩刻，其詩云：“吴山曲徑入西南方之文雲深僧兩三以以”，不能成句，但不知所作何時？又有“童子青衣”字。此地細觀尚有摩刻，時因陽光炎熾，難以再爲打拓，更兼天色已晚，只得俟以異日，或即所云青衣童子像題字，亦未可知。（圖一 -1）

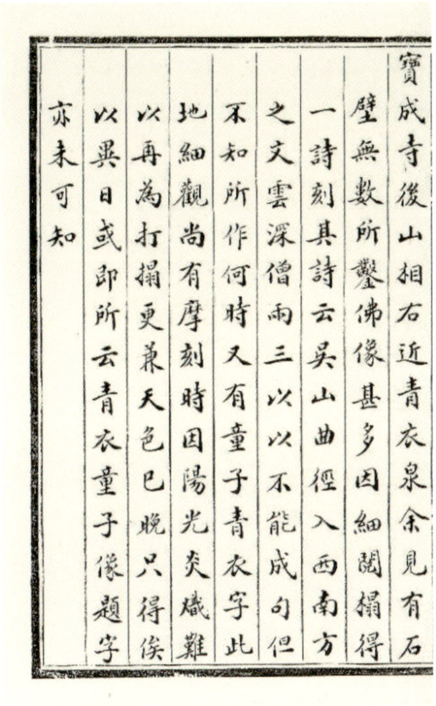

寶成寺後山相石近青衣泉余見有石
壁無數所鑿佛像甚多因細閱搨得
一詩刻其詩云吴山曲徑入西南方
之文雲深僧雨三以以不能成句但
不知所作何時又有童子青衣字此
地細觀尚有摩刻時因陽光炎熾難
以再為打搨更兼天色已晚只得俟
以異日或即所云青衣童子像題字
亦未可知

圖一 -1《武林訪碑録》中對左贊詩刻的記載

二百多年後的 2019 年，我們依着黄易當年的武林訪碑之路，踏入吴山故地，蹬上石級，撩開殘龕上倒垂的藤蔓，時光彷乎静止，石壁内仍是“入西南方丈雲……僧兩三……艾納吹……”數字（圖一 -2、圖一 -3），所見與黄易當年并無多少不同。但黄易所見佛像甚多之景象，已不復存在，唯留下划鑿後的佛影輪廓，若現於巨龕中，讓人唏嘘不已。如果當年他有更充裕的時間，傳拓其餘石刻，或許能對吴山寶成寺後石觀音閣側佛教造像群的斷代，作更具説服力的證據。（圖二）

圖一 -2 左贊詩刻現狀圖

圖一 -3 左贊詩刻拓片

圖二 石觀音閣側造像殘龕全景

黃易所拓殘詩，倒不難考證，經查明代吳之鯨《武林梵志》寶成寺條目，確證這是一處當年浙江參政左贊的吳山詩刻遺存。全詩爲：

吳山曲徑入西南，方丈雲深僧兩三。
艾納吹風香細細，葛藤罥日影毿毿。
泉分童子青衣洞，塵斷維摩白石庵。
晝省若逢公事了，海天送目再停驂。

同樣在《武林梵志》該條目下，另有“歲寒松竹四字，乃成化間吳東升題者”的記載（圖三），却與《武林訪碑録》所録有出入，黃易當年考證爲：

歲寒
成化甲辰□□□□大夫浙江左參政左贊書
松竹
成化乙巳重陽日武林□騎尉吳東升書（圖四）

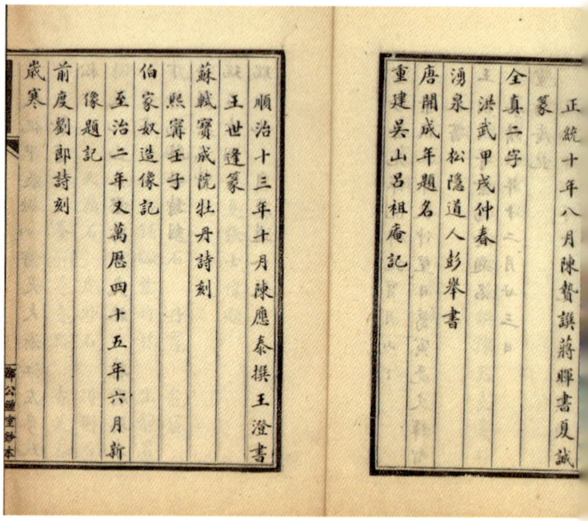
正統十年八月陳贄譔蔣暉書夏誠
篆
全真二字
洪武甲戌仲春
湧泉　松隱道人彭擧書
唐開成年題名
重建吳山呂祖庵記

順治十三年十月陳應泰撰王澄書
王世達篆
蘇軾寶成院牡丹詩刻
熙寧壬子
伯家奴造像記
至治二年又萬歷四十五年六月新
像題記
前度劉郎詩刻
歲寒
鄀公鍾室抄本

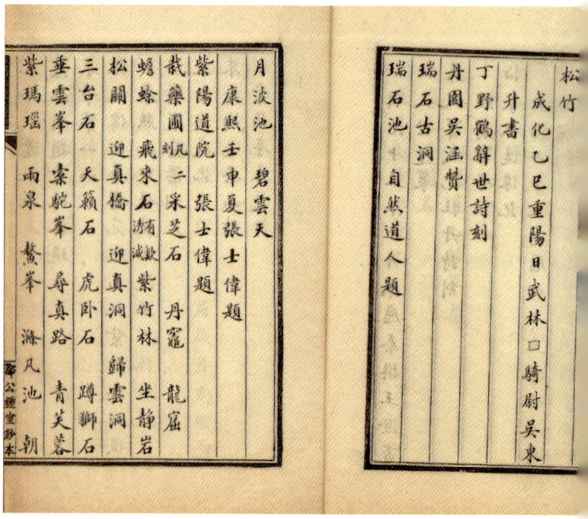
松竹　成化乙巳重陽日武林口騎尉吳東
升書
丁野鶴辭世詩刻
丹圖吳江贊
瑞石古洞
瑞石池　自然道人題

月波池　碧雲天
康熙壬申夏張士偉題
紫陽道院　張士偉題
栽藥圃刻凡二采芝石　丹竈　龍窟
蝦蟆　飛來石有款識　紫竹林　坐靜岩
松關　迎真橋　迎真洞　歸雲洞
三台石　天籟石　虎卧石　蹲獅石
垂雲峯　橐駝峯　壽真路　青芙蓉
紫瑪瑙　雨泉　鰲峯　滌凡池　朝
鄀公鍾室抄本

圖四 -1《武林訪碑録鄀公鍾室抄本》對“歲寒松竹”四字石刻的記載 上海圖書館藏
圖四 -2《武林訪碑録鄀公鍾室抄本》對“歲寒松竹”四字石刻的記載 上海圖書館藏

圖三 -1 感花巖雪景

圖三-2 感花巖「歲寒松竹」石刻

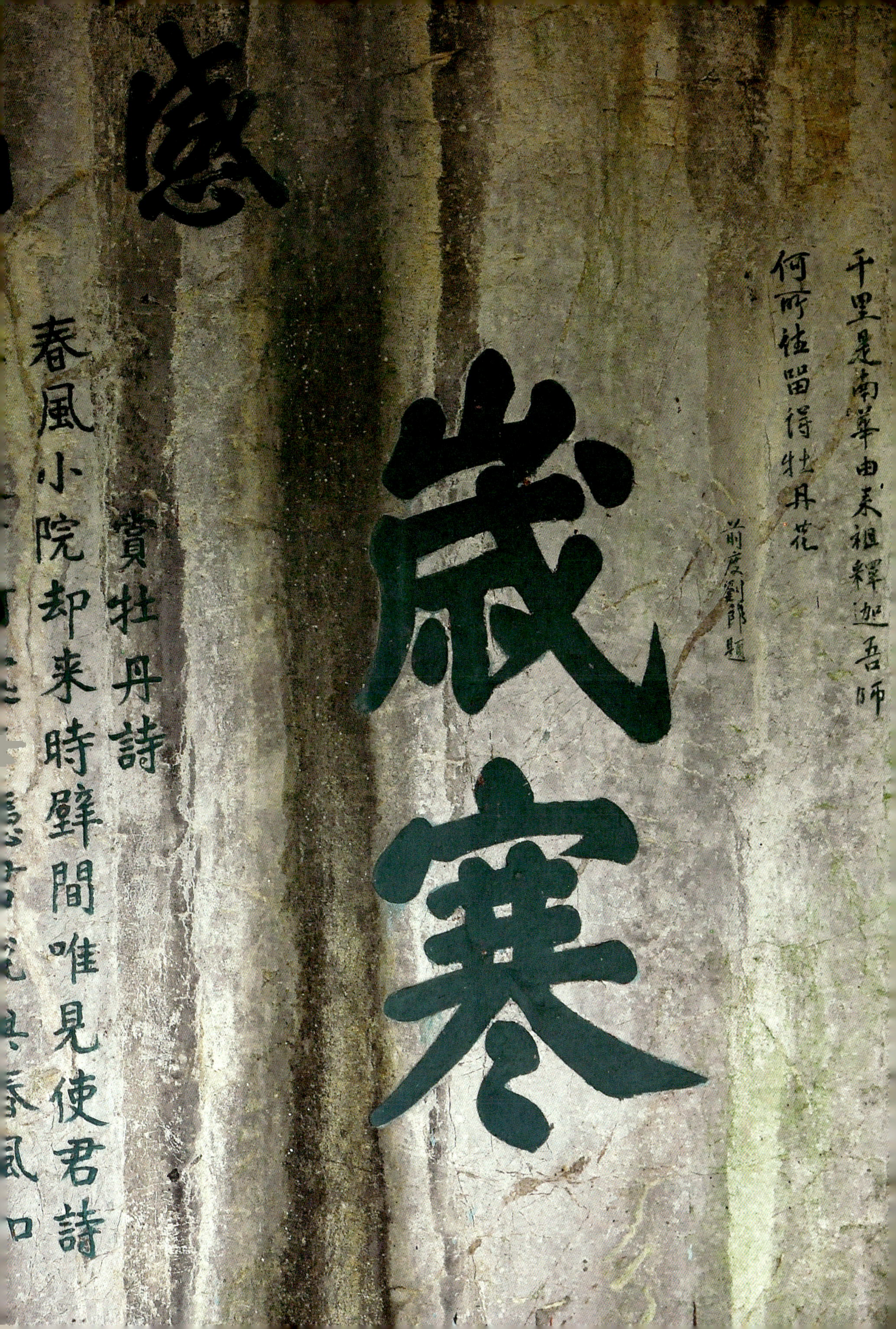
千里是南華由來祖釋迦吾師
何所往留得牡丹花
前度劉郎題
歲寒
賞牡丹詩
春風小院却来時壁間唯見使君詩

圖五 -1　感花巖左贊款識拓片

釋文：成化甲辰□□大中大夫浙江左参政左贊書

圖五 -2　感花巖吴東升款識拓片

釋文：成化乙巳重陽日武林雲騎尉吴東升書

“歲寒”兩字，正是前文黄易未及考證的“吴山曲徑入西南”之詩刻作者左贊所書，我們依其所録釋文，經椎拓後，并無出入（圖五）。二百多年前的乾隆六十年（1795），黄易即已考釋“歲寒松竹”四字，爲左贊、吴東升合題之作。左贊所書時間爲成化二十年甲辰（1482），吴東升所書時間爲成化二十一年乙巳（1483）。因左贊吴山詩刻，與“歲寒”題刻，僅數十米之遥，據此推測，當也在成化甲辰前後上石。

由於《武林訪碑録》并未付梓，僅以抄本傳世，流傳不廣，又因“歲寒松竹”四字，書風相似，所以近至當代，仍沿襲其他金石家考證結論，定爲吴東升一人所書。這一論斷，理應依黄易所考，作一更正。

左贊（？—1489）其人，字時翊，號桂坡，江西南城縣人。天順元年進士，官户部主事、户部浙江清吏司郎中、浙江參政、廣東布政使。爲文謹繩尺，崇理致，精於隸書，學書於程南雲，以詞翰名於時，嘗與沈周交游。著有《桂坡集》《桂坡遇録》《深衣考正一卷》。左贊於成化十三年九月升浙江左參政，成化二十二年八月升廣東右布政。吴山上的兩處左贊摩崖，刻於成化二十年，即爲其浙江左參政任上所作。

左贊《吴山詩》中所言“泉分童子青衣洞”中的童子泉，即位於詩刻以北數百米的青衣洞。南宋潛説友《咸淳臨安志》有記：“青衣洞。故老相傳，昔人行至洞口，有青衣童子，問之不應，良久入洞，逐之不見，聞風雨聲，毛髮竦慄而出。”此洞頗具神異色彩，其傳奇故事，歷代口口相傳，至今仍爲杭州百姓熟知。洞口現存吴山最早的摩崖石刻，鎸刻於唐開成五年，爲南岳道士諸葛鑒元所書，距今一千一百餘年。（圖六）

圖六 -1　唐開成五年清衣洞題名

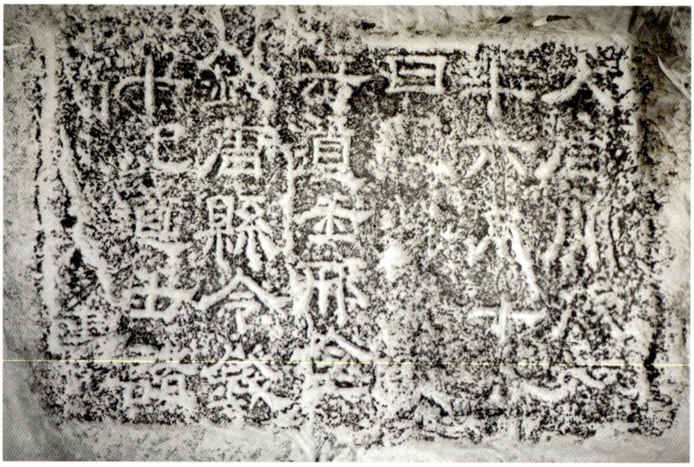

圖六 -2　唐開成五年清衣洞題名拓片

圖六 -3　青衣洞全景

此石刻釋文爲：

大唐開成五年六月十八日□□南岳道士邢□、錢唐縣令錢華記，道士諸葛鑒元書。

圖六 -4 青衣石泉
（引自《湖山勝概》明 陳昌錫著 萬曆年間彩色套印本 法國國家圖書館藏）

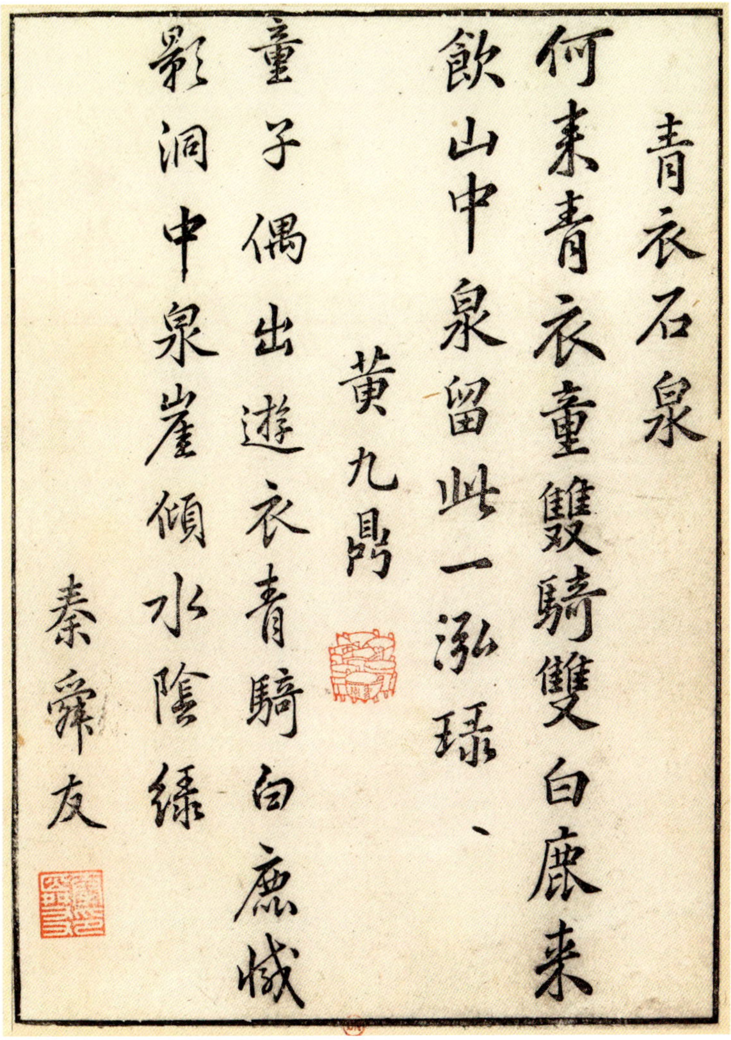

青衣石泉

何来青衣童雙騎雙白鹿来飲山中泉留此一泓琭、

黃九鼎

童子偶出遊衣青騎白鹿慽影洞中泉崖傾水陰綠

秦舜友

圖六 -5 青衣石泉

（引自《湖山勝概》明 陳昌錫著 萬曆年間彩色套印本 法國國家圖書館藏）

圖七　黄易訪古圖册·吴山

黄易當年也曾拜觀此唐刻，有《訪古紀游圖册·吴山》爲證。（圖七）

圖上題跋爲：“同晉齋、松泉登吴山，尋閲古泉，觀開成時南岳道士題名。出重陽庵登山遠眺，時晚潮卷雪，帆影西飛，無意中遘此奇觀。松泉云：‘行年五十，始見是景，何無圖？’黄易畫於毗陵艤舟亭下。”

圖卷中，三人於閲古泉前，直面壯闊大江，巧遇錢江晚潮，實爲奇觀。

黃易在乾隆六十年仲冬，另有與錢泳同游吴山青衣洞，題名摩崖的記録。有錢泳所輯《寫經樓金石目》青衣洞題名爲證：

“乾隆六十年仲冬廿有三日，黃易、錢泳踏雪同來，觀唐人題名。”（圖八）

在黃易所處的清代，吴山上也僅見一處唐人題名，即位於青衣洞口處。據此推斷，黃易與錢泳題名，理應在此附近。經多年尋訪，笔者終於在 2021 年在洞口不遠處一殘龕中，隱約發現有“六十年”“三日”等字迹，與錢泳所記比對後，確爲此題名無疑，但相較唐人題名，反而幾乎漫漶殆盡。（圖九）

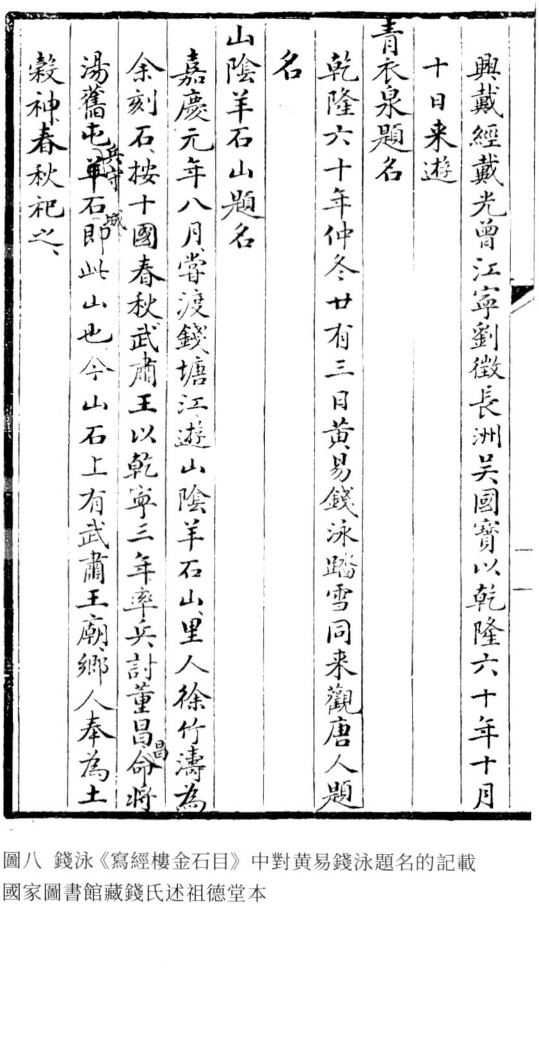
興藏經戴光曾江寧劉徵長洲吴國賓以乾隆六十年十月十日来遊

青衣泉題名

乾隆六十年仲冬廿有三日黃易錢泳踏雪同来觀唐人題名

山陰羊石山題名

嘉慶元年八月嘗渡錢塘江遊山陰羊石山里人徐竹濤為余刻石按十國春秋武肅王以乾寧三年率兵討董昌命將湯舊屯軍石即此山也今山石上有武肅王廟鄉人奉為土穀神春秋祀之

圖八　錢泳《寫經樓金石目》中對黃易錢泳題名的記載
國家圖書館藏錢氏述祖德堂本

圖九-1 青衣洞黃易錢泳題名殘存

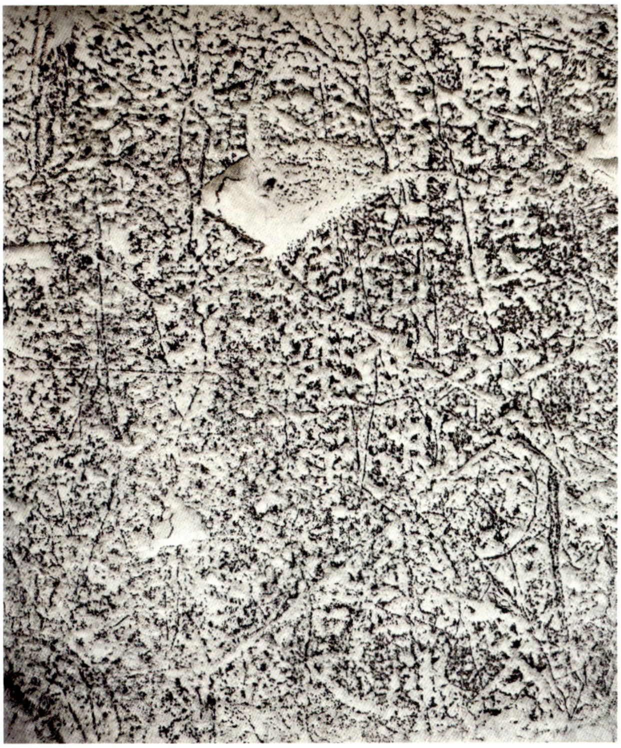

圖九-2 青衣洞黃易錢泳題名殘存拓片

黄易所訪之閱古泉，即青衣泉。南宋嘉泰三年，愛國詩人陸游爲權相韓侂冑撰有《閱古泉記》一文，并立石於青衣泉側，碑文爲：

太師平原王韓公府之西，繚山而上，五步一磴，十步一壑，崖如伏黿，徑如驚蛇。大石磊磊，或如地踴以立，或如空翔而下，或翩如將奮，或森如欲搏。名葩碩果，更出互見;壽藤怪蔓，羅絡蒙密。地多桂竹，秋而華敷，夏而籜解，至有應接不暇，及左顧而右盼，則呀然而江横陳，豁然而湖自獻。天造地設，非人力所能爲者。其尤勝絶之地曰“閱古泉”，在溜水亭之西，繚以翠麓，覆以美蔭。又以其東向，故浴海之日、既望之月，泉輒先得之。袤三尺，深不知其幾也。霖雨不溢，久旱不涸，其甘飴蜜，其寒冰雪，其泓止明静，可鑒毛髪。雖游塵墜葉，常若有神物呵護屏除者。朝暮雨暘，無時不鏡如也。泉上有小亭，亭中置瓢，可飲可濯，尤於烹茗釀酒爲宜。他石泉皆莫逮。

公常與客徜徉泉上，酌以飲客。游年最老，獨盡一瓢。公顧而喜曰：“君爲我記此泉，使後知吾輩之游，亦一勝也。”游按：堙泉之壁，有唐開成五年道士諸葛鑒元八分書題名，蓋此泉堙伏勿耀者幾四百年，公乃復發之時。“閱古”蓋先忠獻之以名堂者，則泉可謂榮矣。游起於告老之後，視道士爲有愧，其視泉尤有愧也。幸旦暮得復歸故山，幅巾短褐，從公一酌此泉而行，尚能賦之。嘉泰三年四月乙巳山陰陸游記。

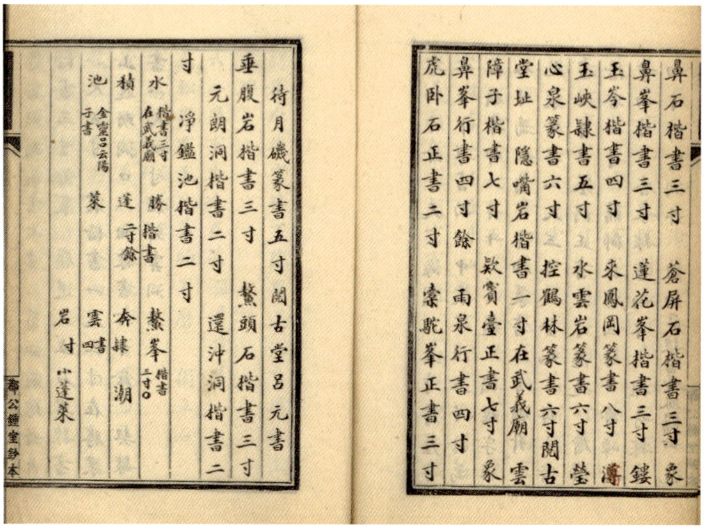
鼻石楷書三寸　蒼屏石楷書三寸　象
鼻峯楷書三寸　蓮花峯楷書三寸　鏤
玉岑楷書四寸　來鳳岡篆書八寸　[illegible]
玉峽隸書五寸　水雲岩篆書六寸　瑩
心泉篆書六寸　控鶴林篆書六寸閱古
堂址　隱嘴岩楷書一寸在武義廟　雲
障子楷書七寸　歎賓臺正書七寸　象
鼻峯行書四寸餘　雨泉行書四寸
虎臥石正書二寸　橐駝峯正書三寸

待月磯篆書五寸閱古堂呂元書
垂腹岩楷書三寸　鼇頭石楷書三寸
元朗洞楷書二寸　還沖洞楷書二
寸　淨鑑池楷書二寸
水楷書三寸在武義廟　勝楷書　鼇峯楷書二寸○
積　逢寸餘　奔隸　湖
池金臺呂云陽子書　萊　雲書四
岩寸　小蓬萊
郜公鍾室鈔本

圖十《武林訪碑録郜公鍾室抄本》對閱古堂址石刻的記載　上海圖書館藏

陸游所撰，韓侂胄所立石的《閱古泉記》碑，早已不存，所以當年黄易并不可能尋訪到此碑。但在此記中，陸游明確“泉之壁，有唐開成五年道士諸葛鑒元八分書題名”，則此閱古泉爲現在的青衣泉無疑。韓侂胄當年的閱古園，範圍却要大得多，基本範圍推斷爲南至七寶山，北至寶蓮山，中間跨越瑞石山，而閱古泉僅是其中一處勝迹而已。

爲找尋閱古園的其他遺存，我們發現《武林訪碑録》中記有一處“待月磯”篆書題字，明確其在閱古堂，爲吕元所書（圖十）。這是判定閱古園核心區域位置之重要證據。2020年，我們終於在現太廟遺址後山一菜地側，尋得此題字，并在附近陸續尋得“來鳳岡”“瀉玉峽”“水雲巖”“瑩心泉”等相關題字，（圖十一）并發現一些人工築石布景造園遺存。這與歷史上所述韓侂胄之閱古園、位於太廟後禁山，位置完全吻合。而閱古泉位置，與太廟尚有一段距離，可以推定其爲閱古園北面區域範圍。

圖十一-1 閱古堂址石刻『待月磯』 圖十一-2 閱古堂址石刻『來鳳岡』
圖十一-3 閱古堂址石刻『瀉玉峽』 圖十一-4 閱古堂址石刻『水雲岩』

“待月磯”篆字，左側有款，因風化嚴重，未識得其字迹，黄易所録“吕元書”，此吕元當爲明人，因萬曆七年十月，曾爲《通玄觀文昌祠記》碑篆額，事見《武林訪碑録》。“來鳳岡”明確是明人馬三才所書，這與吴山十景之“梧岡飛瀑”直接有關。吴山雖海拔不高，不足百米，但“來鳳岡”題字所處垂直崖壁，目測足有四五米高，雨天時，確有小型飛瀑直下，而側面“瀉玉峽”三字，直接點明，該地有水流瀉下如玉的景觀。另“水雲巖”“瑩心泉”均無款。閱古園爲南宋寧宗所賜，至開禧三年（1207），韓北伐兵敗失寵，其園被收，此園存在的歷史十年左右。雖然這批石刻并不一定爲南宋刻石，但黄易所考爲閱古堂址，當爲合理。太廟後山上山處，尚存一龕清代張英草書詩刻，也可作爲此地是閱古堂址的旁證（圖十二）：

無數林巒在一丘，家山日日恣探游。
平橋絶澗穿奇石，古木高枝拂畫樓。
秦望時從青靄見，錢塘秋共白雲流。
花間猶有仙人鶴，清唳霜天起客愁。

此詩名爲《客余杭寒山舊廬》，説明此地是清代寒山舊廬所在，而寒山舊廬是韓平原府第故址一説，在清代杭人的詩文中，屢屢出現。

閱古園的南界，推定不會超過通玄觀後山石佛院北。同樣在2020年，姜建清在此區域發現一處摩崖，其中落款爲南宋紹興二十年，其他文字未有機會傳拓考證。（圖十三）

韓侂胄所處時期，通玄觀已建立多年，歷史上没有將此觀賜與韓的記載，所以閱古園當與通玄觀同期存在，故閱古園的南界，推斷不超出通玄觀後山。（圖十四）

黄易輯録之《武林訪碑録》，就西湖周圍金石條目數量而言，遠超丁敬《武林金石記》、阮元《兩浙金石志》。至微堂團隊，依靠二百多年前，黄易的訪石成果之記録，雖重新尋回吴山閱古堂址部分石刻，并黄易本人與錢泳的青衣洞題名，但對該地區未作更深入的研究，所以在此僅撰一見聞録而已。如對吴山閱古堂址後期考古工作的展開，杭州金石文脉的延續，有所裨益，即不枉數年數十次的匆匆吴山之行。

參考書目：

1.［宋］潛説友《咸淳臨安志》，四庫本。
2.［宋］葉紹翁《四朝聞見録》，北京：中華書局，1989年。
3.［明］吴之鯨《武林梵志》，杭州：杭州出版社，2006年。
4.［明］田汝成《西湖游覽志》，杭州：浙江人民出版社，1980年。
5.［清］黄易《武林訪碑録》，西湖文獻集成續輯第11册，曹中孚、徐吉軍點校本，杭州：杭州出版社，2016年。
6.［清］丁丙《武林坊巷志》，杭州：浙江人民出版社，1986年。
7. 朱琪《蓬萊松風》，上海：上海古籍出版社，2020年。
8. 陳天聲《南宋“南園”考》，《杭州研究》2009年第3期。

至微堂介紹：

至微堂是一個立足於金石文化研究與推廣的自發機構，近年主要側重於西湖地區的摩崖石刻研究。團隊成員許力爲中央美术学院教師，精於書法美術史研究，爲學術顧問；陳潔精於椎拓及石刻影像記録；奚珣强精於蒐羅稀見石刻及相關史料考證。團隊以接續金石文脉、融入當代生活爲宗旨。在西湖湖山間，舉辦以摩崖石刻爲主題的實地訪碑活動數十場，被評爲2021年度杭州十大文化新現象之一。

圖十三 紹興二十年石刻

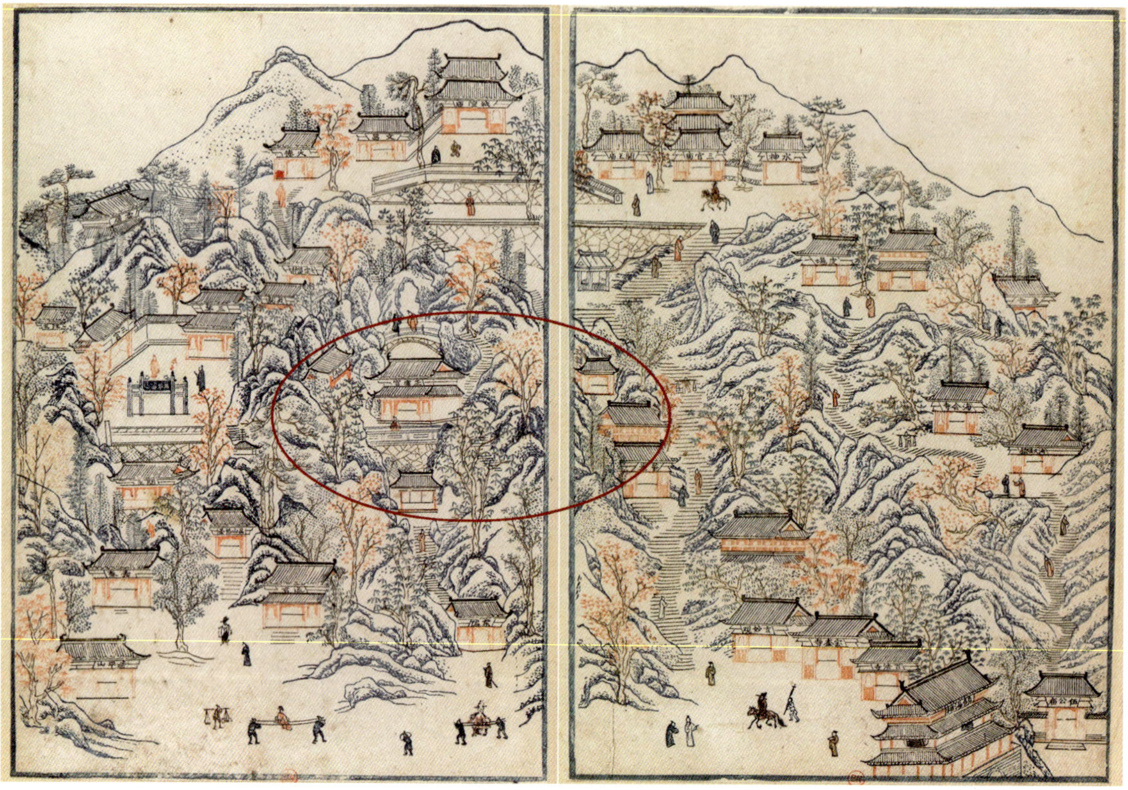

圖十四 -1 閱古堂址大致範圍（引自《湖山勝概》［明］陳昌錫著 萬曆年間彩色套印本 法國國家圖書館藏）

圖十四 -2 閱古堂址大致範圍（引自《御覽西湖勝景新增美景全圖》清 容光堂摹刻）

宋版《活人書》杭刻本還『活』着

文／姜青青 南宋史研究中心兼職研究員

圖一 河坊街胡慶餘堂地塊

杭州河坊街胡慶餘堂地塊（圖一），宋代時稱“大隱坊”，有官府專營釀酒、賣酒和徵稅的機構“都酒務”。

吴興（今浙江湖州）人朱肱（號大隱翁、無求子）登宋哲宗三年（1088）進士，曾官奉議郎直秘閣，終淡於功名利祿，壯年勇退，寓居杭州西湖。在杭州他主要做兩件事：在大隱坊都酒務釀酒，閒暇時爲人把脉診病。這兩事件是他的興趣愛好，做得也就與衆不同，都有獨到的著作，釀酒有《北山酒經》（圖二），醫學有《活人書》（圖三）（附有“經絡圖”六幅，“脉穴圖”八幅）。

從五代吴越國起，杭州的雕版印刷業日漸發達，北宋末年時成爲全國的行業翹楚。朱肱的著作都是不可或缺的實用書，在杭州出版自是順理成章。但宋代以後，宋版《北山酒經》已成孤本（現藏國家圖書館），《活人書》版本與流傳情况則較爲復雜。

《活人書》以華佗稱頌張仲景《傷寒論》爲活人書，故名（又名《無求子傷寒百問》），完稿于徽宗大觀二年（1108）。政和元年（1111），朱肱將《活人書》二十卷獻於朝廷，國子監奉詔刊行，這是該書第一次正式出版。

之後又有成都、湖南、福建、兩浙等地相繼鏤板印行（其中武夷張蕆作序并更名爲《南陽活人書》），這次刊印多屬國子監二十卷本的翻版。政和六年(1116)，朱肱發現各地刻本校勘不善，錯誤頗多，有人又提出書中相關“證説”與“方劑”分卷編排，不便查閲。於是朱肱再次校核内容，改正一百餘處，合并“證”“方”於同卷中，厘爲十八卷，定名《重校證活人書》（圖四），政和八年（1118）在杭州大隱坊請刻工以“中字”鏤板印行。朱肱在世時該書就有三次刊印。

《活人書》發揮和補充了張仲景（東漢南陽人）的傷寒學説，貢獻頗大，在宋代甚有影響，重要書目如《宋史·藝文志》和《郡齋讀書志》記載的是二十卷本，《直齋書録解題》收録的是十八卷本。20 世紀初英國人斯坦因第三次中亞探險發掘黑水城遺址時，發現了流入西夏國黑水城地區的《活人書》抄本殘片，足見其流傳之廣。[1]

明清以來，宋版原書已難尋覓，明刻本最爲流行，且書名和卷數多有更動，如王肯堂、吴勉學刊刻《類證活人書》二十二卷，萬曆二十九年（1601）刻入《古今醫統正脉全書》，民國時上海商務印書館《叢書集成初編》收录的《類證活人書》，就是根據這個明刻本排印的；1955 年上海商務印書館重版該書時，又據萬曆十九年（1591）徐鎔校本《南陽活人書》作了校勘。[2] 人民衛生出版社 1993 年出版點校本《活人書》二十卷，整理工作并未找到初始宋

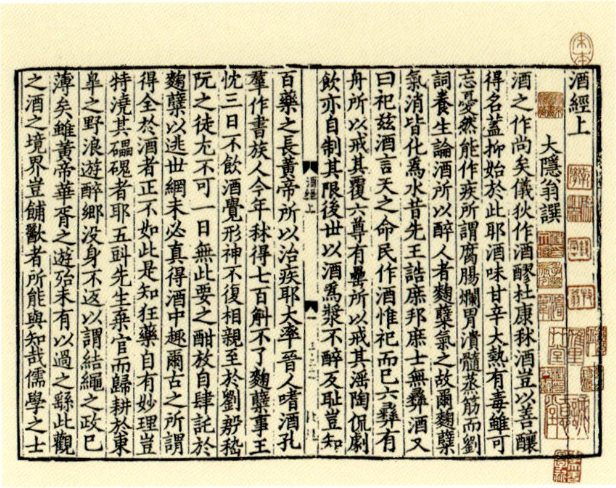
酒經上
大隱翁譔
酒之作尚矣儀狄作酒醪杜康秫酒豈以善釀
得名蓋抑始於此耶酒味甘辛大熱有毒雖可
忘憂然能作疾所謂腐腸爛胃潰髓蒸筋而劉
詞養生論酒所以醉人者麯糵氣之故爾麯糵
氣消皆化爲水昔先王誥庶邦庶士無彝酒又
曰祀茲酒言天之命民作酒惟祀而已六彝有
舟所以戒其覆六尊有罍所以戒其淫陶侃劇
飲亦自制其限後世以酒爲漿不醉反耻豈知
百藥之長黃帝所以治疾耶大率晉人嗜酒孔
羣作書族人今年秫得七百斛不了麯糵事王
忱三日不飲酒覺形神不復相親至於劉殷嵇
阮之徒尤不可一日無此要之酣放自肆託於
麯糵以逃世網未必真得酒中趣爾古之所謂
得全於酒者正不如此是知狂藥自有妙理豈
特澆其礧磈者耶五斗先生棄官而歸耕於東
皋之野浪遊醉鄉沒身不返以謂結繩之政已
薄矣雖黃帝華胥之遊殆未有以過之繇此觀
之酒之境界豈餔歠者所能與知哉儒學之士

圖二 宋版《北山酒經》卷上（内頁節選）國家圖書館藏

圖三 宋版《重校證活人書》卷二“脉絡圖”静嘉堂文庫藏

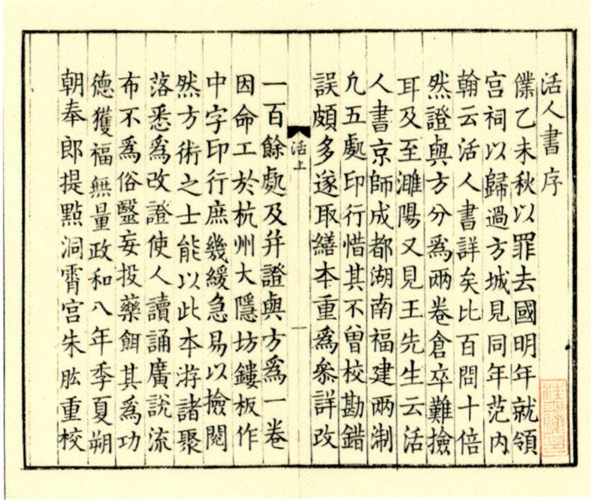
活人書序
僕乙未秋以罪去國明年就領
宮祠以歸過方城見同年范內
翰云活人書詳矣比百問十倍
然證與方分爲兩卷倉卒難檢
耳及至濉陽又見王先生云活
人書京師成都湖南福建兩浙
凡五處印行惜其不曾校勘錯
誤頗多遂取繕本重爲參詳改
一百餘處及并證與方爲一卷
因命工於杭州大隱坊鏤板作
中字印行庶幾緩急易以撿閱
然方術之士能以此本游諸聚
落悉爲改證使人讀誦廣說流
布不爲俗醫妄投藥餌其爲功
德獲福無量政和八年季夏朔
朝奉郎提點洞霄宮朱肱重校

圖四 宋版《重校證活人書》朱肱序 静嘉堂文庫藏

版，而是“以目前國内外所存最早的萬曆四十四年（1616 年）徐鎔刊本爲底本”[3]。也有學者認爲宋版《活人書》已經失傳。[4] 所以儘管明刻本版本各異，卷幅多寡不一，在對它的傳承和研究中，仍被視作《活人書》最早的善本。

但事實上，宋版《活人書》仍有傳世，且筆者認爲，這很有可能就是北宋末年朱肱在杭州大隱坊刻印的《重校證活人書》十八卷“中字本”。

《重校證活人書》成書八百年後的清光緒三十三年（1907）六月，中國發生了一場“文化悲劇”：與朱肱同爲湖州人的陸樹藩（圖五），將其父親陸心源遺存的皕宋樓（圖六）和守先閣藏書共 15 萬卷，以 10 多萬元之價，全部售與日本岩崎氏静嘉堂文庫(圖七)。其中就有這部《重校證活人書》。(圖八)

静嘉堂文庫已公布的藏書目録顯示，該書爲南宋刊本，高寬 22.2 厘米 ×14.0 厘米，每半頁 10 行、每行 15 字至 19 字，注文雙行 24 字，版心白口，單黑魚尾，有刻工姓名。[5] 此書首卷爲後人抄補，餘下十七卷爲宋刻原本，全書并無留下具體刊刻年代資訊，静嘉堂的説法

圖五　陸樹藩（左三）1913 年二月初三日與劉承幹、席錫蕃、楊贊卿等人合影於劉承幹滬西雙清别墅

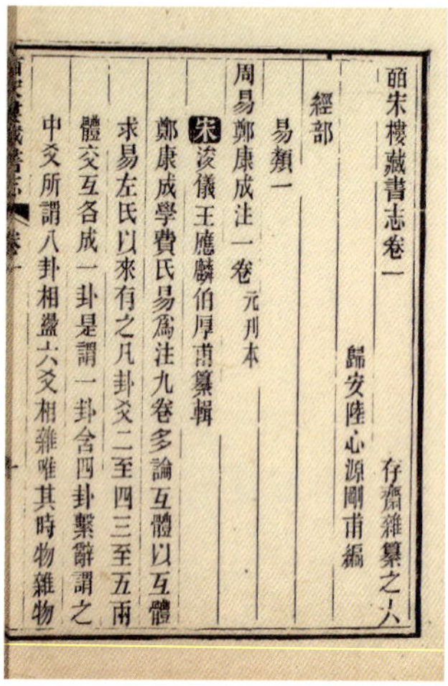

皕宋樓藏書志卷一　存齋雜纂之八
歸安陸心源剛甫編
經部
易類一
周易鄭康成注一卷 元刊本
宋浚儀王應麟伯厚甫纂輯
鄭康成學費氏易爲注九卷多論互體以互體
求易左氏以來有之凡卦爻二至四三至五兩
體交互各成一卦是謂一卦含四卦繫辭謂之
中爻所謂八卦相盪六爻相雜唯其時物雜物

圖六　清 陸心源編
皕宋樓藏書志(卷一内頁節選）一百二十卷 清光緒八年十萬卷樓刊本

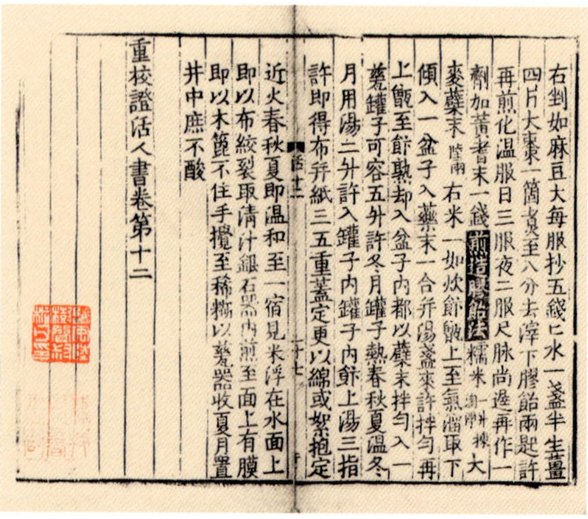

右剉如麻豆大每服抄五錢匕水一盞半生薑
四片大棗一箇煮至八分去滓下膠飴兩匙許
再煎化溫服日三服夜二服尺脉尚遲再作一
劑加黃耆末一錢 煎造膠飴法 糯米一㪷揀大
麥蘗末陸兩 右米一如炊飯餅上至氣溜取下
傾入一盆子入藥末一合并湯盞來許拌勻再
上甑至飯熟却入盆子內都以蘗末拌勻入一
甆罐子可容五升許冬月罐子熱春秋夏溫冬
月用湯二升許入罐子內罐子內飯上湯三指
許即得布并紙三五重蓋定更以綿或絮抱定
活十二　十七
近火春秋夏即溫和至一宿見米浮在水面上
即以布絞裂取清汁銀石器內煎至面上有膜
即以木篦不住手攪至稀糊以甆器收夏月置
井中庶不酸
重校證活人書卷第十二

圖八　宋版《重校證活人書》卷十二鈐印“歸安陸樹聲叔桐父印”静嘉堂文庫藏

---

[1] 陳陗、沈澍農：《英藏黑水城醫藥文獻 Or.8212/1343 考》，《南京中醫藥大學學報（社會科學版）》2020 年 3 月第 21 卷第 1 期。該醫藥文獻現藏於大英圖書館。

[2] 朱肱：《類證活人書》“出版説明”，上海：上海商務印書館，1955 年。

[3] 朱肱：《活人書》（萬友生等點校）“内容提要”，北京：人民衛生出版社，1993 年。

[4] 梁潤英、熊玉鑫：《〈南陽活人書〉之版本流傳》，中華中醫藥學會《全國第十八屆仲景學説學術年會論文集》，2010 年。

[5] 静嘉堂文庫網站 http://j-dac.jp/infolib/meta_pub/G0000018SGDB。

圖七 静嘉堂文庫外觀

當是依據日本人河田羆《静嘉堂秘笈志》的判斷:"按，此南宋刊本。"[6] 然而，南宋歷史長達152年，河田羆却未能進一步指出《重校證活人書》究竟刻於南宋何時，也未説明刻於何地。

筆者認爲，此書當是在北宋末年刻於杭州。理由如下：

首先，書口中縫下的刻工人名可作爲鑒定依據。該書可見刻工有：陳伸、郭璵、余十八、江清、王安等人。根據瞿冕良先生研究，余十八是杭州刻工，王安是浙江地區刻工，陳伸是南京地區刻工，他們多是南宋紹興年間人，參加刻過《重校證活人書》(半頁10行，行19字)，唯有郭璵是"北宋末年刻字工人"。[7]

郭璵是北宋末年刻工，很有可能南宋初年仍在刻書。反過來也可以説，陳伸、余十八、江清、王安等人有可能在北宋末年就在刻書了。有個案例可作爲旁證，國家圖書館藏杭州貓兒橋河東岸鐘家刻本《文選五臣注》殘本(圖九)，書中刻有"錢塘鮑洵書字"。趙萬里先生考證紹興三十年(1160)刻本《釋延壽心賦注》有"錢塘鮑洵書"五字，而以鮑洵一生有三十年工作時間計算，定《文選五臣注》爲建炎三年(1129)升杭州爲臨安府之前的南宋刻本。[8] 這是版本目録學家一貫從嚴論斷的習慣使然。事實上，這本《文選五臣注》中宋諱"桓""構"等字均不缺筆，定之爲北宋末年所刻并無不妥。《重校證活人書》在政和八年(1118)雕印成書，之後八年北宋即陷入"靖康之變"，郭璵以及可能還有陳伸等北宋末年的刻工跨入南宋而重操舊業，也是常情。只是郭璵能在時局劇變的兩宋之交，一人兩次爲同一本書鏤板，似乎不太可能。

[6] 河田羆：《静嘉堂秘笈志》卷七，《日本藏漢籍善本書志書目集成》第4册，北京：北京圖書館出版社，2003年。

[7] 瞿冕良：《中國古籍版刻辭典》，濟南：齊魯書社，1999年。該書爲工具書，故僅有介紹，而無例證。又，原文書名寫作《重校活人書》，漏"證"字。

[8] 北京圖書館：《中國版刻圖録》"目録"，北京：文物出版社，1961年。

再者，避諱情況也很關鍵。翻檢《重校證活人書》全書未見徽宗、欽宗以及高宗的“佶”“桓”“構”等宋帝名諱，但卷十四有一“恒”字缺筆（圖十），當是避宋北宋真宗趙恒名諱（不是避欽宗趙桓名諱）。而全書二十多處涉及孝宗趙昚名諱的“慎”字，却一概未避（圖十一）。由此可見，此書刊刻時間最早可追溯到朱肱作序的徽宗政和八年（1118）大隱坊刊刻之時，最晚則不超過高宗紹興時期（1131—1162）。

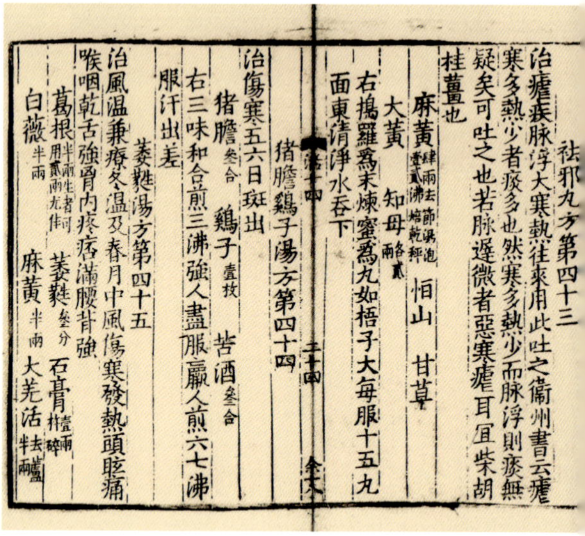
祛邪丸方第四十三
治瘧疾脉浮大寒熱往來用此吐之衛州書云瘧
寒多熱少者痰多也然寒多熱少而脉浮則痰無
疑矣可吐之也若脉遲微者惡寒瘧耳宜柴胡
桂薑也
麻黄（肆兩去節湯泡壹沸焙乾秤）　恒山　甘草
大黄　知母（各貳兩）
右擣羅為末煉蜜為丸如梧子大每服十五丸
面東清淨水吞下
活十四　二十四　余大
猪膽雞子湯方第四十四
治傷寒五六日斑出
猪膽（叁合）　雞子（壹枚）　苦酒（叁合）
右三味和合煎三沸強人盡服羸人煎六七沸
服汗出差
萎蕤湯方第四十五
治風溫兼療冬溫及春月中風傷寒發熱頭眩痛
喉咽乾舌強胸內疼痞滿腰背強
葛根（半兩生者可用貳兩）　萎蕤（叁分）　石膏（壹兩槌碎）
白薇（半兩）　麻黄（半兩）　大羌活（半兩去蘆）

圖十　宋版《重校證活人書》卷十四“恒”字避諱（右頁左起第四行
嘉堂文庫藏

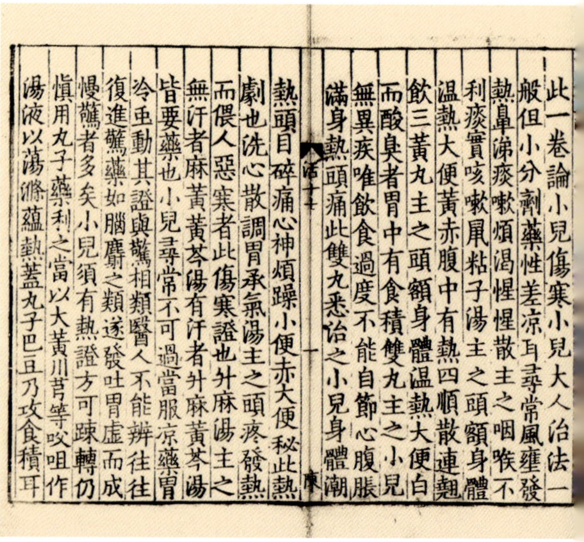
此一卷論小兒傷寒小兒大人治法一
般但小分劑藥性差涼耳尋常風壅發
熱鼻涕痰嗽煩渴惺惺散主之咽喉不
利痰實咳嗽鼠粘子湯主之頭額身體
溫熱大便黃赤腹中有熱四順散連翹
飲三黃丸主之頭額身體溫熱大便白
而酸臭者胃中有食積雙丸主之小兒
無異疾唯飲食過度不能自節心腹脹
滿身熱頭痛此雙丸悉治之小兒身體潮
活十七　庫
熱頭目碎痛心神煩躁小便赤大便秘此熱
劇也洗心散調胃承氣湯主之頭疼發熱
而偎人惡寒者此傷寒證也升麻湯主之
無汗者麻黃黃芩湯有汗者升麻黃芩湯
皆要藥也小兒尋常不可過當服涼藥冒
令虛動其證與驚相類醫人不能辨往往
復進驚藥如腦麝之類遂發吐胃虛而成
慢驚者多矣小兒須有熱證方可疎轉仍
慎用丸子藥利之當以大黃川芎等㕮咀作
湯液以蕩滌蘊熱蓋丸子巴豆乃攻食積耳

圖十一　宋版《重校證活人書》卷十七“慎”字未避諱（左二行首字
嘉堂文庫藏

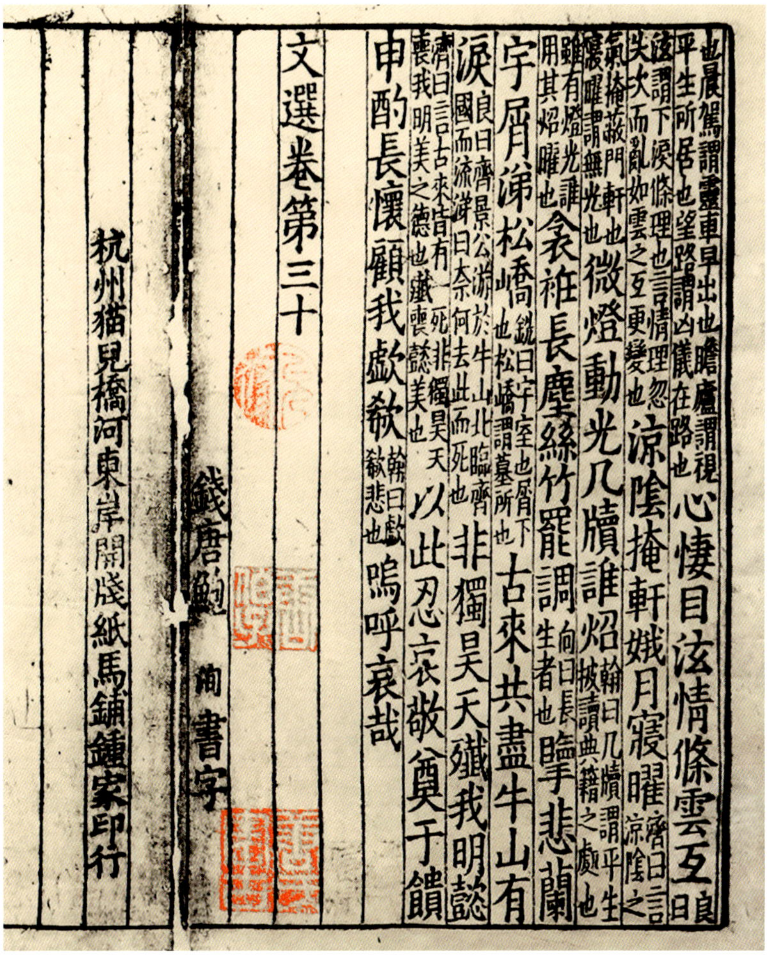

圖九　北宋末年杭州猫兒橋河東岸開箋紙馬鋪鍾家刻本《文選五臣注》（内頁節選）國家圖書館藏

這部《重校證活人書》遵循朱肱在杭州大隐坊初刻時確定的書名和卷數，而它的書體風格也可作爲判斷北宋末年杭州刻本的一個依據。前述北宋末年杭州刻本《文選五臣注》的書體較爲樸實，筆劃豐滿，字形偏長。再看上海圖書館藏北宋末年杭州净戒院刻本《長短經》（圖十二），字形略長而字畫飽滿，書體風格也屬同一類型。而南宋時期浙刻本字體多模仿歐陽詢《虞恭公碑》，字形略方。[9] 宋版朱肱《北山酒經》就是典型的南宋臨安城刻本，字形方正，書體端秀。通過這幾部宋版書的參照鑒别，《重校證活人書》與上述兩部北宋刻本的書體，明顯屬於相類風格，可以説仍保存着北宋杭州刻本的特點。因此，它的具體刻書時間即使已在南宋，也當是南宋初期，而且其版刻風格與北宋杭州刻本一脉相承。

結論：静嘉堂藏《重校證活人書》應是北宋末年“杭刻本”，而且很有可能就是初刻本，也是該書今存最早的宋版孤本。它的刊印無比接近作者在世之時（朱肱約于“靖康之變”前去世），故而極具版本價值，珍稀無比。

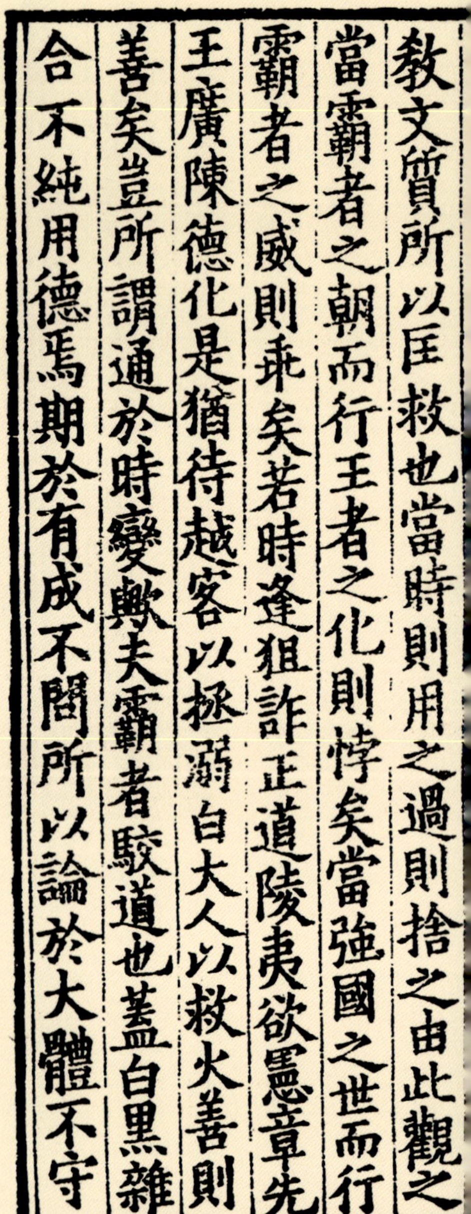
教文質所以匡救也當時則用之過則捨之由此觀之
當霸者之朝而行王者之化則悖矣當強國之世而行
霸者之威則乖矣若時逢狙詐正道陵夷欲憲章先
王廣陳德化是猶待越客以拯溺白大人以救火善則
善矣豈所謂通於時變歟夫霸者駁道也蓋白黑雜
合不純用德焉期於有成不問所以論於大體不守

圖十二 北宋末年杭州刻本《長短經》上海圖書館藏

[9] 上海圖書館：《上海圖書館藏宋本圖録》，上海：上海古籍出版社，2010 年。

儒門經濟長短經序

梓州郪縣長平山安昌巖草莽臣趙蕤 撰

趙子曰匠成輿者憂人不貴作箭者恐人不傷彼豈有愛憎哉寔技業驅之然耳是知當代之士馳騖之曹書讀縱橫則思諸侯之變藝長奇正則念風塵之會此亦向時之論必然之理矣故先師孔子深探其本憂其末遂作春秋大乎王道制孝經美乎德行防萌杜漸預有所抑斯聖人制作之本意也然作法於理其弊必亂若至於亂將焉救之是以御世理人罕聞沿襲三代不同禮五霸不同法非其相反蓋以救弊也是故國容一致而忠文之道必殊聖哲同風而皇王之名或異豈非隨時設教沿乎此因物成務牽乎彼沿乎此者醇薄繼於所遭牽乎彼者王霸存於所遇故古之理者其政有三王者之政化之霸者之政

在文化熏陶下——杭州建築淺議

文／謝榕 浙江工業大學教授、湖上

老杭州的版圖是“三面雲山一面城”，而這樣獨到的地理條件也影響了杭州城市的方方面面。如果説向東蜿蜒的天目山餘脉是杭城的脊背，那麼城市中的建築，街道和流動的人群則是杭州的血管和神經，此地的文化底蘊就是這座城市的靈魂。

最早在杭州留下一座城池的是五千年前的良渚先人，他們選址在山水相鄰處建城，理水，堆城，開廓。草裹泥築成的高低堰壩，至今還起着擋水的功用，給我們留下了一筆厚重的建築遺産。歷史的一瞬，這片土地再次展現在我們眼前的是東晋（326 年）西印度高僧慧理一路游歷來到杭州，感嘆飛來峰真似佛祖説法的靈鷲山，便卓錫築庵，接連興建了靈鷲、靈隱、靈順等十座道場。那時的杭州城究竟有多大的範圍已無法考證，但能供養十座道場，説明其人口及經濟規模已經很發達了。五百年後的大唐時期（822 年），白居易任杭州刺史，西湖與錢塘江完全隔離，他一生爲西湖留下了一百餘首讚美詩，極大地提升了杭州的文化辨識度。自此，士大夫文化與文人審美，源源不斷地爲這座城市提供着養分和生機。

好的建築必定是能够融入環境，并啟動環境的，當然，它也可以創造一個好的環境，對環境有所貢獻，好的建築追求的是長久的空間價值，精神文化價值。在杭州這座城市不乏這樣優秀的建築。

西泠印社

西泠印社，是百十年來文人墨客之最愛，心之神往之地。步入印社，你會發現它雖然没有傳統的縱横格局，但亭臺樓閣應有盡有，層層疊疊，井然有序，室外摩崖鑿石林立，隨處可見名人雅士的墨迹，一派文化圣地的景象。西泠印社傳承的則是屬於江南士大夫的文脉。創立於清光緒三十年 (1904) 的西泠印社以“保存金石，研究印學，兼及書畫”爲它的宗旨。苦心經營百年之後，被冠以“天下第一名社”的雅號。一批高端文人初心不移，由小及大。

他們謀成於數峰閣，先建了石交亭、山川雨露圖書室。立社十年後迎來了社長吴昌碩。陸續地有了柏堂、題襟館、遁庵、鑒亭、還樸精廬、四照閣、漢三老石室。立社二十年，有了小龍泓洞、鶴廬、華嚴經塔，至此建築基本完成。共 21 個建築小單體無一雷同，各自成景，慢慢發力，有機拓展，共同造就文化圣地。優秀的建築是由高人花大精力、長時間研磨琢刻出來的，求的是歷久彌香，久久迴響。

之江大學

之江大學（1909 年）是民國時期中國最好的 13 所教會學校之一。錢塘江畔，月輪山下，東接六和塔，西临九溪水，依山臨江，風景秀麗。其選址曾得到蔡元培的讚嘆。整座校園依山形地勢而建，遍栽樹木花草，四季風景各異。西式爲主的建築風格，包括古典復興主義、中世紀哥特風格，又融合了美國殖民地風格。（圖一）其建築風格上雖五花八門但效果却非常統一和諧，以紅、灰爲基調的建築掩映在山地的濃緑中。質樸又典雅。除了主教學樓與鐘樓教學樓之間有軸綫控制外，其餘的單體建築都是根據地形高差與景觀等靈活布局。（圖二）（圖三）百多年過去了，當年之江大學的整體格局仍保存完好，建築本體與自然環境和諧融洽，達到天人合一的境地。八十年後，杭州的建築界又刮起了歐陸風，但没有超過之江大學的。

圖一 之江大學 鐘樓　圖二 之江大學 墻面

圖三 之江大學 同懷堂

杭州劇院

杭州劇院始建於 1978 年，由國務院總理周恩來生前親自批准建造，爲 20 世紀 70 年代中國劇院建築的典範之作。它是 20 世紀杭州的規格最高的國家級文化工程，法度精到比例和諧，純粹的現代主義建築。巨大的玻璃幕牆，輕盈舒展的水準大挑檐，歡迎著四方來賓。這樣雋秀的建築曾經在那個年代名噪一時，但可惜後來改建的設計者對前人的努力缺乏足够的尊重，建築形式已面目全非，劇院的影響力也漸漸式微。(圖四)

圖四 杭州劇院

圖五 黄龍飯店 亭子

圖六 黄龍飯店 航拍

黄龍飯店

千百年後，中國的古詩詞，文人畫仍然滋養着建築師的靈感。建築大師程泰寧便是傑出的代表。在國際競標中勝出的黄龍飯店，充分體現了甲方與程泰寧的高度的文化自覺與自信。在一次采訪中，程泰寧坦言自己對於黄龍飯店的設計理念受到了中國詩詞，中國哲學、美學的影響。1987 年，黄龍飯店落成，由六幢風格獨特的中國傳統韻味的建築組成。（圖五）同時背後又傍依著寶石山，蒙蒙煙雨中，宛若一幅中國古代的水墨山水畫；因爲地處城市和寶石山風景區之間，在設計方案時，程泰寧采取了山水畫中“留白”的手法，以此來强調黄龍飯店的仲介作用，那便是從人文到自然景區的過渡、滲透。讓建築和周遭環境成爲一個整體，從大環境上來謀篇布局，這是一種傳統的中國智慧。（圖六）再先進的理念也要和杭州本土的文化有機結合，降低高度，分體布局，中空形成新中式園林，底層向着庭園全爲通透的玻璃，這一方園林是貫穿全局之文心。後期的改造，雖然把北面的建築拉高到極致，但全局之文心不變，建築更有了歷久彌新之感。

程泰寧自己所説，“建築師做設計，不可能不考慮形式，不可能不考慮功能、技術、經濟等問題，但我不希望簡單地去呈現，而是想表達一些能够衝擊人們内心的東西。”

永福寺

最初由慧理禪師開山創建，滄海桑田當年的模樣已無迹可尋，但歷朝歷代均有不斷的翻建改造。有史料記載，永福禪寺歷代名僧高士輩出，其中明末清初的心越禪師曾東渡扶桑，傳授書畫篆刻藝術，復興琴道，被日本奉爲“篆刻之父”“近世琴學之祖”和“曹洞宗壽昌派開山鼻祖”，影響至今，尤爲深遠。2005年永福寺經大規模重修後對外開放。這一輪重修直接抛開了普通禪院的規制，以文化立足，一切從環境出發，沒有用高大奢靡的建築與裝飾，而是分成五個大小不同的獨立院落，各自鑲嵌在不同的山體格局内，人行進在自然的游步道中，逐步向上完成了從山門到大雄寶殿的心路歷程，爲自己種下福田。設計師關注的是我們的内心，心裏包含了一切福田，這個田裏撒了什麼樣的種子，就會結什麼樣的花果。心裏美好，外在也会美好。

九樹公寓

2008年落成，英國建築師大衛·奇普菲爾德拆掉了原有的高層住宅，盡可能地還原在自然的山谷。在山谷中小體量住宅以一種鬆散的方式排列，順勢而下。設計力求少破壞自然。建築四面皆爲大陽臺與自然融爲一體，成爲一個生活的藝術品。2009年九樹和北京的鳥巢、水立方一起獲得英國皇家建築師學會頒發的國際大獎。

法雲弄

2005年政府整體搬遷了村民，希望將建築與環境的關係還原到古代江南村落最美的樣子。2010年成就了安縵法雲酒店。

象山校區

2004年中國美術學院象山校區完成了它的一期工程，它完全有别於一般的大學校園。我們不要被王澍收集来的幾百萬片碎磚爛瓦所迷惑，而要努力探尋深刻的内涵。（圖七）從來不起眼的象山被認定爲這一方天地的山水之魂。學院的各項功能被安置在二十多個院落裏。没有慣用的軸綫控制，各美其美，各自從不同的角度與象山和溪流對話。象山周邊大面積留白。整個方案正是重新發現自然，并讓建築場所回到重新再造自然場景之中，回到一個有森林、花草、山水組成的原生態的自然之中。這是一所帶有中國傳統書院氣息的大學。

在校園的最佳風水處没有布置大的行政樓抑或是圖書館，反而是體量親和的水岸山居（2014 年），山居正中的廳堂位，設計的是立體的可游可居的現代山水，進一步彰顯出設計師以文化爲重的設計思想。水岸山居是用建築的方式，演繹中國傳統的山水畫卷軸。（圖八）

象山校區裏的民藝館建築匍匐貼在山坡上，所有的功能都隱在菱形構成的屋頂之下。就像一個超級大窗花，嚴謹克制。

圖七 水岸山居 瓦片墻

圖八 水岸山居 建築

天目里

杭州有真山真水大園林，也有在城池裏開園的。歷史上有記載的園林遠多於蘇州，可惜都毁於太平天國的戰爭和抗日戰爭。2022年天目里的閃亮出場，令杭州人耳目一新。這是一場獨具匠心的浙商（江南布衣）與意大利設計師倫佐・皮亞諾共同譜寫的新樂章。

天目里的設計沿用金角銀邊中留白的布局方式，秀挺的外殼，内裏設有一個柔軟的“庭院”。（圖九）合圍的殻被通道切分成大小17個建築單體，這些通道彙聚了來自不同方向人流。耗時八年終於建成了一個緑洲般的“城市客廳”和藝術生活的發生器。這個“城市客廳”有别於一般歐洲的廣場，17個建築單體統一着裝、統一灰色使它更顯精神性，爲廣場的豐富的文化提高了完整的實體背景，底層大面通透，集聚了多元的業態。 人們在這個會客廳中相聚，離散又再次相交。（圖十）除此之外，天目里中還有11個風趣雅致的下沉庭院，其中3個下沉庭院的營造，由日本枯山水的大師——枡野俊明及其團隊親手打造。風、水、空，三個禪的庭院主題，自北向南，與杭州的文化氛圍渾然一體，趣味頗深。

當我們在杭州城裏漫游之時，隨時有可能與優秀的建築來一次“偶遇”。如剛竣工的良渚玉鳥集，柳亦春設計的單向空間與孤獨了7年的安藤忠雄的大屋頂相襯相映。杭州的優秀建築有一點是共通的：它的存在是爲了創造一方環境，讓人的身心獲得自由，給到訪者以人文關懷。

附録：

普利兹克獎得主在杭州留下的作品
2023年普利兹克獎得主 David Chipperfield 大衛・奇普菲爾德（英國）設計了2007年良渚博物院、2008年九樹公寓、2015年西溪天堂・悦莊、2013年壹向大樓

2012年普利兹克建築獎得主王澍設計了中國美術學院象山校區、臨安博物館、富春山館、富陽文村、南宋御街、通策・錢江時代

1998年普利兹克獎得主 Renzo Piano 倫佐・皮亞諾（意大利）設計了天目里

1995年普利兹克建築獎得主安藤忠雄（日本）設計了2016年良渚文化藝術中心（大屋頂）

1992年普利兹克建築獎得主 AlvaroSiza 阿爾巴多・西薩（葡萄牙）設計了中國美術學院現代藝術設計博物館

圖九 天目里 水鏡廣場

詩客僧家烹點出多少湖上茶事

文／阮浩耕 茶學專家

唐長慶四年（824），白居易任杭州刺史第三年，“五月，任期滿，離杭。除太子右庶子。返洛陽後，自求分司。乃授太子左庶子分司東郡。”（《白居易年譜簡編》）其時，白居易摯友元稹正在越州刺史任上，兩人“比壤而居，詩筒往來，殆無虛日”。他們的詩篇還常被人“繕寫模勒。衒賣於市井，或持之以交酒茗者”。元稹在此時期吟有一首至今仍膾炙人口的《一字至七字詩·茶》，有句“茶，香葉，嫩芽。慕詩客，愛僧家”（圖一）。詩人在題下自注：“以題爲韻，同王起諸公送白居易分司東郡作。”這首詩原是爲送別白居易所作。元稹在詩裏提出最愛慕雅好於茶者莫過於詩客、僧家。综觀西湖茶事，詩客僧家與西湖茶泉似更有特別的情感，結下不解之緣。他們最早墾植西湖茶園，造就了延續千年的西湖名茶，譜寫了湖上事茶詠茶的華麗篇章。

圖一 林海鍾《元稹寶塔茶詩》2021 創作

陸羽、白居易、姚合
譜寫西湖茶事開篇——靈竺禪茶

“錢塘，生天竺靈隱二寺。”（圖三）陸羽《茶經·八之出》中寫下的這九個字，是西湖茶事的開篇之作。陸羽是唐至德元年（756），爲避安史之亂，隨秦人過江，離別故鄉復州竟陵來到江南。至杭州，寓居靈隱山，次年與靈隱道標相識。其時，朝廷規定，通佛經七百紙方許剃度爲僧。道標參加通經考核“首中其選”。據《錢塘縣志》載：“陸羽目爲道標梵僧，名之威風焉。”

陸羽後來又撰著《道標傳》，稱讚：“夫日月雲霞爲天標，山川草木爲地標，推能歸美爲德標，居閑趣寂爲道標。”陸羽在貞元（785—804）中又多次居游靈隱山，還撰有《天竺靈隱二寺記》和《武林山記》，對夢謝亭、醴泉、石門澗、理公岩、秦皇纜船石、隱居堂、許邁思真堂等三十多處勝迹考述備盡。由此可見陸羽記西湖茶事這九個字背後，有著諸多調查考察的辛勞。《二寺記》曾鑱於碑石，“山委曲皆在碑文，因之乞僧正”。次日，僧正派使送來碑文一張，附書：“所索飛來峰事碑，只有陸鴻漸《二寺碑》，略指出端由。”陸羽《二寺記》鑱石立碑，該是最早的西湖“旅游指南”。（图二）

圖二 靈隱、天竺一帶的景致

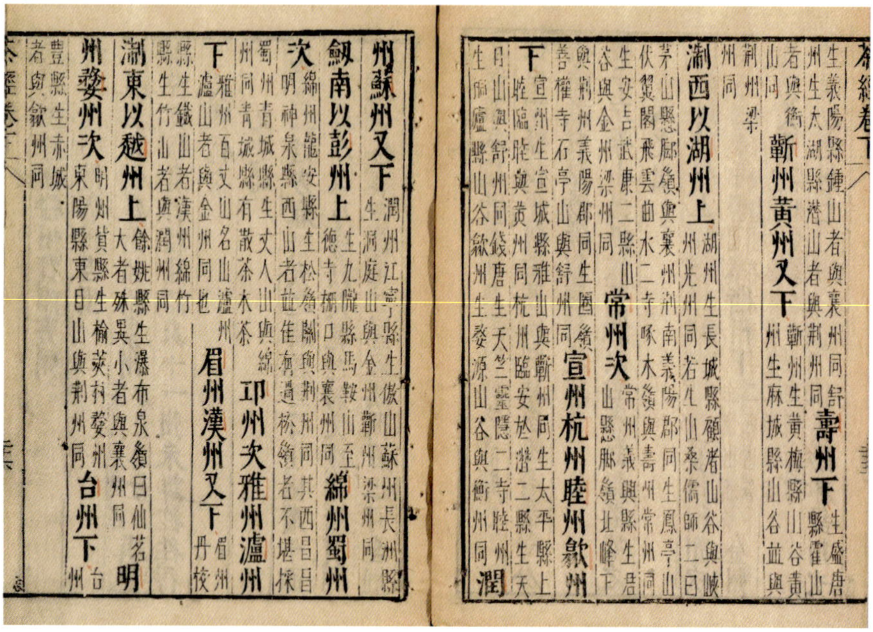
茶經卷下
生義陽縣鍾山者與襄州同舒州生太湖縣潛山者與荊州同壽州下生盛唐縣霍山者與衡山同蘄州黃州又下蘄州生黃梅縣山谷黃州生麻城縣山谷並與荊州梁州同
浙西以湖州上湖州生長城縣顧渚山谷與峽州光州同若生山桑儒師二白茅山懸腳嶺與襄州荊南義陽郡同生鳳亭山伏翼閣飛雲曲水二寺啄木嶺與壽州常州同生安吉武康二縣山谷與金州梁州同常州次常州義興縣生君山懸腳嶺北峰下與荊州義陽郡同生圈嶺善權寺石亭山與舒州同宣州杭州睦州歙州下宣州生宣城縣雅山與蘄州同太平縣上睦臨睦與黃州同杭州臨安於潛二縣生天目山與舒州同錢塘生天竺靈隱二寺睦州生桐廬縣山谷歙州生婺源山谷與衡州同潤
茶經卷下
州蘇州又下潤州江寧縣生傲山蘇州長洲縣生洞庭山與金州蘄州梁州同
劍南以彭州上生九隴縣馬鞍山至德寺棚口與襄州同綿州蜀州次綿州龍安縣生松嶺關與荊州同其西昌明神泉縣西山者並佳有過松嶺者不堪採蜀州青城縣生丈人山與綿州同青城縣有散茶木茶邛州次雅州瀘州下雅州百丈山名山瀘州瀘川者與金州同也眉州漢州又下眉州丹棱縣生鐵山者漢州綿竹縣生竹山者與潤州同
浙東以越州上餘姚縣生瀑布泉嶺曰仙茗大者殊異小者與襄州同明州婺州次明州貨縣生榆莢村婺州東陽縣東白山與荊州同台州下台州豐縣生赤城者與歙州同

圖三 明萬曆四十一年喻政自序刊本《茶書》中輯録的陸羽《茶經·八之出》『錢塘，生天竺靈隱二寺。』

接踵陸羽而至靈竺山寺，與僧家品茗并有茶詩往還的是白居易。長慶二年（822），白居易自中書舍人除杭州刺史，十月一日到杭。他在刺史任上前後三年，“在郡六百日，入山十二回”又“郡齋空作百篇詩”。這百篇詩中有咏茶詩三首，這是西湖茶事 1200 年間最早的咏茶詩。長慶四年正旦，白居易邀韜光禪師赴齋，以詩招之：

白屋炊香飯，葷腥不入家。
濾泉澄葛粉，洗手摘藤花。
青芥除黄葉，紅薑帶紫芽。
命師相伴食，齋罷一甌茶。

白居易這一位地方行政長官在大年初一請師做客，爲尊重禪師的習俗，做了精心準備，可謂情真意切。哪知韜光禪師婉拒邀約，亦以詩作答：

山僧野性好林泉，每向岩阿倚石眠。
不解栽松陪玉勒，惟能引水種金蓮。
白雲乍可來青嶂，明月難教下碧天。
城市不能飛錫去，恐妨鶯囀翠樓前。

白居易得詩，倒也不以爲忤。他知道韜光禪師自到山寺，自持甚嚴，足不入市，便親自入山，煮茗相伴。白居易另有兩首茶詩是記述他在衙署内的飲茶。一首《官舍》有句：“何言太守宅，有似幽人居。”“起嘗一甌茗，行讀一卷書。”另一首《東院》：

松下軒廊竹下房，暖檐晴日滿繩床。
净名居士經三卷，榮啓先生琴一張。
老去齒衰嫌橘酸，病來肺渴覺茶香。
有時閑酌無人伴，獨自騰騰入醉鄉。

詩人中晚年時期推崇“中隱”思想。所謂“山林太寂寞，朝闕空喧煩。唯兹郡閣内，囂静得中間”。(《郡亭》) 杭州正是他實踐“中隱”或稱“吏隱”的理想之地。他甫到杭州便有詩《初到郡齋寄錢湖州李蘇州》，致在兩州任刺史的錢徽和李諒，稱：“霅溪殊冷僻，茂苑太繁雄。唯此錢塘郡，閑忙恰得中。”喝茶品茗和誦經、彈琴、讀書、吟詩都是他“中隱”生活的樂事。

白居易離杭十三年後的大和八年 (834)，詩人姚合出任杭州刺史。白居易在洛陽送姚合赴任，作《送姚杭州赴任思舊游二首》，詩云:“且喜詩人重管領，遥飛一盞賀江山。”他由衷地爲杭州道賀：又有一位詩人來管領杭州了！從《全唐詩》收録姚合詩作看，其對茶的雅好著實不遜於白居易。他“花落煎茶水”“夜坐學僧禪”，還以詩乞茶:“嫩緑微黄碧澗春，采時聞道斷葷辛。不將錢買將詩乞，借問山翁有幾人。”(《乞新茶》) 他那首《寄元緒上人》詩，還透露出想早日退吏從師的心情：“石窗紫蘚墻，此世此清凉。研露題詩潔，消冰煮茗香。閑雲春影薄，孤磬夜聲長。何計休爲吏，從師老草堂。”

天竺靈隱二寺衆僧家是西湖茶園的最早墾植人，陸羽、白居易、韜光禪師、姚合諸詩客則是西湖茶事的始創者。

蘇軾、趙抃、清順辯才謳歌西湖“草茶”

蘇軾兩次來杭州，前後居留近五年。這五年是他一生中過得比較舒暢順心的時期。他甚至想死後歸葬西湖，做個永遠的“西湖長”。《茶軾詩集》（清・王文誥輯注本）收録他的茶詩和咏及茶的詩有 76 首，其中作於杭州的有 29 首，加上三首離杭後憶及杭州茶而作的，占到全部茶事詩的四成還多，可見杭州之宜茶和蘇軾在杭事茶品茶之稱心。

蘇軾茶事詩中讓人印象最深和傳唱最廣的是“從來佳茗似佳人”這千古絕唱。元祐五年（1090）他收到友人曹輔寄贈的壑源新茶，寫下了《次韻曹輔寄壑源試焙新芽》：

仙山靈草濕行雲，洗遍香肌粉未勻。
明月來投玉川子，清風吹破武林春。
要知冰雪心腸好，不是膏油首面新。
戲作小詩君一笑，從來佳茗似佳人。

曹輔時任福建路轉運判官，負責督造北苑貢茶。但官焙北苑茶“市無貨者”，他寄贈蘇軾的也只能是“壑源私焙，其絶品可敵官焙”（胡仔《苕溪漁隱叢話》），而此時的西湖茶采制已不再蒸青壓制成餅了，革新爲蒸青後即焙幹的芽葉散茶，時稱“草茶”，意謂民間草創之品。西湖南北兩山所産草茶分别冠有白雲、香林、寶雲、垂雲等名號。下天竺慈雲法師有詩雲：“天竺生草茶，因號香林茶。”（南宋《淳祐臨安志》卷九）。

圖四-3 龍井

圖四 -1 龍井

圖四 -2 龍井

圖四 -5 龍井周邊景致

說西湖茶事不能不說龍井寺。史料有載，龍井茶事（圖四）是在宋代，即辯才自天竺退休至龍井壽聖院後。南宋《咸淳臨安志》卷七十八載："元豐二年（1079）辯才大師元凈自天竺退玆山，始鼎新棟宇及游覽之所。"這年春天，72 歲的杭州太守趙抃上奏請歸田，離杭前出游南山，宿龍井寺。趙抃爲官清廉，勤政愛民，離杭時，"杭人留公不得行，公曰：六年當復來"。（蘇軾《趙抃神道碑》）元豐七年（1084）六月，趙抃如約回杭，重游龍井，辯才與趙抃同登龍泓亭，烹小龍茶相叙。趙抃有《重游龍井》，詩前序曰：予元豐己未仲春甲寅以守杭得請歸田，出游南山，宿龍井佛寺。今歲甲子六月朔旦復來，六年於玆矣。老僧辯才登龍泓亭烹小龍茶以迓予，因四句云：

湖山深處梵王家，半紀重來兩鬢華。
珍重老師迎意厚，龍泓亭上點龍茶。

蘇軾面對顯現自然芽葉的西湖草茶，再看珍膏油其面的壑源月團，情不自禁地發出"要知冰雪心腸好，不是膏油首面新"的感嘆，欣然以"佳茗似佳人"來讚美西湖草茶。後明人張岱評說："但以佳茗比佳人，自古何人見及此！"

蘇軾從不以市俗眼光來評價茶的品質。早一年的元祐四年（1089）春茶時節，他去西湖北山寶嚴院訪詩僧清順（字怡然）。那天，怡然煮了剛從寺院垂雲亭旁茶園采制的雀舌揀芽相待，蘇軾則以珍藏的大龍團回報。此次茶叙後，他有《怡然以垂雲新茶見餉報以大龍團仍戲作小詩》：

妙供來香積，珍烹具太官。
揀芽烹雀舌，賜茗出龍團。
曉日雲庵暖，春風浴殿寒。
聊將試道眼，莫作兩般看。

寺院所産登不上大雅之堂的草茶，在蘇軾眼裏與皇帝恩賜的龍團茶，是可以等量齊觀的。他告誡人們切勿以世俗的"肉眼"去評識，該用禪家的"道眼"來照破。

辯才對趙抃的確崇敬而有厚意，以貢品小龍茶相款待，并有《次赵清獻公詩》相和：

南極星臨釋子家，杳然十里稅青華。
公年自爾增仙籍，幾度龍泓詩貢茶。

從和詩詩題中的“清獻公”可知，其詩當作於趙抃逝世後（趙抃不幸在當年病逝）。“清獻公”是趙抃死後朝廷依其生前行迹賜予的謚號。時間推移到元祐五年（1090），蘇軾再度知杭的第二年秋，他“政暇去旌旆，策杖訪林丘”，來龍井訪辯才師。

圖四-6 龍井村景致

兩人在初落成的龍井新亭賞景吟詩，品茶論道。辯才先吟就《龍井新亭初成詩呈府帥蘇翰林》：

湖山一目盡，萬象掌中浮。
煮茗款道論，奠爵致龍優。
過溪雖犯戒，玆意亦風流。
自惟日老病，當期安養游。
願公歸廟堂，用慰天下憂。

蘇軾和詩《辯才老師退居龍井，不復出入，余往見之。嘗出至風篁嶺，左右驚曰：遠公復過虎溪矣。辯才笑曰：杜子美不雲乎：與子成二老，來往亦風流。因作亭嶺上，名曰過溪，亦曰二老。謹次辯才韻賦詩一首》（圖五）中有言：

此生暫寄寓，常恐名實浮。
我比陶令愧，師爲遠公優。
送我還過溪，溪水當逆流。
聊使此山人，永記二老游。
大千在掌握，寧有別離憂。

這次兩位品的茶與六年前顯然有別。六年前，“龍泓亭上點龍茶”。這次是“煮茗款道論”。前者點的是宋代最珍貴的龍團茶，須碾末衝點，用茶筅擊拂，生成若雲似雪的沫餑，方可品飲。後者是芽葉草茶煮飲。元·王禎《農書》說：“凡茗煎者，擇嫩芽，先以湯去薰氣，以湯煎飲之，今南方多效此。”此煮茶法是宋代點茶法演進到明代撮泡法的過渡，一直沿襲到明代前期。明人陳師在萬曆二十一年（1593）或稍前撰的《茶考》中記述了煮茶關鍵技法：“以佳茗入瓷瓶火煎，酌量火候，以數沸蟹眼爲節，如淡金黃色，香味清馥，過此而色赤，不佳矣。”

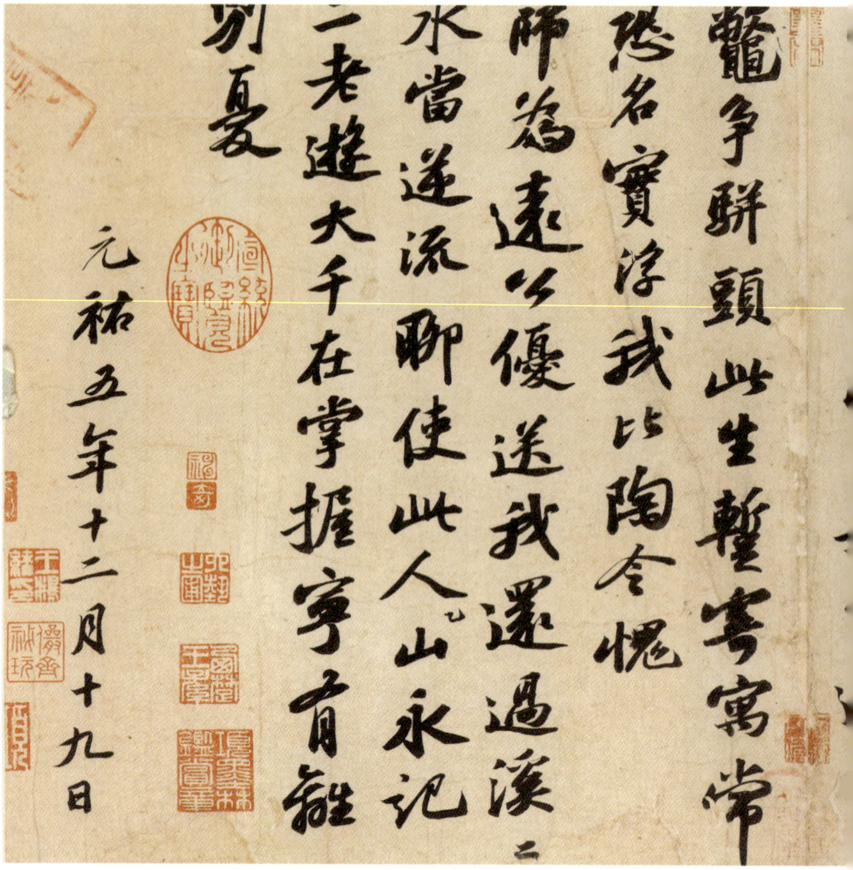

圖五　北宋　蘇軾《次辯才韻詩帖》臺北『故宮博物院』藏

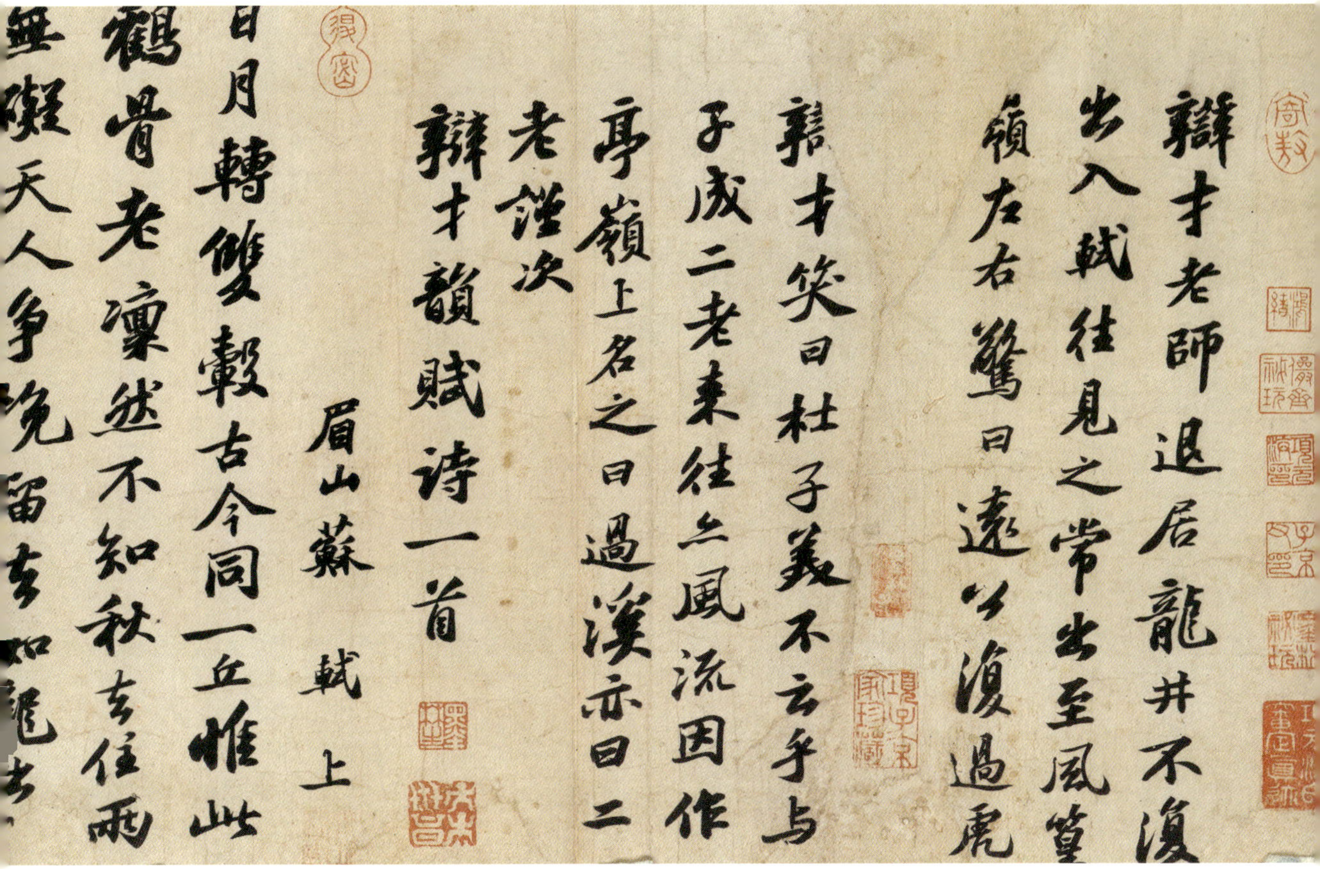
辯才老師退居龍井不復
出入軾往見之常出至風篁
嶺左右驚曰遠公復過虎
辯才笑曰杜子美不云乎与
子成二老來往亦風流因作
亭嶺上名之曰過溪亦曰二
老謹次
辯才韻賦詩一首
眉山蘇軾上
日月轉雙轂古今同一丘惟此
鶴骨老凜然不知秋去住兩
無礙天人爭挽留去如龍出

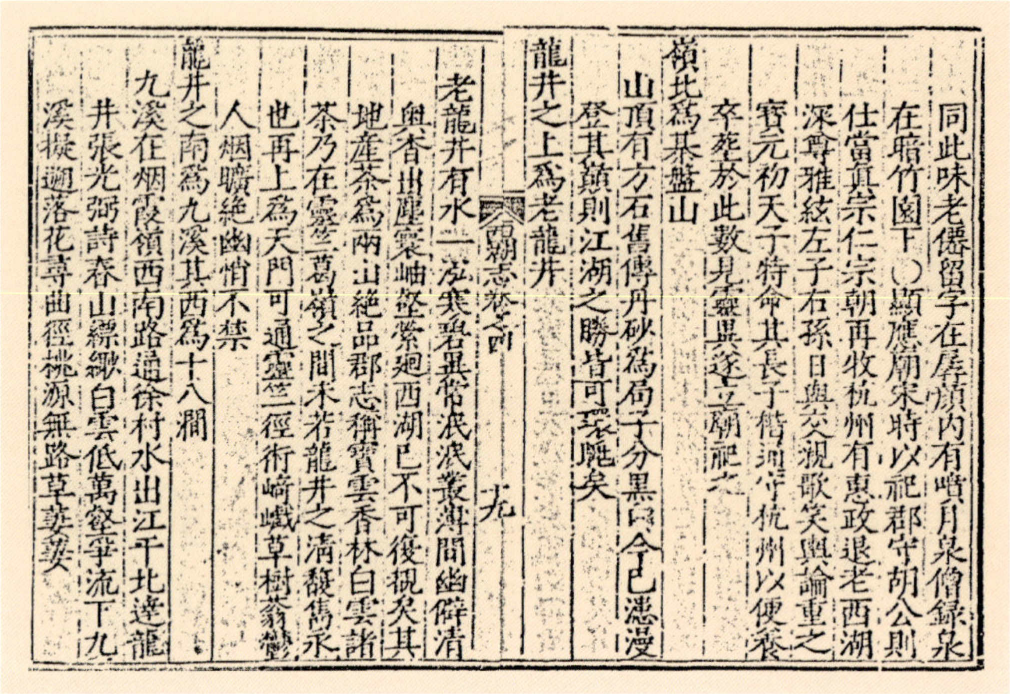

同此味老僊留字在石屋嶺內有噴月泉僧錄泉
在暗竹園下（）顯應廟宋時以祀郡守胡公則
仕當眞宗仁宗朝再牧杭州有惠政退老西湖
深尊雅絃左子右孫日與交觀歌笑與論重之
寶元初天子特命其長子楷通守杭州以便養
卒葬於此數見靈異遂立廟祀之
嶺北爲棋盤山
山頂有方石舊傳丹砂爲局十分黑白今已漶漫
登其巔則江湖之勝皆可環覽矣
龍井之上爲老龍井

西湖志卷之四　十九

老龍井有水一泓寒碧異常泯泯叢薄間幽僻清
與杳出塵寰岫壑縈廻西湖已不可復覩矣其
地產茶爲兩山絕品郡志稱寶雲香林白雲諸
茶乃在靈竺葛嶺之間未若龍井之清馥雋永
也再上爲天門可通靈竺一徑術崎巇草樹蓊鬱
人烟曠絕幽悄不禁
龍井之南爲九溪其西爲十八澗
九溪在烟霞嶺西南路通徐村水出江干北達龍
井張光弼詩春山縹緲白雲低萬壑爭流下九
溪擬邇落花尋曲徑桃源無路草萋萋

圖七 明 田汝成《西湖游覽志》四庫全書本卷之四 十九頁
關於龍井茶與泉的明確記述

圖六 虎跑泉

虞集、田汝成、許次紓、高濂迎來“西湖雙絶”時代

“龍井茶，虎跑水”（圖六）堪稱西湖雙絶。龍井茶，這個茶名的出現已晚至明代，因此“雙絶”一説開啓於明代，而最初的茶泉“雙絶”是指龍井茶、龍井泉。

繼蘇軾與辯才在龍井煮茶的，是“元四家”之一的虞集。他與好友鄧文原等游龍井時，留下一首《次鄧文原游龍井》，記述了在龍井烹茶的美好：

澄公愛客至，取水挹幽竇。
坐我薝蔔中，余香不聞嗅。
但見瓢中清，翠影落碧岫。
烹煎黄金芽，不取穀雨後。
同來二三子，三咽不忍嗽。

虞集詩明示，他們煎茶用的是龍井泉水，茶是當地采於穀雨前微緑嫩黄的芽茶。這茶就是後來聞名的龍井茶。但在元代茶葉史料中還未見“龍井茶”之名。明人田汝成在《西湖游覽志》第四卷才有龍井茶與泉的明確記述（圖七）：

老龍井有水一泓，寒碧異常，泯泯叢薄間。幽僻清奥，杳出塵寰，岫壑縈回，西湖已不可復睹矣。其地産茶，爲兩山絶品。郡志稱寶雲、香林、白雲諸茶，乃在靈竺、葛嶺之間，未若龍井之清馥雋永也。

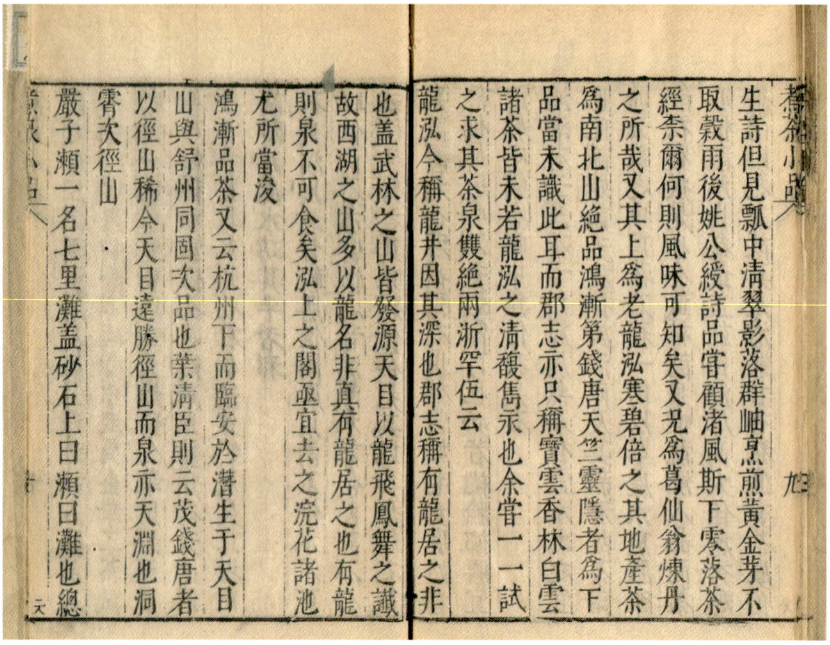
生詩但見瓢中清翠影落群岫烹煎黃金芽不
取穀雨後姚公綬詩品嘗顧渚風斯下零落茶
經柰爾何則風味可知矣又況為葛仙翁煉丹
之所哉又其上為老龍泓寒碧倍之其地產茶
為南北山絕品鴻漸第錢唐天竺靈隱者為下
品當未識此耳而郡志亦只稱寶雲香林白雲
諸茶皆未若龍泓之清馥雋永也余嘗一一試
之求其茶泉雙絕兩浙罕伍云
龍泓今稱龍井因其深也郡志稱有龍居之非
也蓋武林之山皆發源天目以龍飛鳳舞之讖
故西湖之山多以龍名非真有龍居之也有龍
則泉不可食矣泓上之閣亟宜去之浣花諸池
尤所當浚
鴻漸品茶又云杭州下而臨安於潛生于天目
山與舒州同固次品也葉清臣則云茂錢唐者
以徑山稀今天目遠勝徑山而泉亦天淵也洞
霄次徑山
嚴子瀨一名七里灘蓋砂石上曰瀨曰灘也總

圖八-1 明萬曆四十一年喻政自序刊本《茶書》中輯録的《煮泉小品》中對龍井茶泉的述評

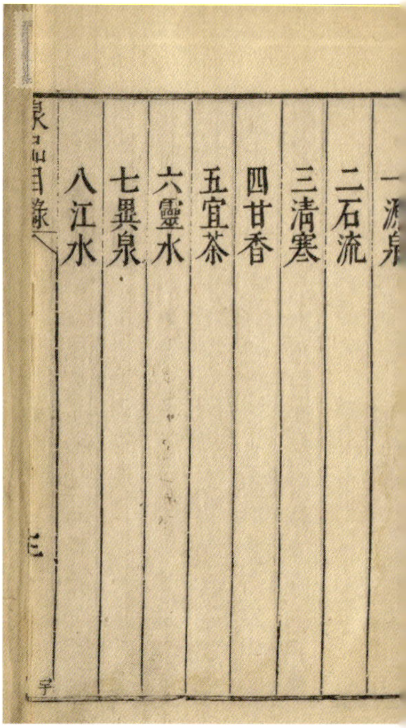
一源泉
二石流
三清寒
四甘香
五宜茶
六靈水
七異泉
八江水

此時，龍井茶不僅有其名，而且名聲已超越寶雲、香林、白雲了。田汝成之子田藝蘅著有《煮泉小品》，是明代一本有價值的茶書，書中評天下之泉，也有不少對龍井茶泉的述評，其中說道：

今武林諸泉，惟龍泓入品，而茶亦惟龍泓山爲最。蓋兹山深厚高大，佳麗秀越，爲兩山之主。故其泉清寒甘香，雅宜煮茶……又其上爲老龍泓，寒碧倍之，其地産茶，爲南北山絶品。鴻漸第錢唐天竺、靈隱者爲下品，當未識此耳。而郡志亦只稱寶雲、香林、白雲諸茶，皆未若龍泓之清馥雋永也。余嘗一一試之，求其茶泉雙絶，兩浙罕伍雲（圖八）。

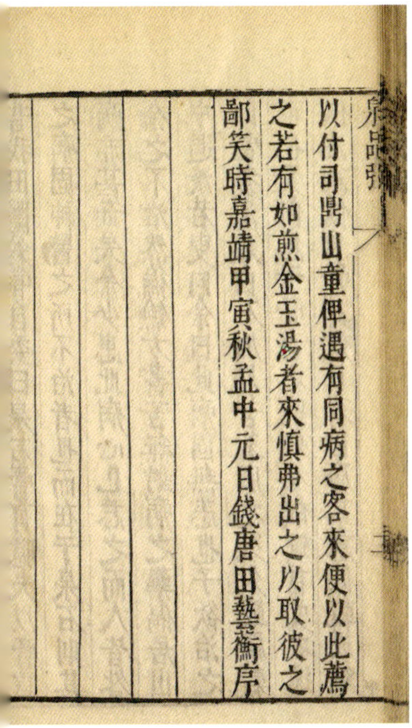
以付司鬯山童俾遇有同病之客來便以此薦
之若有如煎金玉湯者來慎弗出之以取彼之
鄙笑時嘉靖甲寅秋孟中元日錢唐田藝蘅序

圖八-2 明萬曆四十一年喻政自序刊本《茶書》中輯録的《煮泉小品》目録節選

田藝蘅是最早提出西湖“茶泉雙絶”的，不過要注意，他説的雙絶是指龍井茶與龍井泉。那時，游龍井品“雙絶”成爲西湖風景的熱點。“凡東西游者，不之龍井，必以爲恨。”（汪孟鋗《龍井見聞録》卷八）明人許世奇在許次紓（字然明）《茶疏·小引》中，有一段在明萬曆二十四年（1596）與許次紓宿龍井寺品春茶的記述：

丙申之歲，余與然明游龍泓假宿僧舍者浹旬。日品茶嘗水，抵掌道古。僧人以春茗相佐，竹爐沸聲，時與空山松濤響答，致足樂也。然明喟然曰，阮嗣宗以步兵厨貯酒三百斛，求爲步兵校尉，余當削髮爲龍泓僧人矣。

許世奇所説，也是龍井茶與龍井泉，而後提出龍井茶與虎跑水的是明人高濂，他在《高子春時幽賞》中有“虎跑泉試新茶”一則：

西湖之泉，以虎跑爲最；兩山之茶，以龍井爲佳。穀雨前采茶旋焙，時激虎跑泉烹享，香清味冽，凉沁詩脾。每春當高卧山中，沉酣新茗一月。

清時，乾隆制一銀鬥以品通國之水，以水質之輕重分上下。定京師海淀鎮西之玉泉爲第一，鎮江中泠泉次之，無錫惠山泉和杭州虎跑泉并列第三。故虎跑有“天下第三泉”之稱，於是“西湖雙絶——龍井茶、虎跑水”之譽不脛而走。

西湖寺院歷來是詩客禪家品賞西湖茶泉的最佳選擇。晚明以後文士的興趣轉移到清賞雅玩的閑情逸趣上，更是如此。精通雅玩的乾隆多次訪净慈寺。有《累日逐逐城市中，體爲之疾，遂與二三同侶，信步出清波門，沿太湖行，入南屏山寺，訪筠泉靈公。邂逅元律法師，坐精廬，啜龍井新茗，風來南窗，月吐東嶺，快哉此樂，可以忘世。口占短章，聊記勝游云耳》詩：

喧喧城市中，紅塵高十丈。
一入南山南，情境輒遐曠。
凉風松下來，圓魄波間上。
僧廬既清幽，梵音復嘹亮。
嘉茗甘露泉，煩襟盡滌蕩。
轉悟人境非，悲者日流浪。

真是得半日之閑，可抵十年塵夢。清代，在南山九溪十八澗山間的理安寺。僧家與方外詩客還結社品茶修禪，據《理安寺志》，他們曾結過一個“澹社”。

吴之鯨《澹社序》云：“澹社，爲無言清坐之會”“每月一會，茗供寂寞，隨意談《楞嚴》諸經”“余每與師踞坐池上，竟日無一言。神氣凄肅，不復知在塵世，亦不願塵世人聞聲雜至。”

西湖龍井茶，是江南文化的一口深井。傍湖依山，周圍林木茂密的龍井茶園及其景觀，已成爲世界文化景觀遺産西湖的組成部分；有著優良自然稟賦，歷經自然汰留的龍井茶樹原種和依靠科學手段選育的一批良種，被分别審定爲省級和國家級品種；精湛獨特的西湖龍井茶炒制技藝，已列入國家級非物質文化遺産名録。蘊含豐富的西湖茶事，包括記咏龍井茶的詩詞文賦、繪畫書法、歌舞戲曲、茶館雅集、茶俗民風等，是一宗尚待深掘的寶庫，亦是當代茶文化創造性轉化和創新發展的資源，本文僅舉古代詩客僧家幾件湖上茶事而已。更有當代西湖龍井茶事藝文，創作豐碩，佳作頻頻，且還在繼續生發充盈中，期待彙集整理。

西湖茶事，常青常新。

物華山水 香飄四季

文／陳立 美食家

圖一 -1 春笋

杭州，是一個人文薈萃的地方。在它周邊有史前的河姆渡文化、馬家浜文化、良渚文化。正是這些文明的種子慢慢養育成長出來，使位於祖國東南沿海的杭州成爲一個物華天寶、人傑地靈的寶地。

我要講的杭州并不是行政區域上杭州，而是在一個相近的地理環境、氣候環境中居住生活的一群人。他們有共同的歷史回憶和生活回憶，共同對周邊養育之地的物産、山水、地理、氣候瞭若指掌，讚美并驕傲著，他們也是這片沃土的臣民。在這片土地的撫育下，形成了杭州的美，這個美超越了我們所能看到的山水，超越了我們所能描述的歷史。有一群擁有共同回憶的人，享用着這片土地的供養，該是多麼祥和、平静，而又幸福的一種生活描述。

我覺得再没有誰比楊度對杭州的描述更能確切地在地理上説明杭州的特色。如果我們沿着雲棲攀登五雲山，在半山的休息亭處，可以看到楊度寫的一副著名的對聯“長堤劃破全湖水，之字平分兩浙山”，山、水、湖、堤被楊度組合成了一段對杭州最精准的描述。兩浙山指的是浙東的四明山、會稽山，浙西的天目山，中間有錢江、之江劃過，它的旁邊就有著明珠一般的西湖。

西湖位於杭州三面繞山的半盆地中，它東邊的城市主要是建立在由泥沙堆積而成的淤積區域，因此，杭州的東邊有非常肥沃的土地。杭州的西邊有各種各樣的名山、名寺；有各種各樣的文物、古籍；有各種各樣的仿古巡游的好去處。

什麼最能代表杭州的美食特色？我覺得是在山水、物產之間被人們重新塑造出來優雅和豐富。如果跟著時間的脚步走過杭州的四季，我更願意用四季中的四道菜，來説明杭州的物產豐富。人們在獲取這麼豐富的物產過程中產生奇思妙想，并將它通過自己的巧手做成菜肴，使得杭州人能够通過時間味蕾感受到季節的變化與杭州的物產。

當冬天的脚步逐漸遠去，却依然有一輪又一輪倒春寒的時候，在大地的深處已經孕育着勃勃的生機。山坡上已經冒出了春筍尖尖，池塘邊已經有步魚在那裏準備新一年生活的開始。（圖一）

杭州有一道春季的美食——春筍步魚。步魚是塘鯉的一種，肉質緊致而細膩，但却是短暫出現在人們視野中的一種魚類，因爲它需要有非常好的溪水與安静的池塘。它在春季的時候從冬眠中出來活動，將春天的氣息融進了它身體的每一個細胞。與此同時，在周邊的山上有大片的竹林，這些竹林大部分是我們日常生活當中都需要用到的長竿竹或鳳凰竹，她們吸取了一年的大地養料，在竹鞭處冒出來的春筍嫩、鮮，并且帶著大地深處對春天的問候。將這兩種食材結合在一起，加上杭州人在冬季都會用來醃製的雪裏蕻菜，便是將新鮮的美味與我們一年勞動所獲得豐收感覺融合到了一起，將其變成能讓我們感受到春季的到來，春季的微寒、細雨與春天氣息的一道菜。杭州的美食就是從春季的春筍步魚開始起步的。

清明節到了，我們喝着龍井茶，吃著艾草做的青團，也會花心思去製作一些松花糕，不知不覺中便走進了夏季。夏天，我們既要忍受杭州的暑熱，又要能享受夏季湖面的微風與荷花，因此，我們需要一道能消除夏天極濕、極暑的湯品，這就是杭州著名的西湖蒓菜三絲羹。（圖二）

圖一-2 春筍

圖二一莼菜

西湖莼菜現在的主要産地已經移去了蕭山的湘湖、周浦、上泗地區。從前距離杭州最近養殖莼菜的地方是今天已經變成了花圃的金沙港，另外，在西溪濕地也種植了大量的莼菜。莼菜一般在每年四五月間開始采集，盛産於六七月間，把它拿在手中，像一朵晶瑩剔透的小荷葉，上面帶著的一些黏液在陽光的照射下晶瑩剔透，讓人一眼看上去就有一種清凉的感覺。莼菜也是中國歷史上曾經有名的“莼鱸歸客”這道菜中的一個主菜。在杭州我們更多做西湖莼菜三絲羹，這三絲是鷄絲、火腿絲、猪肉絲。將鮮美的三絲以清澈帶著露水般晶瑩剔透的莼菜共烹一道湯汁，在炎熱的夏季代表著杭州的物産和杭州人對於自己以及客人的關愛與照顧。這不是在嚴寒的冬季送給你的一盆炭火，而是在暑熱當中讓你感受到一絲清凉的愉悦，這是杭州夏季的一道名菜。

隨着蟬聲的漸漸遠去，隨著秋季的步伐漸漸走進，我們進入了杭城最美妙的秋季。杭城的秋季主要由桂花的香味構成。另外，在杭州的滿覺隴，以前種滿了油栗樹，現在零星還有。杭州的油栗與燕山良鄉的板栗不一樣，形狀、味道均不同，杭州的栗子叫錐栗，也叫油栗，是圓錐形的顆粒，這樣的栗子糯、香，不像板栗那樣粉、面，同時它也非常容易與其他的食材結合在一起。

杭州人在秋季利用季節饋贈，將桂花乾、油栗、五花肉或子鷄做成桂花油栗肉或桂花油栗燒子鷄。在秋季的清凉和秋高氣爽的季節中，有一碗飄著桂花香的油栗燉煮肉塊，該是多下飯的一道菜。這道菜讓我們爲自己準備過冬貼上了秋膘，也爲我們在秋季很好地去應對秋收繁忙的勞動做好了準備和補充。這道菜目前只能在家中吃到，我們很難在目前杭州飯店中，看到能够那麼細心地用季節步伐來爲顧客或自己烹飪一道印著季節符號的菜肴。

美好的秋季是短暫的，很快我們便來到了冬季。全國各地都會在冬季醃製各式各樣的肉類，例如廣東的香腸、金華的火腿、南安的板鴨、湘西的臘肉等等，最能代表杭州，讓自己能够慶祝一年的豐收，并且又有江南水鄉標志符號的食材就是麻鴨。杭州的麻鴨在分類上叫紹興鴨，這個鴨子體型比麻鴨略大一點，有一個非常醒目的標志——脖子上有一圈白環，這是我們辨别麻鴨與紹興鴨的一個重要標志。

杭州人大部分拿紹興鴨來醃製醬鴨，開始醃製醬鴨的時間一般都會在冬至前後，這個時候杭城的温度、濕度都非常適合於菌群的發酵以及控制雜菌的生長，因此，冬至前後醃製出來的醬鴨最美味。我們往往還會把醬鴨拿到大太陽底下曬兩三天，靠太陽的温度與熱量讓醬鴨中的益生菌得以快速的繁衍、生育，轉變成爲醬鴨當中最好的一個口感。大概經過三個星期左右的晾曬，醬鴨便可以享用了，這是杭城一道冬季醃製美食的代表。（圖三）

一般杭州人享用醬鴨，有三個方法來製作。第一，使用冬瓜乾，從前在冬季没有那麼多蔬菜，因此，在冬瓜上市時，我們會把冬瓜肉拿鉋子刨成片狀，攤開、曬乾後收藏起來，到了冬季，用冬瓜乾鋪底，上面擺上切好的醬鴨，蒸一盤冬瓜乾蒸醬鴨，又下飯又下酒，又能够感受到冬季屋内的那種温暖，是非常好的一道杭州菜。另外，杭州的媽媽會爲我們烹製豆腐打底的醬鴨蒸豆腐，還有用醬鴨製作的醬鴨糯米飯，這都是杭城冬季的美味記憶。它通過醬鴨傳遞給我們周邊物産與山水的美好，豐收的喜悦，以及我們奇思妙想的美食構思。

我們可以不重復地走過杭州的四季，每一季都能讓你感受到季節輪回、花開花落間，自然與你之間的對話。也在這種人與自然通過食物、味蕾的互動關係中，讓你感受到自然的規律，認識到自己是自然的一部分，而不是自然的主人。杭州的美食，讓我們脚踏實地的生活在杭州的山水之間，讓我們能够妥妥帖帖地跟著杭州四季的輪回，走過自己的一歲又一歲。

圖三 -1 醬鴨

圖三 -2 醬鴨

湖上

HUSHANG

湖山有美

下

癸卯·秋

李海波　主編

鍾楚怡　李嘉文　編著

中國美術學院出版社

顧問　陳越光　范景中　劉小楓　皮道堅
榮新江　王炳華　張志揚　鄭少梅

編委會主任　李雙木

編委　長北　蔡葩　陳雲君　程志敏
管郁達　郭平　杭侃　李寂萊
李桐　林海鐘　劉瑞芝　釋光泉
釋月真　王紹強　吳敢　吳嘯海
伍立楊　謝榕　張卜天　張捷
鄭力　朱君　朱紹平

主編　李海波

執行主編　鍾楚怡

編輯　高左賢　賈東陽　金偉
李嘉文　李曉鳳　歐陽穩江
歐陽薇　王雪霽　王元明　余准

設計　茹寒越　單子沛　歐陽薇

新媒體　陳昱君　許杰

主辦　中國文化書院

地址　中國杭州吳山景區元寶心六十七號林泉山房

聯繫方式　〇五七一—八七一六五八三六

郵箱　hushang20120425@163.com

林泉山房 出品

趙躍鵬《西湖十景圖》

下卷

行深觸境

神思我聞

煙火人間

目録

上卷

行深解境

與牆的相逢，亦是與文明的相逢

文／陳耀光 著名空間設計師、湖上

圖一 南宋老院子（2004-2016）

圖二 -1 光合院一角

一只橙子，揚起一道彩色抛物綫，以一個微笑的弧度，蕩出一片漣漪。投我以木桃，報之以瓊瑤。這正是“光合院”對客人的一場歡迎。

初入其中，仿佛闖進了一片魔法森林。在這座小院裏，有着太多主人的奇妙收藏。鋼筋混凝土的房子裏，處處都有生機出現，在玄關翻起的鏡中窺見游魚，在草地中細聽聲音裝置藝術的模擬蟲鳴與真實小蟲的合奏，還是在地下室打開 L形的窗以讓位於窗外的樹木，這些都是這個小院温柔的部分。小院名爲光合，正如它的名字“光合”——有“光”作爲外在條件，有“合”作爲內在指歸，小院從光中吸收能量，在呼吸吐納之間自由生長，與萬事萬物相合。“光點燃的不僅是方向，更是想象。”陳耀光如是說。

圖二 -2 光合院特殊的歡迎儀式

圖二 -3 光合院

妙的是：主人的名字也帶個“光”字。

陳耀光，一位設計師、建築師、藝術家，也是一位詩人、文人。他的骨子裏是帶著詩性的。這份詩性，源自兒時。他出身於一個書香世家，外公陳誦洛是民國著名詩人，與李叔同、章大釗同爲當時天津城南詩社社友。陳耀光生在杭州，長在杭州，從南宋遺址，到湖山勝概，一時一秒都是主人的記憶，更是光合的養分。他曾有過成爲千島湖上一座小島島主的經歷，他也耽湎於江南式的小院，將他的團隊和公司安置在這篇山水畫卷中，以藝術和詩意纏綣地逗留其間，一待，就是十幾年。

2004—2016年，陳耀光曾有個小院，位於杭州南宋遺址的饅頭山鳳凰山脚路上。那是一間南宋流韻的小院（圖三）。在那裏，他用 1500元的磚頭，搭出一個單間小食堂。這個食堂成爲了一個以院落主人爲中心的不斷離散中得以相聚的情感錨點。

圖三 -1 南宋老院子

圖三 -2 南宋老院子 單間小食堂

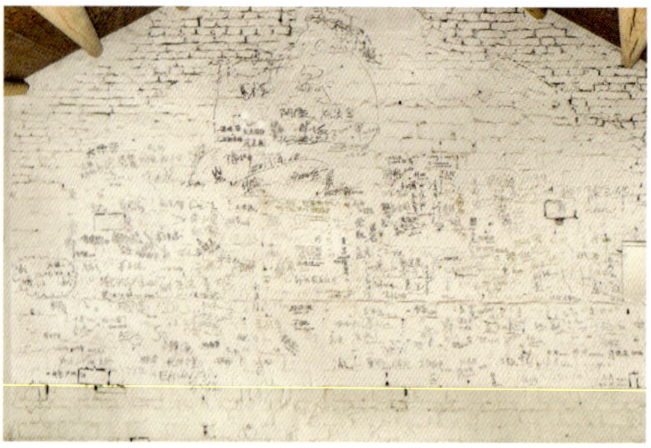
圖三 -3 南宋老院子 簽名牆

這個院子是特別的，有一個緣由恰恰是因爲一扇頗爲“傳奇”的牆。這扇牆，開始於十多年前的杭州舊城改造。那時，到處都在拆遷。幾個朋友喝高了，提筆在白牆上留下了一個“拆”字。一如片石投湖心，蕩起數層波，從此以後，來訪者在此處留下他們的簽名；像是帶著某種儀式感，爲這面墻附上了鮮活的生長痕迹。他們日常與墻的交集，亦輻射到了每一座城市的日常之中，也將各自對美的崇尚融入了每一處作品之中。這面白牆，成了中國設計界的一個特殊記憶。十二年的時間，爲這個餐廳粉白的牆面，增添了來自全球幾十個城市、近 1000 個簽名。有如全國多個城市的設計行同仁們，各界學者和藝術家，各大學院和行業協會的專家領導們，也有來院子學術交流的國際友人，如法國建築師保羅·安德魯（圖四）、意大利 Dumos設計學院的同仁等等。那面“傳奇”的牆，就這樣寫下了大半部中國設計史。可以

圖四 -1 南宋老院子 保羅·安德魯簽名 2010 年 4 月 21 日

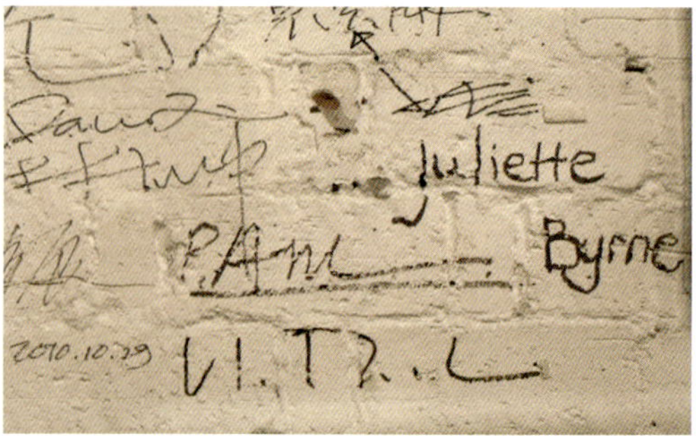

圖四 -2 南宋老院子 保羅·安德魯簽名

說，在中國當代，設計、藝術界具有影響力的人物都在這面牆上留下了簽名，亦將時間與空間來了一次標本式的定格。（圖五）

2016年，陳耀光告别了這個院子。面對這樣一扇有着特殊意義的牆，他以一種“大張旗鼓”的方式，將這具有集體記憶的簽名牆打了個包。20世紀60年代的牆體有一種空鬥牆的結構，拆遷時不注意會導致牽一髮而動全身，爲了保留完整這面牆，陳耀光在多位行業專家的幫助下，通過3D掃描和攝影攝像將牆上的簽名記録下來，最終以針管式注射發泡混凝土的方式，先凝固再切割，以3天一平方米的速度，像古建築保護的標準來拆卸。將牆面小心翼翼地拆裝并封存，30平方米的磚墻耗時近70天。（圖六）

爲什麼要這樣耗費心力保存一面牆？歷經空空白牆、刻畫痕迹、無奈拆除、精心保存、重組再現，陳耀光的這面牆，是藝術設計史册的一種歷史話語的記述和補充—比起照片，底版可能會存在更久。陳耀光的初衷是質樸而美好的，他希望有一天能將這段有着中國設計界集體記憶的牆—刻録著 2004—2014年中國城市發展的創意者的手筆，能够將其捐贈給中國第一個設計博物館。這堵記憶之牆，目前以復刻版絲網印的形式，再現於光合院的樓梯空間,以鮮活細膩的觸角，和每位前來光合院的友人分享友情、生活、藝術。（圖七）

圖五 簽名牆留影（照片自上而下依次爲：陳耀光先生、簽名的朋友們、墻體拆除時注射發泡混凝土、墻體分區切割）

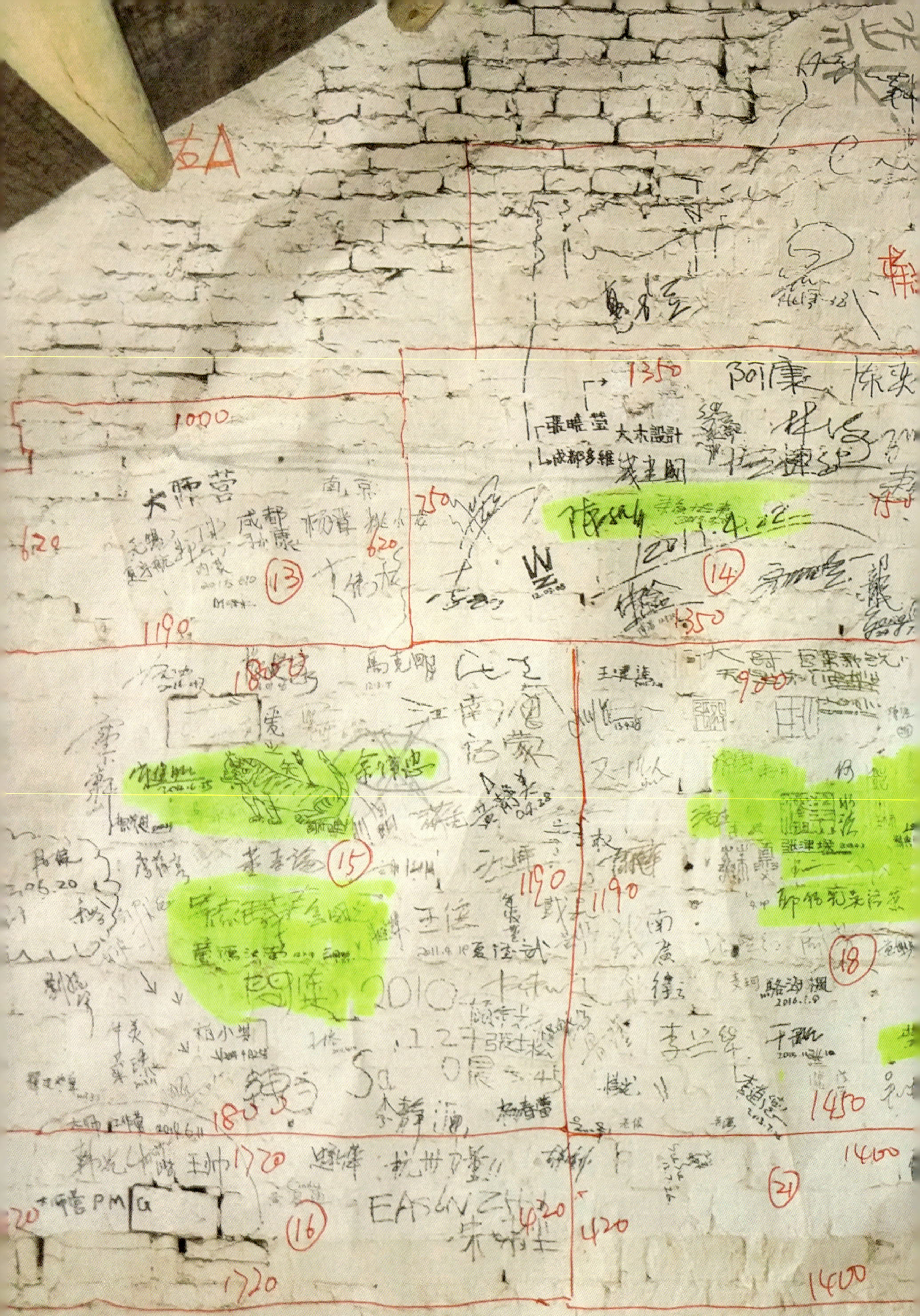

圖六 南宋老院子 簽名牆 拆裝時留下的圖紙

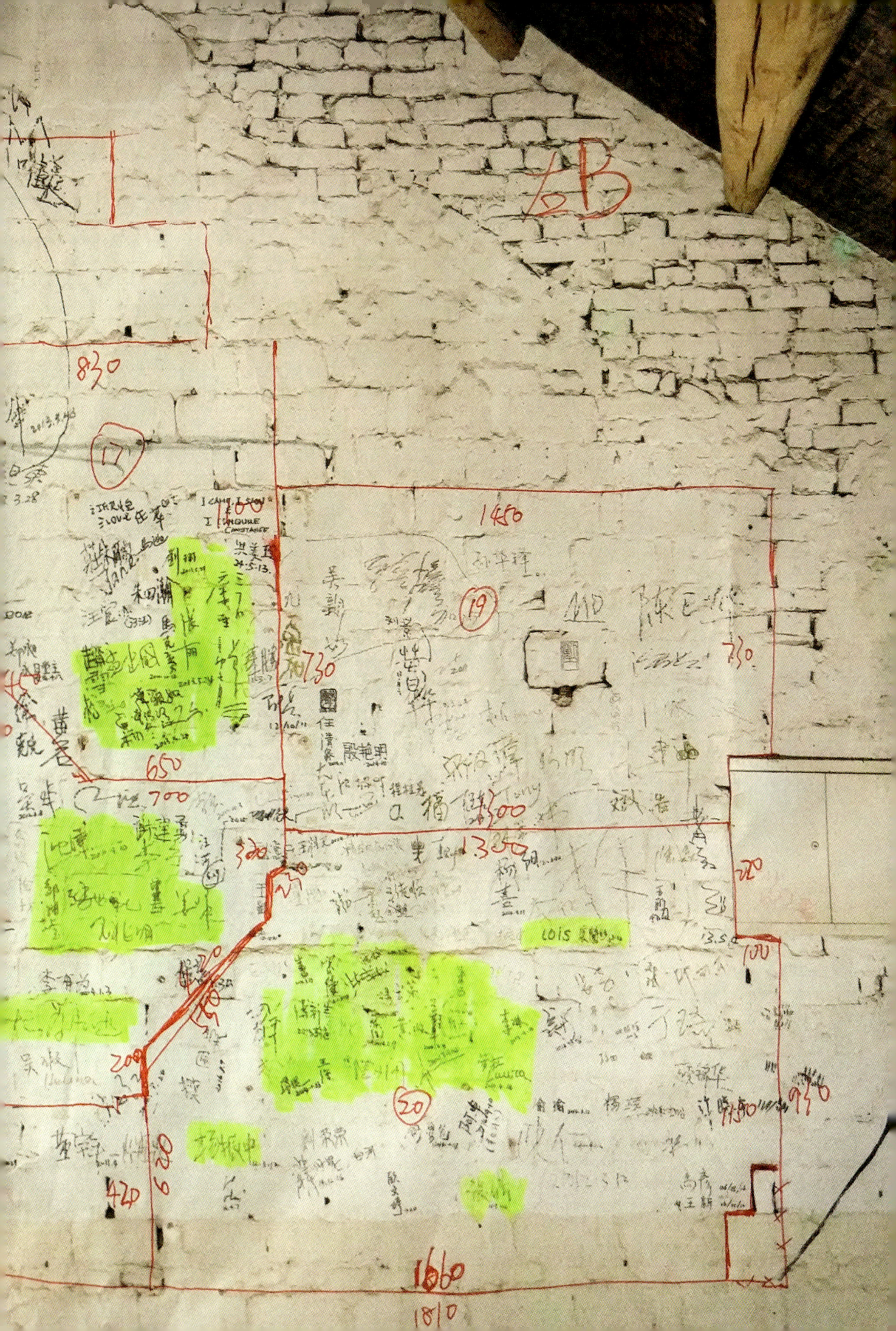
6B
830
17
1450
19
730
650
700
1300
20
LOIS
420
1660
1810

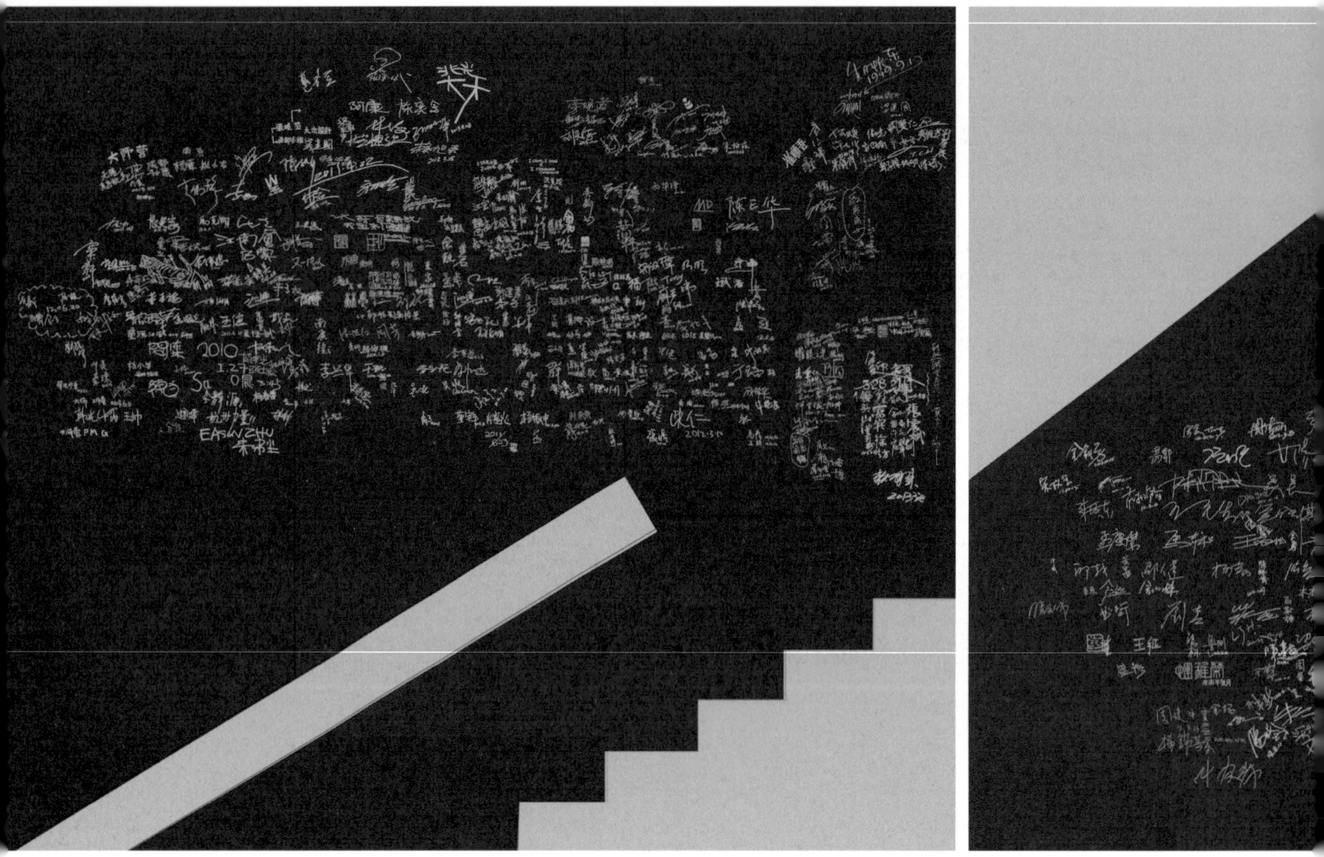

圖七　光合院 復刻的簽名牆

圖八 中國長城 選自格雷戈裏的中國攝影集 1920—1930 年

牆，是見證者，也是記録者。陳耀光的這面簽名牆，看似不過數塊磚頭與白色膩子堆疊起來，用作空間分隔的物理之物，但這半露磚縫、斑駁的老牆，正是當時老友，往往醉後，一次次寫下温情回憶的地方。日光吻過斑駁的樹影，斜斜倚在頹圮的牆；牆上的那些雋永的字迹，或桀驁昂立，或頑皮追逐，或愜意流淌，或自在山林，都是陳耀光的夥伴。他們都是鮮活的，永記於此。透過那些筆劃，當時的情境仍然能够在當事者的腦海裏一一重現。黄公望在富春山居間卧游，這面簽名牆，則是可以實現“人”與“人”之間的卧游。每個簽名，都在時空間穿梭，勾連出長夜，觥籌交錯與把酒言歡，鐘鼓饌玉與恣情歡謔。（圖八）

學者郭宏安有言：“牆者，垣也，壁也，屏也，障也，所以御外也，所以隱蔽也，所以界域也”。牆，右半邊的“嗇”，爲節儉、收藏；壘土爲“牆”，意在保存和收藏穀物。穀物的本質是種子，是生命的載體，是文明延續的希望。在壘塊而成的牆內，圍合著穀物以供人居，在高磚疊砌的牆上，標志著一國的文明。在文明的發展中，牆總是有許多特殊的意義。牆，逐漸從功能屬性，走向了景觀屬性。無論是象徵着中華民族的長城牆身，還是高聳而神秘的皇家宫牆，抑或是徽州的馬頭牆、杭式大屋的大天井高圍牆，再遠一點，便是世界聞名耶路撒冷的西牆，還有留存著悲歡離合的柏林牆……作爲人類文明的載體，“牆”延續和承擔起了空間的建構與資訊的傳遞，成爲了歷史浸潤的親歷者，一種憑借其文化價值和藝術屬性而延續至今的獨特景觀。

正如羅伯特·文丘裏所言：“建築在牆壁發生。”於建築而言，建築的筋骨是一筆一劃的框架結構，建築的靈魂是

圖十 中國的牆 選自凱瑟爾的中國攝影集 約 1940 年—1956 年

歲月織就的牆。唐中宗神龍年間，有進士張莒一時興起，題名於雁塔，後得衆文人效仿。自此，登科進士高中者，在鹿鳴宴後，結伴前行於郊外曲江游宴，於大雁塔塔壁，書其名，以志不朽，稱作“題名會”。這般雅事一直沿襲至明清，有“名題雁塔，天地間第一流人第一等事”之稱。

雁塔的塔牆早已隨時代的興衰更迭而風化斑駁，題於其上的姓名也早已百般更替。而在光合院，一個新的美學場域，重新展現了這面特殊的千人簽名牆。在這簽名牆上，種下了的是時代的火種。牆面是有限的，但牆上所簽下的，一個又一個的名字，則是一個個彼此聯繫的光點。聚是一團火，散是滿天星；每粒星背後，都是一段不同生命時光的敘事。“塔院小屋四壁，皆是卿相題名”。正如雁塔題名那樣，每個人都是一束光。光與光的聚合，就發生了“光合”。光合，在一呼一吸之間，讓不可見的能量，轉化爲可見的生長，凝聚成一扇文化、歷史與文明的牆。（圖十）

牆立，則分內外。牆內，有往來者姓名書於其壁，在此，時光是静止的，留存著一個群體的文化樣本；牆外，世事流轉，時光縱横。可能待到塵封多年後，這面牆才有機會重新啟封和面市，但這也是極其有意義的：如果追問牆的意義如何，那可能是在不同時代和不同文化中，延續地銘刻文明創造的發生態，和留下一個復雜而豐富的痕迹。

與牆的相逢，亦是與文明的相逢。有人，有牆，才有回憶和謂嘆，才有田園和家國，才有傳承和穩定，才有根性的文明。

深情難了憶西湖

文／張振宇 收藏家

圖一 馬一浮《藉嶺高以量湖闊》44cm×9.5cm

前月幸得馬一浮（1883—1967）一件譚獻（1832—1901）詞意微型條幅（44cm×9.5cm）（圖一），教人頓悟山水的雄奇與渺漫。寫於闊紙撼人，寫於寸紙更讓人一眼盡而思緒難收！何況從不見大師之畫，山水畫又是畫中的高幟，斯圖足映天地之美，讀後我不禁想——腕下疑有鬼神可是當真！我信其爲真迹無疑拜於落款的結字，儒正淳樸的書風寫下的是對先賢的崇敬。款中全記譚獻名詞：

大江流日夜，空亭浪卷，千里起悲心。問花花不語，幾度輕寒，恁處好登臨。春幡顫嫋，憐舊時、人面難尋。渾不似、故山顏色，鶯燕共沉吟。銷沉。六朝裙屐，百戰旌旗，付漁樵高枕。何處有、藏鴉細柳，系馬平林。釣磯我亦垂綸手，看斷雲、飛過荒潯。天未暮，簾前只是陰陰。

“天未暮，簾前只是陰陰”，是西湖含煙帶雨的美。譚獻是老杭州人，其筆底才會自然地流露出這份鄉愁。馬一浮這位紹興人，若不是因西湖鍾愛杭州，他也不會以“古聞來學，未聞往教”八字來婉謝蔡元培（1868—1940）北大文科學長之職的盛邀。十年前我把任伯年《華祝三多圖》傲世的市場表現留在了杭州，與它道別的《多少深情一刻想》文曰：杭州是我最懷念最鍾愛的城市，頭一回去那是1988年夏我21歲生日那天，早班飛廣州後轉機飛上海又乘火車直到夜裏才到。到達之時，恰逢杭城淅淅瀝瀝下着雨，依山傍水的城市因雨讓人更覺秀美，因此“害得”我在黃龍飯店一住長達一月有餘。下榻飯店期間，也因著我人好、够紳士又年輕，和飯店那些年齡相仿的女孩們很快打成一片，她們時常在休息時間帶我去玩。每次，我會花35元外匯券向賓館租一輛自行車隨往。就這樣，杭城許多的風景，包括在西湖遠眺印於天邊的片片晚霞、風揚柳舞等等都深印到了我心底……所有這些，都說明了西湖左右人的力量。去年的北京嘉德秋拍，我拍得一張 35cm×44.5cm的關良（1900—1986）《西湖素裝》（圖二）布面油畫小作，創了關良作品的平尺新高，可見西湖於世人心中的位置。拍賣會開始之前，嘉德請我給該畫寫篇賞析文章，最終市場普遍的看法是：我的文章寫得太好了，以至於讓這張畫創下了一個空前的紀録。幸虧我不是做書畫生意的，若每出一圖伴以一文陪嫁那還得了！《西湖素裝》題爲《一反常態寫清雅》：

衆眼能詳的良公油畫大多色彩艷麗，此《西湖素裝》當屬另類，像支幽鳴清婉的笛響，詩意地向我們展示着“欲把西湖比西子，淡汝濃抹總相宜”的奇美。

圖二 關良《西湖素裝》35cm×44.5cm

在一反常態的畫面中，大師之所以不同於常人，在於他另闢蹊徑的能力。構圖、色彩如何應對主題，取决於畫者看待事物的角度與修養。良公很清楚西湖的特色及調子，江南的輕柔若以重彩來堆寫，藝術感染人的節奏就亂了主張。他注重和讀者進行心的觀照，用作品引起和讀者的共鳴，以至能讓作品突破時間的界定。畫成的半個多世紀前，人們品它是詩；今天品它，還是詩。讓人收獲的，除了愉悦還是愉悦，不得不由衷贊其了不得！

這畫有蘇軾“水光瀲灧晴方好”之况味，有白居易“緑楊蔭裏白沙堤”之寫意，更添素瓦潔居依湖築的人文點睛，盡顯了山色空蒙人間好的迷醉。也難怪白居易要在他的《西湖留别》中感嘆“處處回頭盡堪戀”的不舍了！

我深愛西湖，自然藏西湖的畫多矣。畫是我的命，每至西湖的畫前，心中的喜悦與偏愛自會盈盈地展開。也常想，美圖已讓我愛得死去活來，偏其中還蓄着一泓春水，她曾承載了我多少年少的記憶與懷想！再譬如林風眠（1900—1991）的《翠蔭人家》、《印社牆外》（圖三），兩幅畫都流淌着因西湖帶來的柔美與静謐，筆端流露的自然也是對西湖的無限熱愛。杭州國立藝專若不靠着西湖，我想都不會出那麽多大師、名家，我如此總結，就是因爲不凡的緣分勢必造就不凡的成就。

圖三 林風眠《印社牆外》

圖四 林風眠《東坡探竹》56.4cm×57.4cm

圖五 顏文樑《鳥瞰西湖》35.8cm×49.7cm

林老（他當然是大師，此謂更顯尊敬）另一張與西湖有牽扯而難得的畫是《東坡探竹》（圖四）。寫月照清影時，人睡太守忙。杭城這位老主官竟在看他的愛竹，其“寧可食無肉，不可居無竹”的超俗心志躍然紙上。12年前，我拍下這張一平尺的畫耗資百萬，跟我搶的人多是因爲其有《藝苑掇英》的老出版。而我愛其是因爲畫裏有我崇敬的東坡先生，何况該畫又出自林老之手——我認爲他的畫何時下手都不嫌貴。這種內心世界的認同與追捧，則是市井永遠讀不懂的敬敬相傳得寬心的心境。

有意思的是，1922年創辦蘇州美專的顏文樑（1893—1988年）1952年也來到了杭州國立藝專（後更名爲浙江美術學院，現爲中國美術學院）育人。拂去氤氳寫瑞相，水天一色醉河山。大師的手筆就是大師的手筆，顏文樑這張《鳥瞰西湖》（圖五），從構圖上充分展現了西湖的浩瀚又突出了沿岸的人文。兩千多年的杭城，一直以各式各樣的方式詮釋着湖養人、人治湖的故事，故湖人并存的美，舊人今人都在以各自的方式盡力表現。行筆至此，我不禁想到吴祖光（1917—2003）1972年下放在獨流河給新鳳霞（1927—1998）寫的一首自誓詩：春風浩蕩好吟詩，綠遍天涯兩地知；定取團圓終有日，安排重過少年時。

圍繞着這泓春水，天地間，塵世是唯一的天堂，這裏更不用說是天堂的中心。因此，心中不免爲身在體制聽從皇命而四處赴職的東坡而嘆息，不然那句事關荔枝的感嘆就變成了“不辭長作錢塘人”了。

說及畫，就不能不提杭州國立藝專，1928年建校的杭州國立藝專首任中國畫的主任教授是潘天壽（1897—1971），他在這一年所作的《夜闌人靜好說心》（圖六）便極具代表意義。圖以指畫西湖某處紫薇、垂柳間，兩只侶燕在幸福地起舞，款如此妙曰：

呢喃不是號烏衣，
瑞種從來世所希；
畫苑月明人静後，
翩躚誰認影依稀。
戊辰浴佛日，壽客西子湖俞樓。

從另一處“樂三兄雅囑，幸正之，阿壽”落款中可知，此畫是特贈給亦師亦友的忘年交吴昌碩（1844—1927）的外甥諸樂三（1902—1984）。值得一提的是，潘天壽比索畫人年長五歲却如此施款，可見大師多是講禮數之人。更有意思的是，吴昌碩長潘天壽足足50餘歲，同樣曾以雙手持贈新作并謙虚語向潘天壽：“此畫送給阿壽，請阿壽指教。”如此可見，二君結下的友誼亦折射出了人情足赤。

圖六 潘天壽《夜闌人靜好說心》

記人存心如感物是一種美願和緊記,豐子愷(1898—1975)亦是一位“賣花人去路還香”的大先生, 1939年先生有心録:

秀水明山入畫圖,
蘭堂芝閣盡虛無。
十年一覺杭州夢,
剩有冰心在玉壺。

此處先生的這幅畫, 我就不給它取名了, 或許叫《秀水明山入畫圖》倒是很妥帖。豐先生的畫癢人是没得説, 落款更是把春情寫在以愛女入畫的手持鏡子端。誰的年少不讓父母怪? 松蕉柳緑桃花豔, 保俶塔前斷橋横。先生硯水若不渾, 何迎功名注平生。

讀先生的畫, 易使人頓悟, 爲此我特選一幅《豁然開朗》(圖七)入本文。合着畫意, 我的詩賦是:

洞天之外有清湖,
携子之手聞其説。
一路叨言無世故,
爲父刹那得醍醐。

成年人的世界復雜, 常常是混沌難前。倒是孩子的世界, 簡單清澈, 小手一指, 當下立抱。我讀此畫最深的體悟是, 成年人要懂得像個孩子一樣去擁抱世界, 世界一定就是簡單美好的。

圖七 豐子愷《豁然開朗》99.2cm×55cm

圖九 鄭慕康《西湖勝境》　71.3cm×102.4cm

先生的畫，我醉心收藏已有30多年，逢好必買（現已寶愛數十張），其作品藝術價值和市場價值皆是有目共睹的。豐先生的畫通俗易懂却極富詩意，過去的十多年內亦曾三度注文深情推贊其畫對人世滿傾的深情：人的先天感知源自母愛，而先生的畫則純如父愛，淺顯的畫意裏給有緣欣賞到它的人們以後天的教化。寬厚溫良、醜陋羞恥，讀者無論有無美術基礎也能深諳其中道理，真是神奇得很！

繾綣西湖，本篇所引的《柳浪聞鶯》（圖八）作者爲袁松年（1895—1966），其設色雍雅，很符合袁氏作品緊扣主題絲絲入扣的表達方式。西湖之美，誰會相信藏於枝梢、藉於飛禽，但讀此圖，人就能感知鳶飛在弄風中弦，柳浪聞鶯是真描。

西湖的現代之美，更要說說鄭慕康（1901—1982）1952年創作的這幅曠世絕品《西湖勝境》（圖九）——畫中描繪新中國的建設者們在節假日游西湖小憩的如歌一幕。天地巨變的第三個年頭，我們被畫家的畫筆帶進了一股人民翻身做主的喜悅之中，從此畫明麗的色彩和傳神的人物以及含情的山水之中，我們得到了所表達的訊息。畫作畫成至今已有整整一個甲子，驚嘆的是此喜悅至今仍無絲毫削減！

圖八 袁松年《柳浪聞鶯》68cm×48.3cm

圖十 陸小曼《西湖佳境》68.8cm×133.3cm

西湖到底有多美，歷史的長河中，我相信是各花入各眼、何必問來人。顧頡剛（1893—1980）先生的“層累地造成的中國古史”觀中有說：“我們即使不能知道某一件事的真確的狀況，但可以知道某一件事在傳說中的最早的狀況。”1954年大美人陸小曼（1903—1965）所繪的這幅《西湖佳境》（圖十）對此語給予了有力的佐證。當時早沒了詩人（其夫徐志摩，1897—1931）作陪的美人在極度濕冷的滬城居所看着窗外的雪渴望春天的來臨，索性以傳說中美不勝收的西湖入畫聊以自慰。

當然了，有了藝術加持的西湖，讓人欣賞起來更美：如龐薰琹（1906—1985）的《保俶春色》（圖十一）。“湖光山色翠蝶衣，呈展寶塔千年美。”當大師以色彩忠於現實的心動時，時間的流逝只會讓眼前的瞬間之美形成永遠的定格。余任天（1908—1984）的《煙波籠春水》（圖十二），圖正趣而寫——柔軟含羞旖旎色，已是人間四月天。先生這一寫我想也只能是其居的杭城西湖。觀之最令人心動的是一個“媚”字，解墨的芳華不過如此矣！黎雄才（1910—2001）的《西湖曉霧》（圖十三）。我 12年前爲《曾宓西湖》所作的《結夏攬西子》後兩句很貼合此畫面：我自孤山向下看，無盡荷紅扶緑柳；人間多有萬頃水，眼前澄波最千姿。李慕白（1913—1991）的《西湖邊的幸福告别》，圖寫新中國新生代美好的生活點滴。難忘的郊游結束了，孩子們的學習、友誼增進了，他們賦予了湖面無限春光，童貞與浪漫洋溢紙面。藝術的魅力就這麼神奇，此圖畫於 20世紀 50年代，可無論圖中同齡人還是年輕的觀者面對此圖，又或是垂垂老者觀此畫，

圖十二 余任天《烟波籠春水》紙本設色 70cm×204cm

圖十一 龐薰琹 《保俶春色》 油畫 45.2cm×37.5cm

大家讀到的永遠都是春天。華三川（1930—2004）的《三譚印歡顏》，此圖爲長篇小說《上海的早晨》插圖，描繪了書中主人公湯阿英、余静等人在新社會命運轉换歡快游西湖的場景。老上海人總說杭州是他們的後花園，而老杭州人總是反駁上海是他們的跑馬地，但不管怎麼說打完了口水仗，依舊是遠親不如近鄰。譚行健的《斷橋秋色》（圖十四），如此一張當代畫家新派老調述西湖的畫這些年我一直掛在我的床邊。我只要在家，睡前一眼是它，醒來一眼也是它，真是斷橋不斷我情難割。好看的奧斯卡大片《人鬼情未了》因太感人讓人觀後難忘，反觀我愛西湖，如若本篇的文圖日後付印成册，猜想讀到的人也能記住我的人湖情未了。

西湖晓雾
一九五六年四月廿八日写於保石塔附近

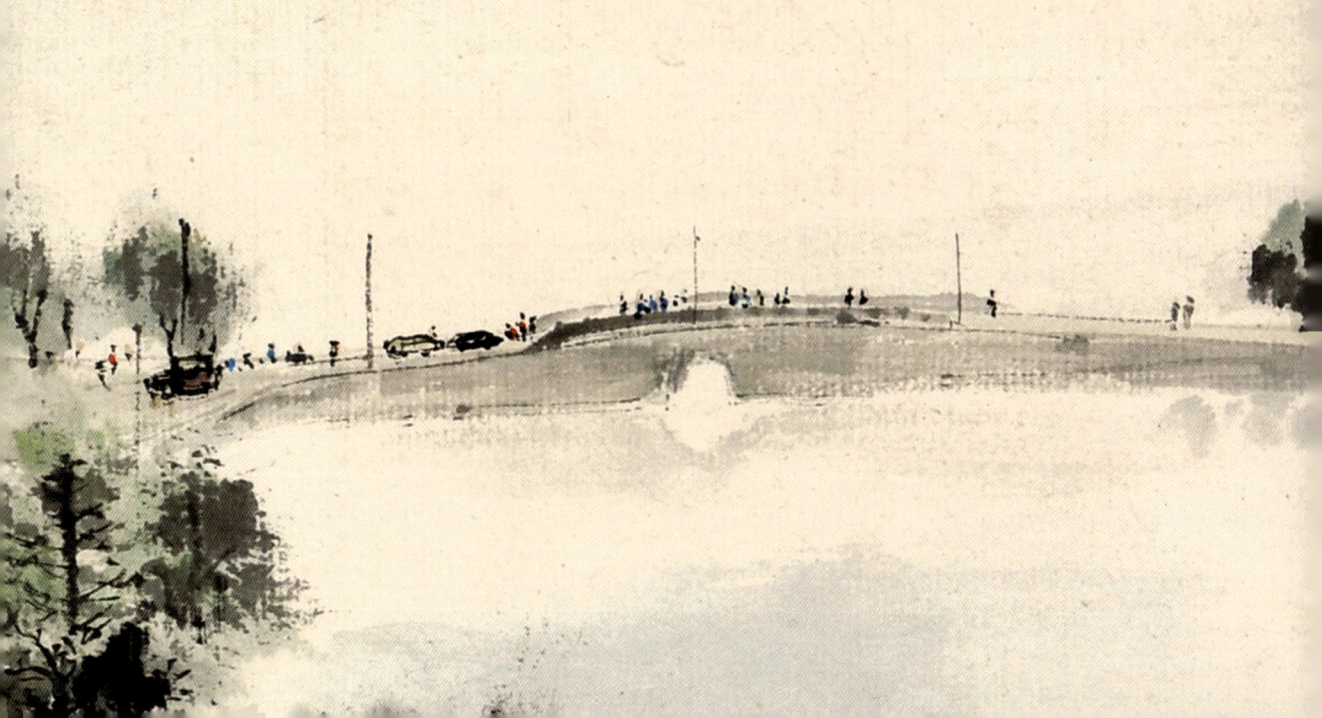

2021年是西湖申遺10周年，9年前爲慶祝申遺成功，中國文聯、浙江省委宣傳部和杭州市人民政府共同主辦了一場“百代風範——中國現代繪畫藝術典藏大展，爲此我拿出 63張 20世紀的珍品參展，展間作了一個《感謝生活所承載的國家之愛民族之情》主題演講。後又以此題收录我網上的“愛物瑣記”，以此回應我的西子之情、杭州之戀。

“以美育代教育”，是蔡元培（1868—1940）先生說的，當圖畫的美徹底將我的心田浸潤之後，我一個高中文憑都没有的人，做夢都不敢想在這個時代自己竟是將這六個字執行得最到位的人。好畫跟美文交織在一起，就像婆娑的垂柳中竄飛著春燕：年少看它是春情，年輕看它是詩情，年邁看它是温情……

圖十三 黎雄才《西湖曉霧》

2021年6月的一天，一位老友致電我說杭州西泠印社想在浙江美術館搞個中國現代繪畫大展，但衆藏家都有些遲疑。爲此，她希望我用自己的藏品獨辦這個活動。我問明情況後，知道癥結在於主辦方由於没經費爲藏品買保險大家才望而却步的。除了參展過程中的風險，中國畫又都建於紙或絹，每打開一次，都是用肉眼看不見地小傷一次，掛畫、收畫只要丁點的不留神，很容易給畫作釀成大傷大錯。見我久久未應允，她後來竟把西泠印社一行人領到我跟前請求支援。人求於跟前，拒人千里又不是我的作派，就痛快地告訴對方，我藏畫本意就是爲建美術館讓天下人看個過癮，如有必要早拿出來亮相就拿出來吧，只需他們定好去海南選畫的時間告知即可。

這次展覽規格是空前的，反響非常好。連《人民日報》都分别於9月、10月做了兩次報道，中央電視臺和雅昌藝術網等各大網站亦進行了多次的報道。而事實上，這次展覽之於我的意義是，我給杭州這座讓我無比眷戀的城市來了一次文化的高雅擁抱。

圖十四 覃子建《新喬水色》 由畫 120.6cm×57.1cm

先生之风 山高水长
——西子湖畔憶山明教授

文／任道斌 中國美術學院教授

吴山明先生（1941—2021）是我崇仰的文化人。他生於“書畫之鄉”浙江浦江，從小得仙華山烟雲供養，鍾靈毓秀。又受鄉賢吴茀之、張書旂、方增先等影響，好於繪藝。1955年考入西子湖畔的中央美术学院華東分院（今中國美術學院），攻習美術，練就扎實的人物畫寫生基本功，畢業後一直在中國美術學院任教。山明先生所寫構思巧妙，造型生動，落筆迅捷，以形寫神，追隨時代，牢接地氣，爲祖國各族兒女寫照傳神，成爲“新浙派”的領軍人物。著有《吴山明水墨畫速寫技法》《意筆人物畫技法》等。培養了許多青年學子，包括境外留學生，桃李滿天下。（圖一）

圖一 2005年春作者（左）與胡高孝（右）、吴山明先生（中）在浦江合影

吴教授的水墨人物畫以簡率、淡雅爲旨，强調人物的内心表現，賦形以神，而神形兼備，謳歌美好。他認爲中國傳統的水墨人物畫，如南宋梁楷《潑墨仙人圖》《太白行吟圖》，創造了“簡筆”畫風，誇張而凝練，筆墨不多，却有較强的表現力，將人物的個性凸現給觀衆，那仙人飄逸的醉態，李白瀟灑的逸姿，栩栩若生，宛如目前。這種民族傳統美術，决不遜於西方繪畫。

他力求弘揚優秀傳統，出古創新，厚積薄發，形成了“單純化”的表現特點。山明先生基於早年扎實的西畫根底和寫生功夫，觀察極爲敏鋭，造型極爲精妙，而落墨惜之如金；不僅筆墨簡率，甚至連綫條也仿佛淡淡的墨痕，輕靈透明，猶若孔明用兵，以一當十，以虚見實。然而畫上的人物個性，却得到浪漫的强化，如《高原之韻》《李白詩意圖》等，氣韻生動，呼之欲出，富有超凡脱俗的雅逸之趣。

山明先生的作品令人嘆爲觀止之處，還在於他化宿墨爲神奇，以變化莫測的墨韻水痕塊面、筆斷而意不斷的富有彈力的綫條，勾勒暈染出流光溢彩的人物，蹊徑獨辟，豐富了中國人物畫的淡宿墨意筆表現手法，所寫虚淡平和，如夢若幻，如詩若歌，而光明燦爛，質樸無邪。這與畫壇巨擘黄賓虹以濃宿墨寫就墨色斑駁、黑密見亮、渾厚華滋的山水，發現雨山、夜山的内美一樣，異曲而同工，在當代國畫發展史上占有高峰之地。（圖二）

圖二 2005年冬吴山明先生與中國美院國畫博導組成員卓鶴君、任道斌、劉國輝一起工作

圖三-1 吴山明《香格里拉》局部

山明先生熱愛祖國，熱愛家鄉，他與山水畫家卓鶴君教授合作，首創水墨動畫片《山水情》，將水墨氤氳的中國畫之美，從紙上搬到銀幕，走進千家萬户，邁出國門，獲得國際之獎，拉近了中國畫與各地百姓的距離，弘揚了優秀民族文化。山明先生造型能力超强，山水、花鳥、動物等無所不能。他還不顧年邁體弱，爲北京人民大會堂創作巨幅山水《巍巍太行》，寫出了山川的雄偉氣質，雲烟流布的鬱勃生機，寫出了陽光映山的光明美景，以山水比德，歌頌不屈不撓的中國人民和平崛起的奮鬥精神。這在當代意筆人物畫家中極爲罕見。

山明先生是有愛心、善心、赤心的仁者，“幫人就是幫自己”是他的口頭禪，他爲扶貧濟困、救灾助殘而捐款、捐書、捐畫。1995年，爲繁榮故鄉的文化，他向浦江“山明美術院”捐贈百餘件書畫精品；晚年還向杭州市人民政府表達捐贈自己重要作品的意願，有關方面在之江路建立“吴山明美術館”，珍藏《香格里拉》《陳毅像》《風雨牧羊人》《麟鳳之象》等力作，使山明先生對杭州這座生活了大半輩子的江南名城作出了藝術回報，表達了對杭州人民深厚的情感。（圖三）

圖三-2 吴山明《香格里拉》局部

山明先生愛生若子，視校勝家。他爲中國美術學院的國畫教學發展傾注了無數的心血，編寫《意筆人物畫基礎技法》等數十種美術學專著，又以飽滿的熱情投身首屆中國畫實踐與理論研究博士生的培養，虛心求真，團結務實，篳路藍縷，盡心盡力，終於結出了前無古人的豐碩成果。我聽學生們説，山明先生時常在節假日邀請離鄉背井的學生團聚一堂，感受師恩，感受學誼，感受人間之愛。作爲民進界别的全國人大代表，他還不計個人得失，勇於擔當，利用赴京共商國是的良機，努力奔走，爲學校南山校區的改造呼籲，争取支持，終於金石爲開，達到目的，爲中國美術學院的可持續發展作出了貢獻。如今，每當我經過綠樹成蔭的南山路，仰望這藝術聖殿門口高高升起的“中國美術學院”金色校名，腦海裏不禁會浮現山明先生昔年奔走努力的情景。（圖四）

圖四 2006年夏作者與吴山明夫婦於西湖畔合影

圖五 2002 年秋吴山明先生光臨“思嘉室”與其作《春韻圖》合影

山明先生慈祥厚德，家庭和睦，藝文傳承，夫人高曄和子女皆善繪藝，一門丹青，可謂秉承了元人趙孟頫之風，令人欽佩！

我與山明先生交往時間不算很長，但因培養首届國畫博士生，而同爲該博導組成員，經常探討學術；又因同爲浙江省九届人大代表，年年聚會；加之吴教授雅好古玩，彼此更爲相熟。他曾多次邀請我去浦江，參加“山明美術館”活動；我也時而請他光臨陋居“思嘉室”，向他討教美術學問。2001年中秋，承他不棄，爲我寫《春韻圖》留念，因得睹其作畫風采。（圖五）

山明先生作畫前往往沉思片刻，而一旦落筆，則揮灑自如，疾如風雨，痛快淋漓，常常一氣呵成，所謂“静如處女，動如脱兔”也。此《春韻圖》寫一簪花仕女吟詩賞春，秀麗文雅，活潑可愛。她欣賞着汩汩山泉，纖手微舉，而若有所思，似乎清新的空氣，以及身後盛放的幽蘭之香，正啓發着她的靈感，詩思起伏，不能自已。山明先生通過簪花、幽蘭、山泉來表達春天的到來，更通過仕女文雅的身姿道出春天的明媚與温柔，富有勃勃的生機和如詩的韻味。

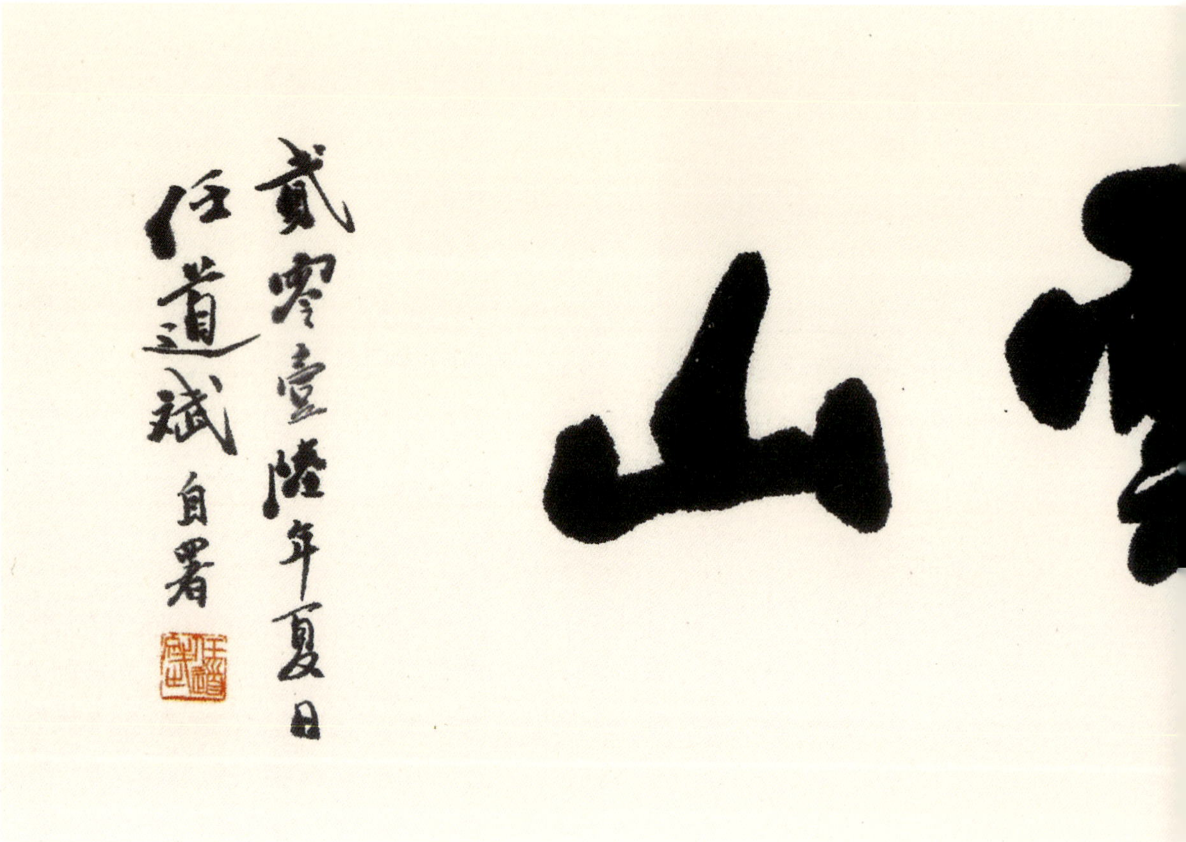
貳零壹陸年夏日
任道斌
自署

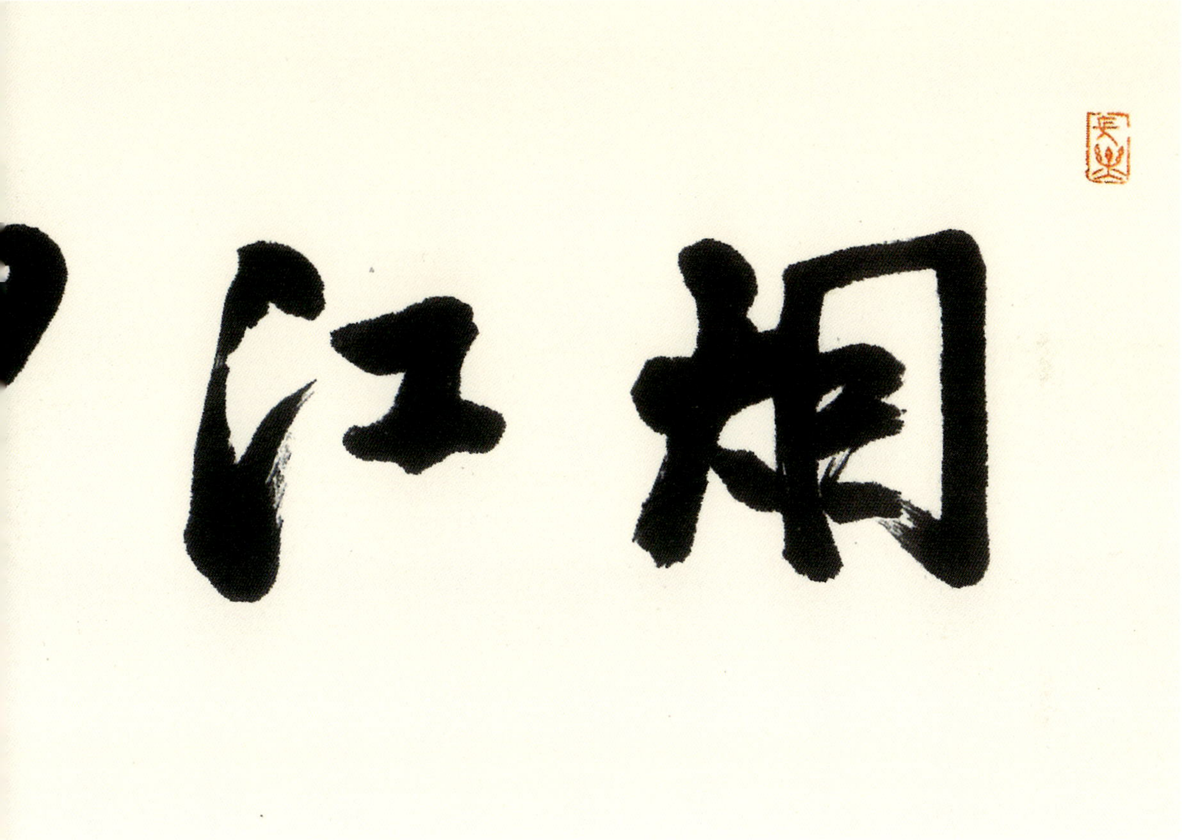

圖六 -1 任道斌《烟江雲山圖卷》局部

我屏住呼吸，静静地欣賞着山明先生自如的揮灑，爲其出人意表的靈活而佩服不已。如他所寫仕女之眉，纖筆含水輕輕勾出，却具有立體效果；又如筆下蘭花之葉，交錯伸展，簡淡而繁密；仕女凝眸雙目，筆墨出神入化，乾净俐落，而清秀自見；山泉春水，亦以淡墨水漬印爲之，用筆輕快、果敢、烟水朦朧，使人感受到春天的清新濕潤，神情爲之舒爽。

2016年夏日，我寫《烟江雲山圖》横卷，次年請山明先生指正。他觀後信筆跋尾曰："明人董思翁云：畫之道，所謂宇宙在乎手者，眼前無非生機。道斌兄此卷，頗得其趣也。"對我給予鼓勵。這些情景雖短暫而逝，至今思之，却歷歷在目，恍如昨日。（圖六）

山明先生名高望重，而君子謙謙。他童顔鶴髮，清風兩袖，慈祥雍容，心如赤子。多談笑自如、天真純樸之態，亦頗有名士之風。雖常爲媒體所關注，而從不以此自喜，一切淡然處之，聽其自然，富平常心。甚至有熟人托其名，仿其作投機取利，吴教授聞後一笑了之，平淡處世，樂觀爲人，海量如此。他寬厚的人品、高逸的畫品，以及與人爲善、勤奮機智、誠懇謙和的氣質，令我永遠學習，終生難忘。（圖七）

圖六 -2 任道斌《烟江雲山圖卷》局部

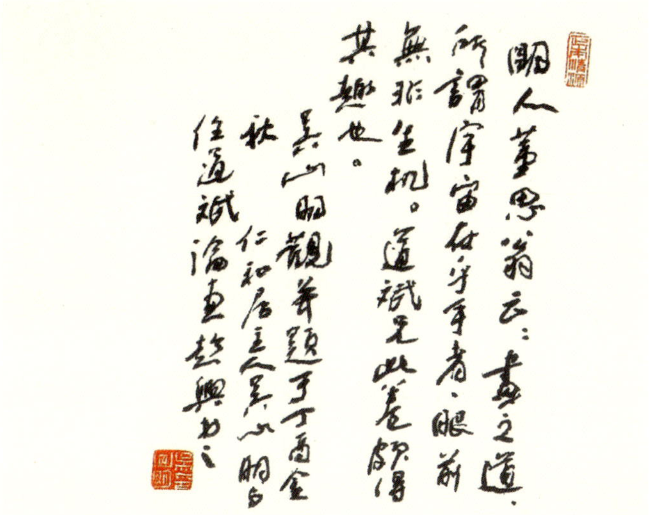
明人筆思翁云：畫之道，
所謂宇宙在乎手者，眼前
無非生機。道斌兄此卷頗得
其趣也。

圖六 -3 吴山明先生跋《烟江雲山圖》

圖七 -1 吴山明《六和塔聽濤》

圖七-2 吴山明《雷峰夕照》

哲人仙去，願鶴髮善目的山明先生在天之靈，與高高的六和塔、滔滔的錢塘江、翠綠的月輪山、秀麗的西湖風景一起，陪伴着我們見證古老中華日益富裕，繁榮美麗！

——二〇二一年寒露於西湖勾山

朱晨：我的舅舅

文／朱晨　中國美術學院教授

2021年2月4日，我的舅舅吴山明先生永遠離開了我們，他是我除了父母之外最親的長輩，他的離世，我們全家都感到無比的哀痛和不舍。從我記事起，父母只要一說起舅舅，就有一種特別的親切感。長大後，我才瞭解到，母親和舅舅是同父同母的姐弟，雖然他們與其他的弟妹感情也非常得好，但因爲這份特殊使得他倆從小就有一種相依爲命的感覺。

吴山明先生少年時代和姐姐的合影

我小的時候，母親常常說起他和舅舅的一些往事，1950年，他們從老家浦江來到了杭州，第二年開始就讀於杭二中初中部，母親雖年長幾歲，但他倆同在一個年級的同一個班上，母親是班長，學校的工作很忙，舅舅是數學課代表，他非常的聰慧，學習很好。那時他們班上有三個成績特別好的同學經常在一起討論數學題，有時他們的解題方法比老師的還要簡捷。舅舅每天都是在學校早早地完成了作業，然後開始看課外書，他讀書速度極快、一目十行，厚厚的一本書，放學後看起到晚上睡覺前就已經看完了，因此閱讀了大量的課外書籍。那時他們家與吴茀之先生同住一幢樓，舅舅常常上樓去看茀之先生作畫，從小培養了對國畫的興趣，這也直接導致了他後來報考美院附中。在附中時他同樣的出類拔萃，在讀期間已有多本連環畫出版，當時就連大學部的同學看到他的畫作也都甚爲讚賞。

臨近附中畢業，因爲家境困難，舅舅想不讀大學了，畢業後就去工作。他來和我母親商量此事，那時我母親剛要從護校畢業，正準備工作，她就和舅舅說，她快要工作了，有了工資，以後可以支持舅舅讀大學,讓他一定要繼續報考大學。舅舅考上大學後，我母親就從每月 29元的工資中拿出 10元作爲舅舅大學學習的補貼，直到舅舅大學畢業。

舅舅在大學期間每到暑假都會去母親在莫幹山的工作單位游玩，一來是看望我母親，二來也是想這樣可以省下假期的飯菜票。有一次因長途汽車晚點，到我母親的單位附近時，已經一片漆黑，遠處只有一個窗戶的燈還亮着，因爲太晚，舅舅就走到這個窗下過了一夜，等到天明，我母親開門時發現舅舅時，舅舅才知道昨晚亮燈的就是我母親的房間，昨晚我母親亮了一夜的燈，并且一夜沒睡，一直在等舅舅。聽母親說，還有一次，已是深秋時節，她到杭州出差，專程去看望舅舅，那時天氣已冷，見面後發現舅舅的衣服很單薄，即刻就走到弄堂的牆門裏，脫下自己僅有的一件毛衣給舅舅穿上。

我從記事起，每次來杭州，舅舅家是必去的，而且一到杭州就開始期盼何時可以去舅舅家。那時，舅舅家住在景雲村的美院教師宿舍，宿舍的大門是開在美院裏的。去舅舅家要先進美院的大門，然後右轉，經過大禮堂，沿着校園的圍牆一路向前，穿過操場，那時候美院的操場中間是有水塘和許多高大的樹，再經過國畫系教學樓。走過一個小門，就到了舅舅家。我們一到舅舅家，舅舅就要準備爲我們去食堂買好吃的，但當時大家的生活都不寬裕，沒幾天就要到處找飯菜票或零錢了，每次當我們在抽屜的角落找到飯菜票時，都會有一種意外的驚喜，有時還不得不向鄰里的同事們借一些。我舅媽則忙着去買些布給我們姐弟倆做新衣服，舅舅、舅媽對我們總是特別的疼愛，勝似自家的孩子。記得有一年的夏天，我爲了給表弟揚揚（我舅舅的大兒子）抓知了，爬到了操場中間的大樹上，但因夏天光腿光身，在爬樹的過程中，從腳到腿到身上都被毛蟲咬了個遍，回家後，舅舅一邊用醫用膠布幫我清理毛蟲刺，一邊痛罵揚揚，批評他不該讓我去爬樹。此情此景至今仍然記憶猶新。那時候我最喜歡的就是看舅舅畫畫，也正因爲經常看舅舅畫畫，也就喜歡上了畫畫。在我的請求下舅舅曾經給我畫過一張頭像，還送過幾張連環畫稿給我，只可惜後來我們家幾經搬遷，這些畫也不知了去向。那時每次在假期臨近結束，即將離開舅舅家時，總是特別的不願意，因此，在初中畢業的那一年，我來杭州後就打算不回家了，想在杭州邊讀高中邊學畫畫，舅舅也同意了，但終因家父不許，未能如願，直到我高中畢業那年，高考落榜，父親無奈之下也就同意了我到杭州學畫，并準備報考浙江美術學院。

1984年的夏天，我來了杭州，住進了舅舅家，開始正式學畫。舅舅畫的是國畫，我自己也從小練練毛筆字，剛開始總以爲一定是要報考國畫系的，但舅舅覺得雕塑正當興起，蒸蒸日上、前景很好，再三考慮之下，決定讓我選擇報考雕塑系，爲了讓我瞭解什麼是雕塑，即帶我去了雕塑系，先看了一些系裏擺放的雕塑，然後還拜訪了幾位老師。

青年吴山明在畫室

選定了報考專業後，就開始學習素描、速寫等，學習過程中舅舅總是親力親爲，手把手地教授，我的學習是從臨摹舅舅的素描和速寫開始的，從他早期編的《速寫技法》開始，反復臨摹，在對人物的結構及特徵有了一些瞭解之後，又臨摹了他各個時期的許多速寫，包括當時他從外地剛剛寫生回來的毛筆速寫，他幾乎每天都要給我看畫，總是耐心細緻、一一點評、親手示範。

1977年浙江人民美術出版社出版吴山明先生《速寫畫法》

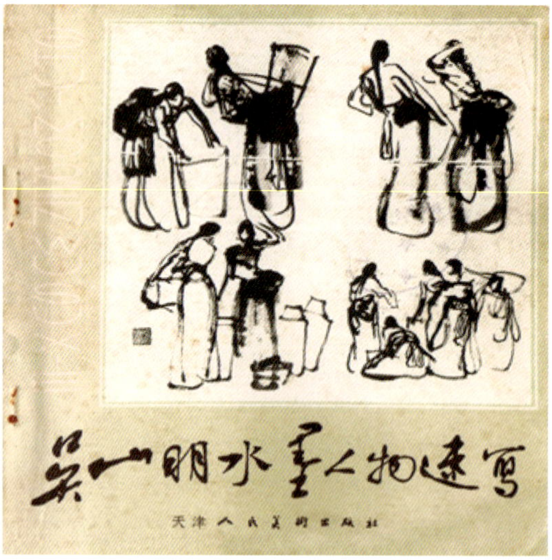

1982年天津人民美術出版社出版吴山明先生
《吴山明水墨人物速寫》

1984年前後，他正處在繪畫的變法期，每次從藏族聚集區寫生回來，都有許多新的發現、新的變化、新的發展。他自己也特別的興奮,創作了大量的新作，除了學校的事務他就在畫畫，我喜歡在一旁觀看，讓我印象最深的是其在起稿時，只是在紙上用手指甲輕輕地劃幾下，簡單地定一下位置，然後就用毛筆直接繪製，筆隨心轉、任意揮灑，盡得筆墨之妙趣，當畫到臉部、眼部及口鼻處時，常常用毛筆放進自己的嘴中，沾一下口水再畫，每每如此，他筆下的人物立刻會顯得雨潤雲温。宿墨的使用更是他此時在繪畫上的突破，通過不斷地嘗試，使筆與墨的寫構和墨與水的交融達到了隨心所欲、元氣氤氳、水墨淋漓的境界。那時他已開始主持國畫系教學工作，寫了許多的教學方案，并正式將意筆人物課列入了國畫系教學大綱，同時還撰寫了《意筆人物畫基礎技法》《意筆人物畫論》等文章。我也有幸幫他謄抄了這些文稿，并通過謄抄獲得了許多對中國畫及其技法的認識。

在舅舅的悉心指導下，我經過兩年的考前訓練，如願考上了浙江美术学院（今中國美術學院）雕塑系。在讀期間，我還是會一有空就去舅舅家，跟他聊聊學習的心得、·些創作的體會。舅舅是一個特別慈善的人，待人及物總是仁和温良，恭儉謙讓。他說話時，有兩個時候語速會立刻慢下來，一是評價自己，二是評價別人。他從不自吹自擂，總是語詞謙遜，常常說自己是一個普通人，因此也喜歡畫普通人和普通人的生活。在需要評價別人的時候，他總說別人的優點、別人的長處。即使有的人對他不太友善，他也從不說別人的不是，還是會說他也有長處的。

作爲老師，他視學生如子女，經常有學生來家裏請教，他總是啟發學生，希望他們能夠認識到自己的閃光點，建立自信心，并能尋找到自己的藝術風格和發展之路。當有學生遇到困難時，他總是不遺餘力地幫助他們。曾有一位學生在校期間因損壞圖書館的一本畫册而受到處分，在畢業時無法分配工作。舅舅得知後，立刻向學校反映了情況，經過努力，學校撤銷了該同學的處分，并及時向用人單位說明了情況，使這位學生順利獲得了工作。

舅舅對家鄉浦江也有一份特殊的情感，只要家鄉有需要，毫不敷衍、立刻辦理、并盡心盡力。他總是對我們說，家鄉是我們的根，爲家鄉做點事、盡點力是應該的，能爲家鄉多做些事，家鄉的人民會記得你的。浦江山明美術院自1995年成立後，即成爲了省美術創作基地，吴山明名家培訓班教學基地，經常接待各地來浦江寫生的畫家，各類美術創作、展覽活動層見迭出，并且多年舉辦美術培訓班，爲浦江培養了大量的美術人才。

舅舅除了書畫外，平時還喜歡收藏，并能以藏養眼、以藏養心、以藏養藝。也因此對其他的藝術門類多有關注。2018年，經他的提議，在浦江山明美術院舉辦了“又日新——書畫與雕塑的對話展”，邀請了曾成鋼、林崗和我與他一起舉辦展覽，我們的雕塑與他的書畫作品展示在一起。他專門爲這次展覽寫了許多的書法作品，還特別嘗試在粗麻布上創作了李白的《將進酒》這一書法長卷。創作中，他絲毫沒有因爲新材料而產生不適感，近四米的長卷一氣呵成，渾然天造，最後他還用朱砂繪製了一枚印章，章法獨特、意趣盎然。在談到書法與雕塑的關係時，他認爲從這次展覽可以看出書法與雕塑雖形態不同，但表現的內涵及意境是相通的，因此完全可以放在一起來做展覽。

2020年，我的女兒朱朱準備報考中國美術學院附中,舅舅得知後一直很關心，他多次說要看看朱朱的畫。四月的一個晚上，我帶着女兒前去舅舅家，那天晚上，他給朱朱輔導了很長時間，除了仔細點評朱朱帶去的每一張畫之外，還親自示範，畫了兩張速寫，邊畫邊講，講解了速寫如何起大形，什麼是動態線，如何抓住人物的造型特徵、主要結構，如何通過衣紋表現外形與內型的關係，最後還講了用筆的取捨與主次關係，理路清晰、言辭精闢、字字珠璣；速寫則造型精准、言到手到、用筆自如。在一旁的我好像重温了35年前，他對我講解速寫時的情景。我和我女兒都受其教誨，那晚大家都感受到了一種代代相傳的家風。當時舅舅的身體已經很不適了，但是他還是花了一個多小時來上這堂課，這是他教過的最後一位學生，也是他畫過的最後兩張人物速寫。

吴山明先生爲朱朱作人物速寫示範

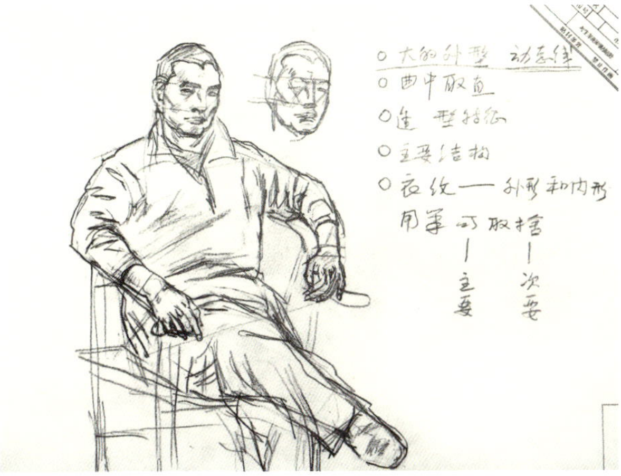

吴山明先生爲朱朱所作的示範稿

吴山明先生爲朱朱所作的示範稿（二）

此後，舅舅的身體急轉之下，從夏天起只能住院治療了，雖經多方努力。終不見起色。2021年 1月的一天，他突然腦部積水，神情恍惚、言語不清，醫院决定立刻給他動腦顱手術。手術後的第二天，他突然精神充盈。思路清晰，言語表達極具思辨性，和我們討論起了許多的藝術問題，其中有關於傳統雕塑的，他說，中國傳統雕塑有許多非常精彩的地方，關於傳統雕塑的研究，我們還遠沒有把它弄清楚，還有許多方面。值得我們去研究和學習，并且可以在今天的雕塑創作中加以運用。我當時聽了很震驚，也很感動，他對傳統雕塑原來也一直在關注和思考，并希望其能發揚光大。

在舅舅最後的彌留之際，有一天他突然醒來，看到我，笑着對我說："你的閨女（即指朱朱）現在應該很幸福吧！她考上了附中，是我們家族、也是你們全家的驕傲。"我點點頭。這是他對我說過的最後的話。我明白他的意思，藝術是舅舅一輩子的事業和追求，美院附中也是他藝術人生的起步之地，今天我們家的第三代又考上了附中，對他來說，這是一種文脉的相續。藝術也如人的生命一般，需要有後來者，需要有傳承者，因爲有了他們，藝術之路才可長長久久、周而復始、生生不息。

2021年12月18日

元代杭州西湖書院刻書考辨

文／童聖江　浙江圖書館

據清人袁枚所述，書院之名，始於唐玄宗時，時有“麗正書院”“集賢書院”，但是此書院并非後世作爲一種教育機構的場所，而是修書之地[1]。今人的研究認爲，在唐初民間即有書院存在。兩宋時期文化大盛，伴隨着科舉制度的勃興，書院作爲官學的有益補充，有了長足的發展并逐漸制度化，除了教育教學功能得到强化，其作爲學術傳承的一種平台也得以彰顯。至元代始，書院的官學化特徵開始顯現[2]。

書院作爲教育機構，必有藏書，有財力者往往也自行刻書。宋代書院即有較多的刊書行爲：如有的爲紀念先祖，如潮州元公書院創建者、知州周梅叟，令書院刊行其先祖周敦頤的著作全集；有的爲傳播道學，如建康明道書院刊刻程顥之書；有的刊刻自己的學術成果，如衡州石鼓書院刊刻其山長戴溪的《石鼓論語問答》[3]。

元代的書院一般都被納入官學體系。元代書院的教職皆由官授，與一般的官學相對應。元世祖中統二年（1261）始，在各路設置學校官；至元二十八年（1291），令在“先儒過化之地、名賢經行之所，與好事之家出錢粟贍學者”，設立書院。無論學、院，其師儒都須官方授命，書院立“山長”一名，總掌書院，一般以“下第舉人”充任，并經禮部、行省或宣慰司命名；另設“直學”一名，以掌錢糧。書院教職皆可通過考試升轉[4]。而據元代國策，凡各路儒生有着述需要刊行，“由本路官呈進，下翰林看詳，可傳者，命各行省檄所在儒學及書院，以系官錢刊行”[5]。據葉德輝所述，元代官刻之書，大多由中書省行文給江浙一帶諸路，於“有錢糧學校贍學田款內開支”[6]。因此，元代書院刊書可能比宋代更多，但刊行的範圍及自由度是不如宋代的。

元代西湖書院，位於宋代時全國書籍版刻中心的杭州，前事未遠，且繼承了南宋太學遺留的二十餘萬舊書版，占據天時地利，似應在刊刻書籍方面成就卓然，今人研究也給予極高的評價[7]。然而細讀文獻，此類評價是否恰當，筆者覺得還需逐一考辨，再作估量。

[1] [清] 袁枚撰,《隨園隨筆》卷十四“書院”載:“書院之名,起唐元宗時麗正書院、集賢書院,皆建於朝省,爲修書之地,非士子肄業之所也。”王英志點校:《隨園十種》第4册,杭州:浙江古籍出版社,2019年,第275頁。

[2] 鄧洪波:《中國書院史》(增訂版),武漢:武漢大學出版社,2013年,第2-8、65-267頁。

[3] 參見陳谷嘉、鄧洪波主編:《中國書院制度研究》,杭州:浙江教育出版社,1997年,第236-241頁。

[4] [明] 宋濂等撰:《元史》卷八十一“選舉志一”,北京:中華書局,1976年,第2032-2033頁。

[5] [清] 錢大昕撰:《元史藝文志》卷一,《續修四庫全書》據清潛研堂全書本影印,第916册。

[6] 葉德輝:《(插圖本)書林清話》卷七“元時官刻書由下陳請”,上海:上海古籍出版社,2008年,第133頁。

[7] 如認爲西湖書院“刻印了一批有價值的圖書，成爲當地的藏書中心與刻書中心”（金達勝、方建新:《元代杭州西湖書院藏書刻書述略》，《杭州大學學報》1995年第3期）；認爲“西湖書院是元代刻書數量最多的書院”（陳矩弘:《元代書院刻書事業述略》，《圖書與情報》2006年第2期）；鄧洪波等稱西湖書院爲“國家重要的出版中心”（參見鄧洪波:《中國書院史》（增訂版），武漢:武漢大學出版社，2013年，第247頁；鄧洪波、趙子龍:《中國書院的歷史與傳承》，北京:人民出版社，2018年，第99頁）。

一、西湖書院的建置沿革

1. 相關材料

有關元代杭州西湖書院的史事記載，主要集中在幾份元人所撰碑記中：

《西湖書院田記》，[元]黃溍撰，撰年不詳，載氏著《黃文獻公集》卷七上。本文所據文本係清永康胡氏退補齋所刻《金華叢書》本（浙江圖書館藏[8]）。另有四庫全書本（書名爲《文獻集》）。

《西湖書院增置田記》，[元]湯炳龍撰，約撰於至治元年（1321）後，碑石尚存，今在杭州碑林。本文所據文本係舊拓本。另[清]阮元編《兩浙金石志》收録此記（卷十五，有清道光四年刻本、光緒十六年浙江書局刻本）

《西湖書院重整書目碑并記》，[元]陳袤撰，撰於泰定元年（1324），碑石尚存，今在杭州碑林。本文所據文本係舊拓本。另 [清]阮元編《兩浙金石志》收録此記（卷十五，有清道光四年刻本、光緒十六年浙江書局刻本）

《西湖書院重修大成殿碑》，[元]陳泌撰，撰於後至元二年（1336），碑石尚存，今在杭州碑林。本文所據文本係舊拓本。另[清]阮元編《兩浙金石志》收録此記（卷十六，有清道光四年刻本、光緒十六年浙江書局刻本）；[清]王昶編《金石萃編未刻稿》（民國七年羅振玉據稿本影印嘉草軒叢書本）亦收録，惟題爲《西湖書院三賢祠記》。

《重修西湖書院記》，[元]貢師泰撰，約撰於至正十九年（1359），載氏著《貢禮部玩齋集》卷七。本文所據文本係明天順會稽沈性刻嘉靖十四年重修本（國家圖書館藏）。

《重修西湖書院記》，[元]楊維楨撰，撰於至正二十年（1360），載氏著《東維子文集》卷十二。本文所據文本係明刻本（國家圖書館藏）。

《西湖書院書目序》，[元]陳基撰，撰於至正二十二年（1362），載氏著《夷白齋稿》卷二十一。本文所據文本係明抄本（國家圖書館藏）。

2. 書院初建

杭州西湖書院始創於元至元末年，由時任浙西道肅政廉訪使徐琰以南宋太學舊址爲基所建。南宋太學所址的前身則是南宋初年抗金名將岳飛的府邸，位於城北錢塘門附近。紹興十一年（1141）岳飛入獄，府邸被藉没。十三年正月十五日，臨安知府王映看中此地，建議將其改建爲太學并國子監[9]。（圖一）

徐琰（约1220—1301）字子方，號養齋，自號汶叟，山東東平人，師從元好問，與閻復、李謙、孟祺并稱爲“東平四傑”[10]。至元末，任浙西道肅政廉訪使。大德二年（1298）拜爲翰林學士承旨，五年卒。“四傑”除徐琰外，餘三人在《元史》中皆有列傳，徐琰的生平仕歷散見於以下幾種史籍：《元詩選癸集》《元詩紀事》《元書》《[民國]東平縣誌》等[11]。

[8] 爲節省篇幅，以下凡所據該館藏本，皆不出注。下文所引此7份材料，也不再重復標注出處。

[9] [清]徐松輯《宋會要輯稿》“方域”二之一七，中華書局1957年據北平圖書館民國二十五年（1936）影印本重印，第八册第7339頁。

[10] 柯劭忞撰：《新元史》卷一百八十八“閻復傳”，上海：上海古籍出版社，2018年，第3786頁。

[11] [清]顧嗣立、席世臣編：《元詩選癸集》乙集：“徐承旨琰。琬字子方，號容齋。一號養齋，又自號汶叟，東平人。嚴實領東平行台，招諸生肄古業。迎元好問試校其文，預選者四人，琬其次也。翰林承旨王磐薦其才。至元初，爲陝西行省郎中，二十三年，拜嶺北湖南道提刑按察使。二十五年，以侍禦中丞董文用薦，拜南台中丞，建台揚州。日與荀宗道、程鉅夫、胡長孺諸公互相倡和，極一時之盛。二十八年，遷江南浙西肅政廉訪使，召拜翰林學士承旨，大德五年卒，謚文獻。子方人物魁岸，襟度寬洪。有文學重望，東南人士翕然歸之。盛如梓庶齋嘗稱其《通州狼山僧舍白蓮》長篇，最爲工緻。嘗作《繭瓶詩》，有云：‘一竅鬼工開混沌，八吞神繭望扶桑。’王惲秋澗極賞之。”（北京：中華書局，2001年，第159頁）

[清]陳衍輯撰：《元詩紀事》卷四：“徐琬（琬應爲琰之誤），字子方，號容齋。又自號汶叟，東平人。至元初，薦爲陝西行省郎中，官至翰林學士承旨，謚文獻。”（李夢生校點，上海：上海古籍出版社，1987年版，第43頁）

[清]曾廉撰：《元書》卷五十八“徐炎傳”：“徐炎，字子方，號養齋，東平人。至元中爲陝西行省郎中，累拜浙西肅政廉訪使。爲政清簡，禮賢下士，意致高邁，東南人士重之。仕至行省平章政事。卒謚文獻。”（清宣統三年刻本）

《[民國]東平縣誌》卷十一“人物志”：“徐炎，字子方，東平人。至元三十一年拜浙西廉訪使。作戒石銘曰：‘天有明鑑，國有公法。爾畏爾謹，以中刑罰。’即宋太學故址建書院、置山長，請於朝，名西湖書院。炎有文學，東南人士重之。”（民國二十五年東平縣天成印刷局鉛印本）

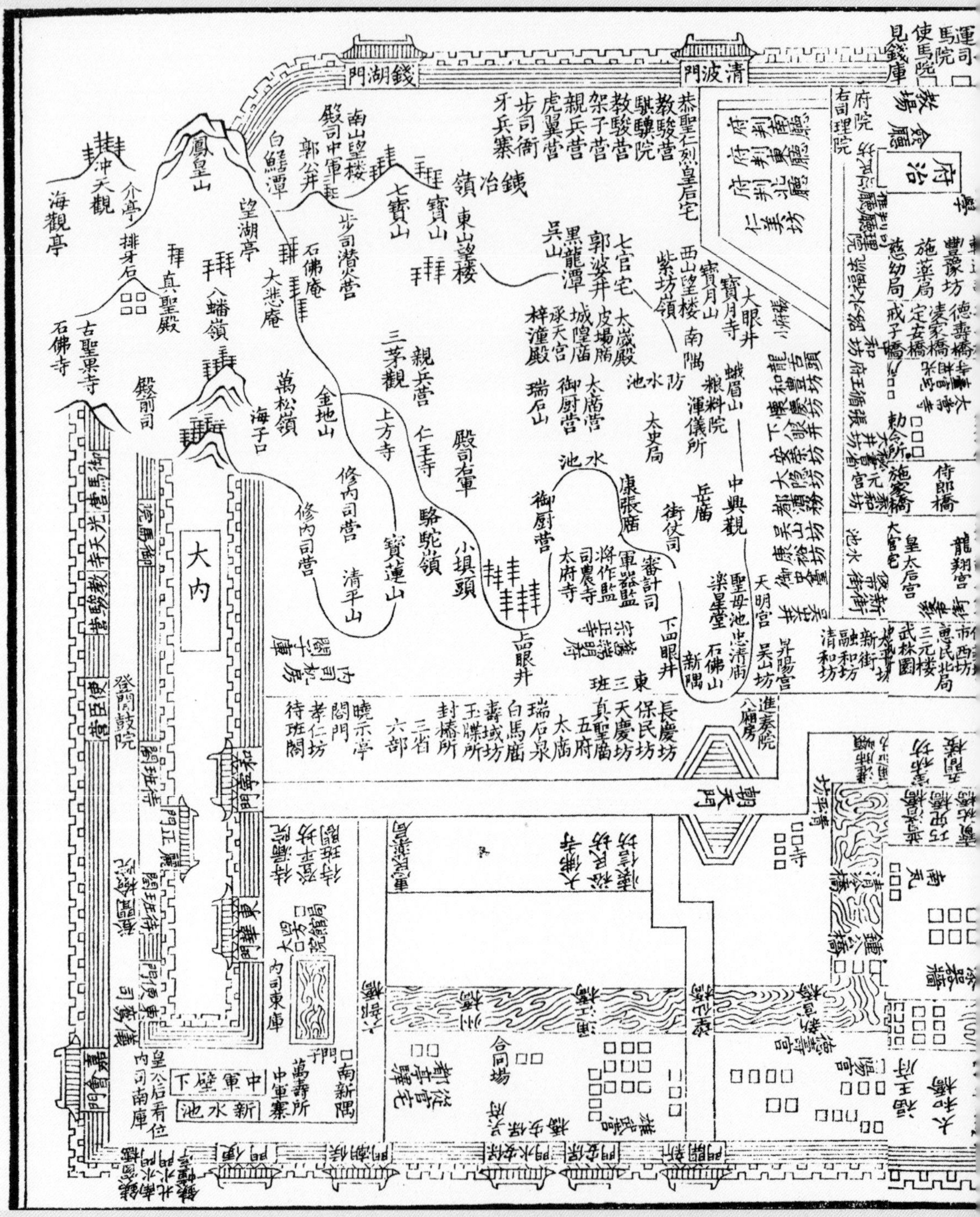

錢湖門
清波門
運司
馬院
使馬院
見錢庫
教場
僉廳
府治
府院
右司理院
恭聖仁烈皇后宅
教駿營
馭驥院
教駿營
架子營
親兵營
虎翼營
步司衛
牙兵寨
南山望樓
殿司中軍
郭公井
白鰐潭
錢冶嶺
七寶山
寶山
東山望樓
鳳皇山
冲天觀
介亭
海觀亭
排牙石
望湖亭
步司潛火營
石佛庵
大悲庵
真聖殿
八蟠嶺
古聖果寺
石佛寺
殿前司
萬松嶺
海子口
金地山
三茅觀
親兵營
上方寺
仁王寺
殿司右軍
修内司營
修内司營
寶蓮山
清平山
駱駝嶺
小堪頭
七官宅
郭婆井
黑龍潭
吴山
西山望樓
紫坊嶺
寶月山
寶月寺
大眼井
太歲殿
皮場廟
城隍廟
承天宮
梓潼殿
南隅
防
水
池
太廟營
御厨營
瑞石山
蛾眉山
糧料院
渾儀所
太史局
水
池
御厨營
康張廟
岳廟
衙役司
中興觀
軍器監
將作監
司農寺
太府寺
審計司
下四眼井
上四眼井
聖母池
樂星臺
石佛山
新隅
天明宮
吴山坊
昇陽宮
東
三
班
大内
長慶坊
保民坊
天慶坊
真聖廟
五府
太廟
瑞石泉
白馬廟
壽域坊
玉牒所
封樁所
三省
六部
曉示亭
閤門
孝仁坊
待班閤
進奏院
八廟房
朝天門
登聞鼓院
麗正門
內司東庫
萬壽所
中軍寨
南新隅
中軍壁下
新水池
皇后看位
内司南庫
合同場
侍郎橋
施藥局
慈幼局
豐豫坊
德壽橋
凌家橋
定安橋
戒子橋
龍翔宮
皇太后宮
新街
三元樓
武林園
新街
融和坊
清和坊
市西坊
惠民北局
南瓦

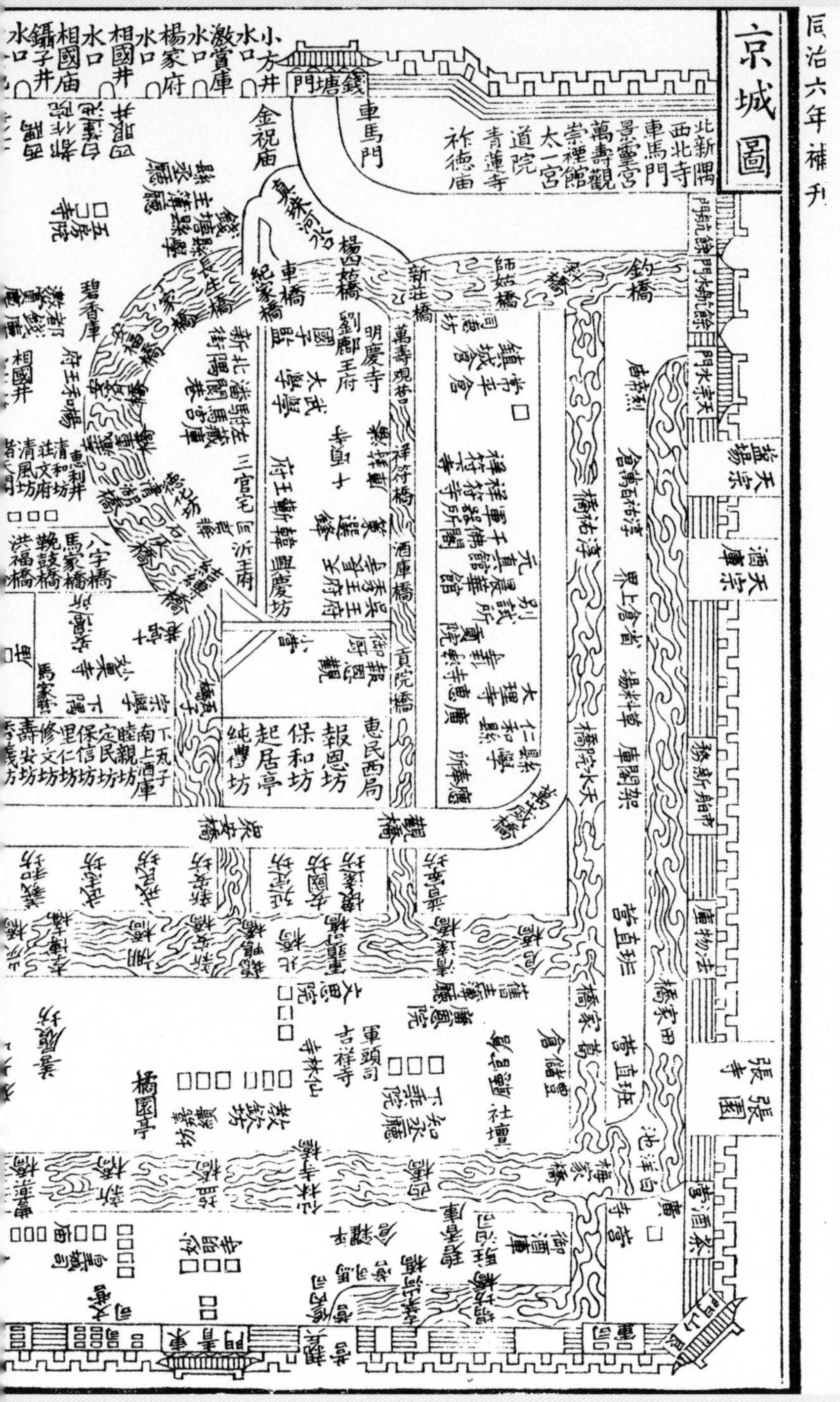

圖一《南宋臨安京城圖》，系《咸淳臨安志》（南寧咸淳四年刻本）附圖，原志大部不存，此圖爲清同治六年（1867）補刊本所繪。轉自杭州市檔案館編《杭州古舊地圖集》，杭州：浙江古籍出版社，2006年版，第3頁。

有關具體的徐琰任職杭州及西湖書院創建時間，有四種説法：

一説是至元二十三年（1286），湯炳龍撰《西湖書院增置田記》持此説；

一説是至元二十七年（1290），陳旅撰《陳如心（恕可）墓志銘》持此説；

一説是至元二十八年（1291），黄溍撰《西湖書院田記》、陳基撰《西湖書院書目序》持此説；

一説爲至元三十一年（1294），貢師泰撰《重修西湖書院記》、陳泌撰《西湖書院重修大成殿碑》、民國《東平縣誌》皆持此説。

元世祖至元二十八年（1291）二月丙戌改制，將各道提刑按察司更名爲肅政廉訪司，負責各地方官員監察工作[12]。至元三十年，徐琰赴杭州任浙西道肅政廉訪使，并請寓居錢塘的詩人方回撰《江南浙西道肅政廉訪司題名記》，并勒諸於石。此碑已不存，據《[民國]杭州府志》[13]稱，在《[成化]杭州府志》中有着録。今刻本《[成化]杭州府志》僅有殘本傳世[14]，清代抄本中也無此碑着録，其文字内容僅見於方回所撰《桐江續集》中，迻録如下：

至元二十八年（1291）春，更化。夏，諸道提刑按察司更名曰肅政廉訪司。肅政者，唐禦史台之别名也。

天下三大有司，莫重於中書省，莫重於樞密院，尤莫重於禦史台。省以總國政，院以治兵政，而台有廉訪司，分領諸道，特隆其名曰肅政，則凡天下之爲政者，皆當於此改視易聽，肅然而後可也。夫廉訪司，本一道風憲之寄，而以唐之台名冠之，可謂重矣。自檢之謂廉，泛謀之謂訪，則又合二義而加重其名焉。考典故而立名易，振風采而責實難，前乎是提綱刑獄者，牽制於柄國之人時，則官可債取矣，罪可債免矣，廉訪之職可舉矣。肅其心而後政可肅，廉其身而後人可訪，此名實之説也。司置使二人、副二人、僉事四人，以分司一員監臨各路。

三十年（1293）春正月，中奉大夫大使東平徐公嘗任中司，參大政，自吴門移治於杭，以總各路分司之政，書司官姓名於石，後之覽者將因名以求其實云。[15]

[12]《元史》卷十六“世祖本紀十三”，第345頁。

[13] 卷九十六“金石”著：“元肅政廉訪司題名碑。”其下雙行小字注稱：“成化志，至元三十年方回撰。”民國十一年鉛印本。

[14] 國家圖書館藏有一部《[成化]杭州府志》殘本，存九卷（卷一至三、七至十、六十至六十一）。

[15][清]方回：《桐江續集》卷三十五，文淵閣四庫全書本。

從文字記載的嚴肅性和可靠性來講，有關該機構的官員題名碑應該是最具權威的，所以有關徐琰赴杭州出任浙西道肅政廉訪使的時間可以明確爲至元三十年（1293）春。徐琰上任時，原宋太學故址的東面爲肅政廉訪司公署所在，其西還存有先聖廟等建築，徐琰以舊有屋宇爲基礎擴建，并將原在西湖邊的三賢祠（供奉白居易、林逋、蘇軾）遷入附祀；殿后建講學的主要場所——講堂；講堂的東西兩側建廂房，設爲齋，以作老師、弟子的住處；講堂之後建尊經閣，應爲藏書處；至治三年至泰定元年（1323—1324），代理山長黄裳等又在尊經閣北面建屋五間作爲書庫，用以保存自宋代留存下來的書版以及禦書石經、孔門七十二子畫像石等古物，并設專職“司書”掌管[16]。

元代書院一般都需經過官方報批。徐琰在書院規制大體具備後，通過江浙行省上報中書省，得備案批准，“畀書院額、立山長員”[17]。徐琰在杭任職時間爲至元三十年至大德二年（1293—1298），書院規制補成大約在至元三十一年（1294），至官方備案批准應該再稍晚一些，因此西湖書院正式成立的時間大約在至元三十二年（1295）左右。

[16] 有關西湖書院初建時的規制、格局，參見陳基：《西湖書院書目序》。關於書庫的建造時間，參見陳袤：《西湖書院重整書目記》。
[17] 黃溍：《西湖書院田記》。

元代制度，凡學校、書院皆置有田產，稱爲“學田”，以供贍學所需[18]。西湖書院初設時并無田產。徐琰創立書院後，時任兩浙都轉運鹽使的上海人瞿霆發多次贈其田土，合計 4536畝46步，每年收米 130石[19]；這些田地薄瘠，且距離較遠，其收入大概連基本的修繕、供養都不夠，用於書庫之費更不用説了。之後郡人朱慶宗，感念其二子曾學於書院，捐其宜興州泊陽村圩田275畝給書院，除去租税，實收米 132石[20]。延祐五年（1318）又添置仁和縣田 68畝 1角，收米 54石 6斗。再之後，又增置湖州烏程、平江崑山兩處莊園，共計田11頃29畝35步有餘，實收米752石1斗1升5合，另有山地 21畝 2角10步，房屋12間，每歲收租得中統鈔 2錠 38兩9錢 8分[21]。

3. 第一次整修——修繕大成殿

西湖書院第一次大規模整修是在後至元初。元統二年（1334）秋，大成殿（奉祀孔子像的主體建築）東南角圮壞，時任山長陳泌雇人修繕，因“不良於謀”，工事未竟，徒費貲財。次年（後至元元年，1335）秋，新任肅政廉訪使胡祖廣[22]與新任浙東道宣慰使鐵木哥[23]等共謀，以浙右郡縣學、書院餘錢相助，於後至元二年（1336）完成大成殿的修繕。

主事者在原齋室懸匾，命名爲“志仁”“集義”“達道”“明德”四齋；爲三賢祠（即大成殿）懸匾“尚德”；另辟專室作徐公祠，懸匾“尚功”，以紀念首創書院的徐琰[24]。從此，“書院之盛，遂爲浙東西之冠矣”[25]。

[18] 至元二十三年二月，詔令江南學校原有學田者“復給之以養士”（《元史》卷八十一“選舉志一”，第 2032 頁）；二十五年八月，免江州學田租賦（《元史》卷十五 “世祖本紀十二”，第 314 頁）；二十七年正月，設立興文署，掌管各地經籍書版以及江南學田錢穀。（《元史》卷十六“世祖本紀十三”，第 334 頁）；二十九年正月甲辰，詔令江南州縣學田，“其歲入聽其自掌，春秋釋奠外，以廩師生及士之無告者”（《元史》卷十七“世祖本紀十四”，第 358 頁）。對於侵佔學田的行爲也進行限制，“諸贍學田土，學官職吏或賣熟爲荒，減額收租，或受財縱令豪右占佃，陷没兼并，及巧名冒支者，提調官究之”（《元史》卷一百三“刑法志二·學規”，第 2637—2638 頁）。

[19] 湯炳龍撰《西湖書院增置田記》。湯記所述瞿氏賑田時間有誤，其事應爲實有，《[正德]松江府志》卷二十八載：“瞿霆發，字聲父，其先汴人，扈宋南渡，居上海。……喜賓客、樂賑施，西湖書院、上海縣學，咸割田以資之。”（寧波市天一閣博物館藏）

[20] 黃溍撰《西湖書院田記》。此畝均收米數遠大於瞿霆發所捐田，未知確否，權據黃氏所記。

[21] 湯炳龍撰《西湖書院增置田記》

4. 第二次整修——兵燹後重建、修補書版

至元十六年（1356）七月，張士誠攻佔杭州，江浙行省平章政事左答納失里戰死，行省丞相達識帖睦邇逃遁至富陽，苗軍帥楊完者和萬戶普賢奴擊退張士誠，收復杭州[26]。兵燹之後，西湖書院被廢，三賢堂焚毁，“像設隊剥，庭廡汙穢，居人馬迹交集其中，書籍俎豆狼籍弗禁”。次年，因“大閱”，尊經閣、書庫相繼傾壞，幾乎已全部毁壞。

此年，翰林侍講學士丑的新任江南浙西道肅政廉訪使，個人出資，以粳米二百石準備重建書院[27]，行省丞相達識帖睦邇又相助私財白金五十兩[28]。重建工程始於至正十八年（1358）十月，於次年正月竣工，基本恢復原有格局[29]。

此次重建，另有一項後續大工程，即始於至正二十一年（1361）的書版修補，具體詳見下文。

[22] 胡祖廣《元史》無傳，據《[嘉靖]山東通志》卷三十所載，胡祖廣增任浙東海右道肅政廉訪使。（寧波市天一閣博物館藏）

[23]《[至正]四明續志》卷一“職官·浙東道宣慰使司”：“鐵木哥，中奉大夫，至元元年八月十六日之任。除江南浙西道肅政廉訪使。”《續修四庫全書》據明抄本影印，第704册。

[24] 修繕詳情參閱陳泌撰《西湖書院重修大成殿碑》。

[25] 貢師泰撰《重修西湖書院記》。

[26]《元史》卷四十四“順帝本紀七”，第932頁。另參見同書卷一百四十“達識帖睦邇傳”，第3375頁。

[27]《新元史》卷二百十四“丑的傳”。一作“酬德”，參見貢師泰撰《江南浙西道肅政廉訪使酬德公德政碑》，載氏着《貢禮部玩齋集》卷九。

[28] 達識帖睦邇，爲元英宗時禦史大夫康里脱脱（一作托托）之子（[清]邵遠平撰《續弘簡録元史類編》卷三十八，清康熙三十八年自刻本），故貢師泰撰《重修西湖書院記》稱其爲“丞相康里公”。

[29] 貢師泰撰《重修西湖書院記》。

二、西湖書院所刻書考

1. 西湖書院刊印書今存世者僅《國朝文類》

考諸史料，明確爲西湖書院所刊刻的典籍，其實并不算多[1]，嚴格來説，由西湖書院主持刊印并留存至今的文獻，僅有《國朝文類》一種。（圖二）

一般而言，判斷某書的刊刻出版者，多以主持校刊者或出資刊刻者爲准。《國朝文類》七十三卷《目録》三卷，元蘇天爵輯，至正二年（1342）由西湖書院主持刊刻完成。葉德輝在談到元代官刻之書大多由中書省行文給江浙一帶諸路，於“有錢糧學校贍學田款内開支”的幾種情况時，所舉中書省行文江浙等處行中書省，由其下派給行省所轄杭州路西湖書院所刻書的例子時，僅有《國朝文類》七十卷一種[2]。

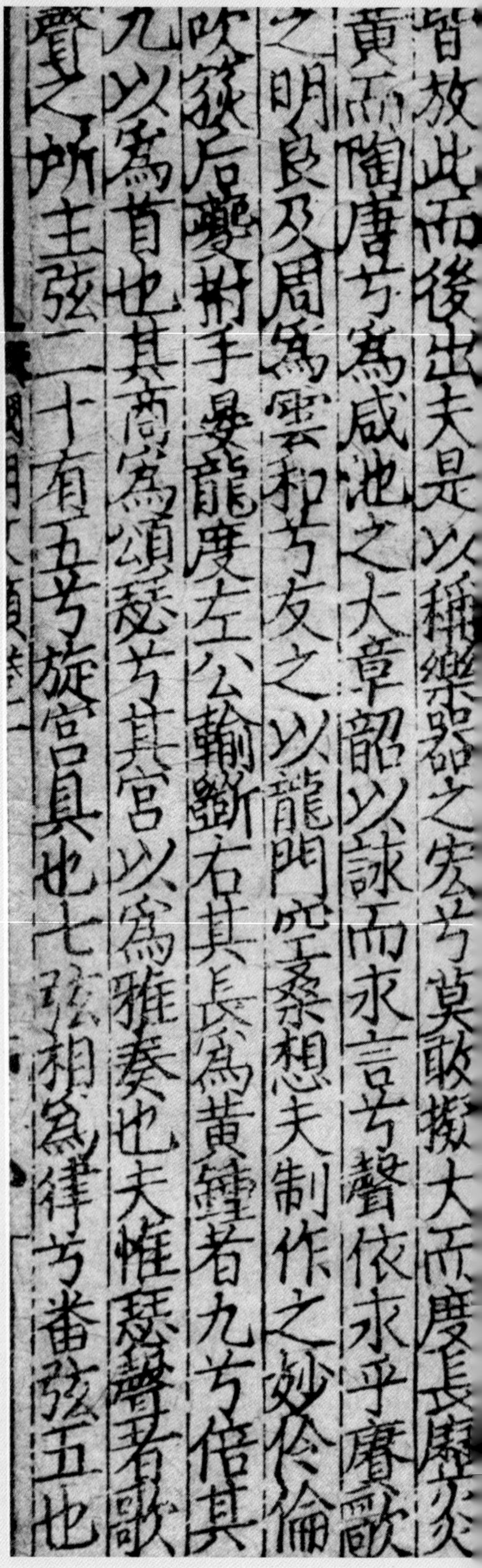
皆放此而後出夫是以稱樂器之先兮莫敢擬大而度長歷炎
黄而隋唐兮爲咸池之大章韶以詠而永言兮聲依永乎賡歌
之明良及周爲雲和兮友之以龍門空桑想夫制作之妙兮倫
吹簇后夔拊手暴龍度左公輸斷右其長爲黄鍾者九兮倍其
九以爲首也其商爲頌聲兮其宮以爲雅奏也夫惟聲者歌
聲之所主弦二十有五兮旋宮具也七弦相爲律兮番弦五也

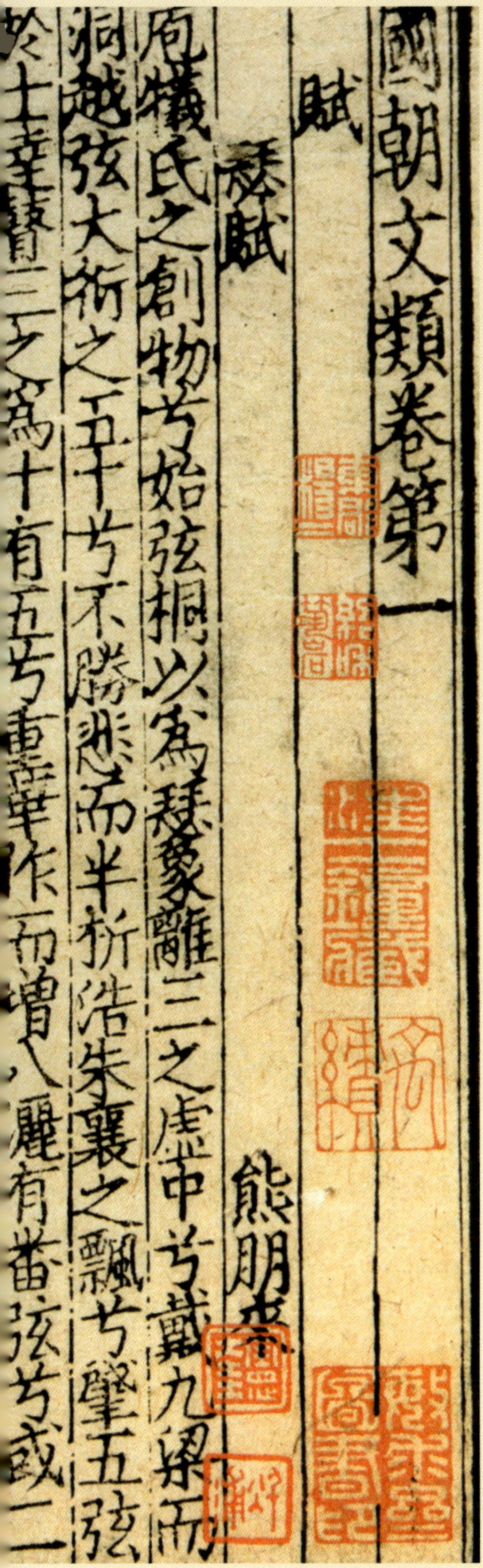
國朝文類卷第一
賦
琴賦　熊朋來
庖犧氏之創物兮始弦桐以爲琴象離二之虛中兮載九絜而
洞越弦大衍之五十兮不勝悲而半折浩朱襄之飄兮擘五弦
於士達賢二之爲十有五兮重華作而增〔〕麗有番弦兮或二

[1] 陳矩弘：《元代書院刻書事業述略》，載《圖書與情報》2006 年第 2 期。

[2] 葉德輝撰：《（插圖本）書林清話》卷七『元時官刻書由下陳請』，上海：上海古籍出版社，2008 年版，第 133 頁。

圖二（左）《國朝文類》，元至正二年（1342）西湖書院刻本（國家圖書館藏本）。轉自《第二批國家珍貴古籍名録圖録》，北京：國家圖書館出版社，2010 年版，第 290 頁。

《國朝文類》約成書於元統二年（1334），現存西湖書院刻本前後有元統二年文林郎、江南諸道行禦史台、監察禦史王理，將仕佐郎、國子助教陳旅序，元統三年（當年改元至元）王守誠跋。此書系蘇天爵以個人之力，輯集元代窩闊台時期至仁宗延祐間各家詩、文所成之書，計八百餘篇，按文體分作四十三類。蘇天爵曾三任史官，預修武宗、文宗實録，編輯此書多從留存史事着眼，故翰林院審查意見認爲該書“雖文字固富於網羅，而去取多關於政治”，堪與《文選》《唐文粹》《宋文鑒》并論。此書保留了提請刊行此書的公文抄白[1]，詳細敘述了刊印的全過程，簡要概述如下：

《國朝文類》書稿呈進，先交由翰林國史院審看，翰林待制謝端、修撰王文燁、應奉黄清老等提出上述審查意見，并建議用“江南學校錢糧”刊板印行。翰林院的審查意見轉禮部復查，復查無異議後，中書省（公文中多稱爲“都省”）即行文江浙行中書省，要求“於錢糧衆多學校内，委官提調，刊勒流布”。據此，江浙行省将咨文及書稿發給下屬主管教育的機構——江浙等處儒學提舉司施行。

後至元二年（1336）十二月初六，江浙等處儒學提舉司奉命，委派西湖書院山長編製預算、主持刊印之事，副提舉陳登仕負責校勘，浙西道肅政廉訪司監督。後至元四年（1338）書版基本刻竣，并預印兩部，進行校勘、清點。

至正元年（1341），新任江浙等處儒學提舉的黄溍尚在京城大都，就便在蘇天爵家取原稿進行校對，查得書版中漏刊卷四十一下半卷，计有 18块版9390余字，另外 93块版有脱漏、差誤130余字。待全部修訂、校勘完成後，于至正二年（1342）正式完成此書刊造并進呈完書，書版收歸西湖書院保存。

[1] 相關專論有：金達胜、方建新：《元代杭州西湖書院藏書刻書述略》，載《杭州大學學報》1995 年第 3 期；陳矩弘：《元代書院刻書事業述略》，載《圖書與情報》2006 年第 2 期。幾種大型書目將《文獻通考》著録爲西湖書院刻本，如：《中國古籍善本書目·史部》，上海：上海古籍出版社，1993 年，第 1110—1111 頁；《中國古籍總目·史部》，北京：中華書局、上海：上海古籍出版社，2009 年，第 6 册第 3119—3120 頁。

2. 誤以爲西湖書院刊印之書

目前所見相關研究成果及大型古籍書目，均將泰定元年（1324）所刊《文獻通考》和至正二十三年（1363）朱元佑所刊《鄂國金佗萃編》及《續編》定爲西湖書院所刊[1]。

《文獻通考》三百四十八卷，元馬端臨撰。此書在元代曾刊刻過兩次，第一次刊成於泰定元年（1324），第二次由時任江浙等處儒學提舉余謙主持修訂後刊成於後至元五年（1339）。前文已述，元代規定各地有著述需要刊行，皆需由本路官呈進、經翰林國史院審查後，以贍學錢糧刊行。然而馬氏《通考》一書却是由道士王壽衍所進呈，故錢大昕稱之爲"一時嘉話"[2]。

據该書泰定元年（1324）刻本所録公文可知，弘文輔道粹德真人王壽衍於延祐四年（1317）奉旨外出尋訪"道行之士"，路經饒州路樂平州（今江西樂平）時，得見南宋丞相馬廷鸞之子馬端臨所着《文獻通考》一書，可與杜佑《通典》"相爲出入"，便謄録副本，於延祐六年（1319）上表進呈[3]。

江浙等處行中書省下文饒州路，要求將《文獻通考》正文三百四十八卷及目録謄寫一份，共计 68册，於延祐六年七月送至江浙等處儒學提舉司校勘；之後，江浙行省將書稿送往中書省，依例，中書省轉禮部及翰林國史院審查後同意刊行，命饒州路負責提调，请馬端臨亲携稿本前往謄寫校勘，并於至治二年（1322）下派樂平州具體負責组織刊印工作[4]。該書大致雕印完成於泰定元年（1324），書版則藏於西湖書院[5]。如前所述，判斷某書刊刻者，往往以刊印工作主持、组織者或者出資者为依據，《文獻通考》元代初刻本之刊刻者實爲江浙行省下轄饒州路（或再具體爲樂平州），而非西湖書院。

[1] 相關專論有：金達胜、方建新：《元代杭州西湖書院藏書刻書述略》，載《杭州大學學報》1995 年第 3 期；陳矩弘：《元代書院刻書事業述略》，載《圖書與情報》2006 年第 2 期。幾種大型書目將《文獻通考》著録爲西湖書院刻本，如：《中國古籍善本書目·史部》，上海：上海古籍出版社，1993 年，第 1110—1111 頁；《中國古籍總目·史部》，北京：中華書局、上海：上海古籍出版社，2009 年，第 6 册第 3119—3120 頁。

[2] [清] 錢大昕撰《元史藝文志》卷一。

[3] 《進文獻通考表》，《文獻通考》第 1 册，元泰定元年（1324）刻後至元五年（1339）余謙重修本（國家圖書館藏）。

[4] 《抄白》，《文獻通考》第 1 册，元泰定元年（1324）刻後至元五年（1339）余謙重修本（國家圖書館藏）。又《宋元學案》卷八十九"教授馬竹洲先生端臨"載："（端臨）宋亡不仕，著《文獻通考》。……仁宗延祐四年，遣真人王壽衍尋訪有道之士，至饒州路，録其書上進，詔官爲鏤板，以廣其傳，仍令先生親齎所着稿本，赴路校勘。英宗至治二年，始竣工。"（[清] 黄宗羲原撰，[清] 全祖望補修，陳金生、梁運華點校，北京：中華書局，1986 年，第 2977 頁）

[5] 《余謙叙紀》，《文獻通考》"目録"卷末，元泰定元年（1324）刻後至元五年（1339）余謙重修本（國家圖書館藏）。

《鄂國金佗萃編》二十八卷《續編》三十卷，宋岳珂編。岳珂爲岳飛之孫，宋寧宗嘉定時，因官奉議郎權發遣嘉興軍府兼管内勸農事，定居嘉興金佗坊。岳珂在其父岳霖整理的基礎之上，廣泛搜集岳飛事迹、遺文等材料，進書朝廷，爲其祖平反。《萃編》於嘉定十一年（1218）刻於嘉興，《續編》則刊於紹定元年（1228）[1]；端平元年（1234）又將兩編合刊[2]。此書至元朝已無帙，江浙行省斷事官經歷、江蘇人朱元佑遍訪民間藏書，尋得“殘編斷簡，參互考訂，合其次第”，於至正二十三年（1363）付諸楮墨。其時，江浙行省平章政事张士信正在杭州大興土木，包括整修西湖書院及其藏版（事詳下文），於是命朱元佑刊行後，將書版藏於書院——即岳氏故第[3]。歷代書目中將此書作西湖書院刊刻者，有《天祿琳琅書目後編》及《潛研堂集》[4]。

另有《刑平編》一書，也誤認爲西湖書院所刻，實際也是刻成後書板入書院而已。《刑平編》系禮部員外郎、婺源人程文搜集整理歐陽玄、揭傒斯二人有關刑律的文稿而成。元人陳基爲其作序：“二公既没，君（程文）乃手輯遺稿廿有五章，并《五刑》、《獄空》等論六章爲一卷，題曰《刑平》，尋自爲之引。杭郡守吴陵謝侯請刻，置西湖書院。”[5]

[1] 參見是書岳珂自序，元至正二十三年（1363）朱元佑刻明修本（國家圖書館藏）。

[2][清]錢大昕撰：《跋金佗稡編》，《潛研堂文集》卷三十，吕友仁校點：《潛研堂集》上册，上海：上海古籍出版社，2009年，第541頁。

[3] 參見是書陳基序、戴洙後序。戴洙後序見於元刻本（國家圖書館藏），因現存元刻本有缺失，陳基序未見，四庫全書本、清光緒九年浙江書局刻本及氏著《夷白齋稿》卷二十二均存該序。

[4]《潛研堂文集》卷三十“跋金佗稡編”：“元季重刻於杭州西湖書院，則有臨海陳基、會稽戴洙二序。”（[清]錢大昕著，吕友仁校點：《潛研堂集》上册，上海：上海古籍出版社，2009年，第542頁。）《天禄琳琅書目後編》卷十五“金佗編”：“元至正二十三年刻於西湖書院，有陳基序。”（[清]于敏中、彭元瑞等著，徐德明標點：上海：上海古籍出版社，2007年，第694頁）

[5]《夷白齋稿》“補遺”。

3. 文獻所見西湖書院所刊印未存世書

元代西湖書院曾刊印而未得存世者，另有数種散見於文獻。

據《新安文獻志》所記，西湖書院在元至正時曾刊印婺源人程文着作三种：《蚊雷小稿》《师意集》《黟南生集》。程文，字以文，号黟南生，曾官至禮部員外郎，又有“程禮部”之稱[1]。程文文集明代尚存，至清初顧嗣立編《元詩選》時已不得見其全集[2]。

《省心雜言》一卷，也曾刻於西湖書院，以往的刊行者多以爲宋人林逋所作，多附在《林和靖集》之后。《宋史·藝文志》著録有《李公省心雜言》一卷，不知着者名[3]。由朱熹弟子彙編的《朱子語類》提到另有一種《省心録》，認爲是“沈道原作，非林和靖也”[4]，这一說法爲明初宋濂所接受[5]；而清初盧文弨則認爲《朱子語類》所言之書其名不一，還是應歸於林逋[6]。四庫館臣從《永樂大典》中輯出《省心雜言》二百餘條，認爲“依宋時槧本全帙録入”，確定是李邦獻（北宋末年宰相李邦彦之弟）所作[7]。

[1] 詳見《新安文獻志》卷四十九《七哀辭程禮部》、卷六十六《程禮部文傳》（[明]程敏政辑撰，何慶善、于石點校：黄山書社，2004年，第1053—1054、1627—1628頁）。《元史藝文志》卷四著録：“程文，《黟南生集》三十八卷，《蚊雷小稿》四卷，《師意集》。”

參見王樹林《〈全元文〉中程文漏收文拾輯及生平着作小考》，載《中國典籍與文化》2008年第1期。

[2] [元]脫脫等撰：《宋史》卷二百五，北京：中華書局，1985年，第5176頁。

[3] [宋]黎靖德編，王星賢點校：《朱子語類》卷一百三十八“雜類”，北京：中華書局，1986年，第3278頁。

[4] [明]宋濂撰：《題省心雜言後》：“刻於虎林西湖書院已久。序之者謂和靖處士林逋所作，世之鉅儒頗疑焉。……乃沈道原作。”見氏著《宋文憲公全集》卷四十五，清嘉慶十五年金華府學刻本。

[5] [清]盧文弨撰，楊曉春點校：《龍城札記》卷二“省心雜言”，北京：中華書局，2010年，第136頁。

[6] [清]紀昀等撰：《欽定四庫全書總目》卷九十二，清乾隆六十年浙江刻本。

三、西湖書院所藏書版

元世祖忽必烈是少數重視漢文化、推崇儒術的蒙古統治者之一。早在元太宗窩闊台八年時，依耶律楚材所言，在平陽路（今山西省範圍）設立編集經史的“經籍所”，世祖至元四年（1267）遷至京城，改名爲“宏文院”；至元九年（1272）設立“秘書監”，掌管歷代圖籍和陰陽禁書。至元十三年（1276）正月，元軍攻打臨安，宋室獻國璽投降。次月，元朝任焦友直爲兩浙宣慰使，命其“括宋秘書省禁書、圖籍”。經過八個月的努力，焦友直於當年十月將在臨安所搜集到的“經籍圖畫、陰陽秘書”送往京城。另外，元軍伐宋統帥、中書右丞相伯顏在進入臨安後，即派郎中孟祺“籍宋秘書省、國子監、國史院、學士院圖書”，通過海路運至大都，至此，元秘書監的藏書已“彬彬可觀”了[1]。

兩宋文盛，除了秘藏的前朝圖籍，還有大量刊刻精美的當代書版。至正十五年（1278）四月，元世祖又採用集賢大學士兼國子祭酒許衡的建議，遣使再往江南，將“杭州在官書籍板及江西諸郡書板”取回，立“興文署”掌管[2]。但不知何故，南宋太學所藏的二十餘片書版却未被取走，從而爲元代西湖書院所繼承[3]。

[1] [清] 錢大昕：《元史藝文志》卷一。另參見《元史》卷九“世祖本紀六”，第179、180頁。
[2] [清] 錢大昕：《元史藝文志》卷一。另參見《元史》卷十“世祖本紀七”，第200頁。
[3] 張秀民推測是因爲該批書版殘缺不全。參見氏著《中國印刷史（插圖珍藏增訂版）》，杭州：浙江古籍出版社，2006年，第202頁。

1. 書版清點

上文已述，西湖書院初創時，即設立“司書”一職，專掌南宋太學留存的二十餘萬書版，且時有修補。如郡人朱慶宗捐田所收米，專“待書庫之用而毋移他費”，以補“刓缺”、正“舛誤”、增“未備”[1]；再如延祐六年（1319），廉訪使周伯琦開源書院經費，得中統鈔六百餘錠，其中即包括“補刊書板餘力”[2]，可見修補書版的經費一直有保障。

至治年間，廉訪司官員張昕、趙植、柴茂等發起，在藏經閣後另盖屋五間，專作庋藏書版之所。在代理山長黄裳、教導胡師安、司書王通督等組織下，於至治三年至泰定元年（1323—1324）对所藏書版進行清點、編類，并以此爲基礎商議補版事宜。經整理，共得書123種，其中經部52種、史部36種、子部11種、集部24種。所有過程及相應書目均由山長陳袤撰記，勒於石，題爲“西湖書院重整書目”[3]。

將書目勒諸石上且有拓本傳世者，“西湖書院重整書目碑”是僅有的一例[4]。

[1] 黃溍：《西湖書院田記》。

[2] 湯炳龍：《西湖書院增置田記》。據《元史》卷一百八十七“周伯琦傳”，周伯琦於至正十四年（1354）後始任浙西肅政廉访使。（第4297頁）

[3] 陳袤：《西湖書院重整書目碑并記》。

[4] [清] 葉昌熾撰，陳公柔、張明善點校：《語石》卷五：“一曰書目。余好碑版之學，又好目録之學，魚與熊掌二者兼得，惟有《西湖書院書目記》。”北京：中華書局，1994年，第368頁。

2. 書版修補

第二次大規模整修書版是在至正二十一年（1361）。

前文已述，至正十六年（1356）張士誠攻佔杭州又被擊退；次年在楊完者的勸説下，張士誠假意降元，被封爲太尉，其弟張士德授爲淮南行省平章政事、張士信授爲同知樞密院事；至正十九年，朝廷又授張士信爲江浙行省平章政事，張士信"乃大發浙西諸郡民築杭城"[5]。

至正二十一年，在江南浙西道肅政廉訪使丑的與行省丞相達識帖睦邇資助整修書院竣工後，張士信命左右司員外郎陳基主持書版整修工程。工程始於當年十月初一，至次年七月二十三完工。共計：

補刻缺板——7893块、3436352字；

修補漫毀——1671块、211162字；

整修成本——粟米 1300餘石、木材 930株；

書手、刊工 92人；

校對者：宇文桂（餘姚州判官）、沈裕（西湖書院山長）、馬盛（廣德路學正）、淩雲翰（蘭亭書院山長）、張庸（布衣）、宋良（齋長）、陳景賢（齋長）。[6]

[5]《元史》卷一百四十"達識帖睦邇傳"（第 3377 頁）。另參見《元史紀事本末》卷二十六"東南喪亂"。（[明] 陳邦瞻撰，王樹民點校：北京：中華書局，2015 年，第 209 頁）。

[6] 陳基：《西湖書院書目序》。

3. 元末明初書版存亡情況

西湖書院所藏書版信息，自泰定元年編修勒石之後，再無相關史料記載，直至明代嘉靖年間所編的南京國子監專志《南廱志》有所載録[1]，民國初年王國維在其所撰《兩浙古刊本考》中單列《西湖書院書板考》一篇，詳細考證了西湖書院書版的流传、存亡情況[2]。

根據對以上材料比較統計結果顯示，《西湖書院重整書目》所載123種，及此《書目》未收録的《文獻通考》和《國朝文類》2種書版，至元末明初时尚存者 56種，亡佚者 64種，情況未詳者 5種，可见當時書版已損失過半。而在所存 56種書版中，根據王國維的統計，應有版 54039面，實存 54039面，存版比例還是比較高的（94%），而存版中的好版也占多數（76%），這應歸功於西湖書院時期及入明南京國子監後歷次的修補。（見圖三）

圖三 《西湖書院重整書目碑》拓本

[1] [明] 黄佐：《南廱志》卷十八“經籍考下篇”，民國二十年南京國學圖書館影印明刻本。

[2] 王國維：《兩浙古籍本考》卷上“壬 西湖書院書板考”，民國十六至十七年海寧王氏刊海寧王忠慤公遺書本。

四、對元代西湖書院刻書地位的再認識

書院刻書研究者，一般都会提到顧炎武的一段話：

聞之宋、元刻書皆在書院，山長主之，通儒訂之，學者則互相易而傳布之。故書院之刻有三善焉：山長無事而勤於校讎，一也；不惜費而工精，二也；板不貯官而易印行，三也。[1]

這段話是針對明代北監所刻《十三經》《二十一史》校勘不精、多訛舛的情况，并引用了明人陸深的《金台紀聞》对元代以學租之餘以供刻書的情形：元代時"郡縣俱有學田，其所入謂之學糧，以供師生廩餼，餘則刻書，以足一方之用。工大者則糾數處爲之，以互易成帙，故讎校刻畫頗有精者，初非圖鬻也。國朝下，江南郡縣悉收上國學。……今學既無田，不復刻書，而有司間或刻之，然以充餽贐之用，其不工反出坊本下，工者不數見也。"[2]其意主要是批評明代刻書不如前代，所以顧氏緊接着在其後説道："是故信而好古，則舊本不可無存；多聞闕疑，則群書亦當并訂。此非後之君子之責而誰任哉！"[3]那麽顧氏所讚元代學院刻書之善諸條，真實情况是否確如其所言呢？

元代西湖書院歷代山長生平可考者并不多。根據文獻記載，大致可知有如下數任山長：

陳恕可（1258—1339），首任山長，爲西湖書院創始者，時任浙西道肅政廉訪使徐琰所延聘，大約至元三十年（1293）起任。陳恕可生平詳見元人陳旅所撰《陳如心墓誌銘》[4]，字行之，一字如心，自號宛委居士，宋咸淳十年（1274）中銓試，授迪功郎、泗州虹縣主簿。宋亡後一度寓居杭州，自聘任西湖書院山長始仕元，後歷任崇德州儒學教授、廬州路儒學教授、衢州路江山縣主簿、寶慶路總管府知事、松江府上海縣丞，68歲時以承務郎平江路吴縣尹致仕。其"學綜經史，達禮制，詩文醇正近古"。

趙良秘，生卒年、任西湖書院山長時間皆詳，僅見於方回所寫《送西湖書院趙山長》一詩（[元]方回撰，《桐江續集》卷二十四）。方回晚年寓居杭州，以詩游食，於大德十一年（1307）去世。其詩稱："百世不朽徐子方，趙君牽聯同不朽，首助膏腴五百亩。"如據此詩，則此趙良秘山長一職似與捐田有關。

胡長孺（1249—1323），字汲仲，號石塘，婺州永康人，元代永嘉朱子學傳人。有關胡長孺任西湖書院山長的記載，僅見於其門人、同爲元代理學大儒陳剛的材料中。《弘治温州府志》《宋元學案》俱載，平陽人陳剛從石塘胡先生學,而石塘時爲杭之西湖書院山長。(《宋元學案》卷六十五“陳潛齋先生剛”）按陳剛的生卒年不詳，大致生活在延祐至至正年間。胡長孺於至元二十五年（1288）始仕元，先拜集賢院修撰，後改扬州教授，至大元年（1308）轉台州路寧海縣主簿，延祐元年（1314）轉兩浙都轉運鹽使，司長山場鹽司丞，以病辭官，隱居杭州以終（《元史》卷一百九十本傳）。其與陳剛有交集的時間，大致在延祐至至治間（1314—1323）。而有關其掌西湖書院事,僅爲孤證,姑存一説。

黄裳，代理山長，約至治至泰定間（1321—1327）任職。（陳袤《西湖書院重整書目記》）

黄玠，湖州知府黄正孫之子，字伯成，其祖本慈谿人，後遷居嘉興魏塘，與趙孟頫游，尤與黄溍善。陳旅爲江浙儒學提舉，起玠西湖書院山長，數月歸。（[明]趙瀛纂修 [明]趙文華纂修《嘉興府圖記》卷十五）據《元儒考略》卷三載，陳旅元統二年（1334）出爲江浙儒學副提舉，至元四年（1338）入爲應奉翰林文字。（《元史》卷一百九十本傳）

陳泌，後至元二年（1336）前後在任。（[元]陈泌撰《西湖书院重修大成殿碑》，《两浙金石志》卷十六）

范祖幹（?—1385),字景先,金華人，至正中（1341—1367）被推薦爲西湖書院山長，受命不到一個月便“以養親辭歸”。[1]

莫仲弘，生卒年、任西湖書院山長時間皆不詳。（[明]李維楨撰《大泌山房集》卷一百六《高行贈大夫莫公墓表》）

據上述梳理可知，任山長者，既有碩學名儒，也有泛泛之輩，甚至還有可能以捐田得聘者；任職時間也長短各異，是否確如顧炎武所稱都能“勤於校讎”尚未可知。

[1][明]顧炎武著、[清]黄汝成集釋、欒保群校注：《日知録集釋》（校注本）卷十八“監本二十一史”條，杭州：浙江古籍出版社，2013年，第1044-1045頁。

[2][明]陸深：《金台紀聞》，明萬曆至泰昌間繡水沈氏刻寶顔堂祕笈本，浙江圖書館藏。顧炎武所引文字與此本略有差異，但不影嚮文意理解。

[3]《日知録集釋》（校注本）卷十八“監本二十一史”條，第1045頁。

[4][元]陳旅撰、[清]顧嗣立輯：《安雅堂集》卷十二，清康熙長洲顧氏秀野草堂刻元詩選本，浙江圖書館藏。

元代書院皆有學田，以多餘田租供刻書，因此確有能力“不惜費”，但“不惜費”是否就能達到“工精”的效果呢？前述《國朝文類》初刻成稿時，由新任江浙等處儒學提舉黄溍在大都，據原稿進进校勘，核出漏刻一卷（卷四十一下）、93块版脱誤130余字。與該書的規模相較，这一比例應算是較低了；而且應是據謄抄稿所刻，故脱誤之處也有可能係謄抄之誤。從該書現存印本看，版面較爲寬大，半葉框高 19.8厘米、寬13厘米，半葉13行、每行24字，字體圓正工整。因此，西湖書院刻本確是“工精”之作。

顧炎武還認爲書院刻書，“板不貯官而易印行”。元代書院係官學的一部分，書院刻書亦屬官刻，从前述可知，有不少官刻書也貯版於書院。因此，元代書院可以説是官方書版庫之一，書院書版即可理解爲“貯於官”了。關於書院所藏圖書及書版如何管理，在元代佚名所撰《廟學典禮》一書中有一段出自行御史台的詳細規定：

各處學校見有書板，令教官檢校全者，整頓成帙，置庫封鎖，析類架閣，毋致失散，仍仰各印一部；及置買《四書》《九經》《通鑑》各一部，裝背完整，以備檢閲，不許借借出學。如有書板但有欠闕，教官隨即點勘無差，於本學錢糧内刊補成集。

可見書院書版及藏書是不能隨意刷印、出借的。從常理推斷，書院利用所藏書版印書，一般是供本院師生教學所用；而且書院所藏圖書還有其他來源，自刻書僅是其中一小部分[2]。書院有學田、學租，經費較爲充裕，應不至於以印書售賣來獲益。因此，書院以外群体利用書院藏版印行，應皆非易事，顧氏所論，至少在元代缺少事實依據。

綜上所述，元代西湖書院刻書屬官刻書的一類，元代官刻則以各路儒學爲主，書院刻書只占官刻的一小部分。書院教學用書也并非以自刻爲主，還有官賜、購買、捐贈等其他方式。西湖書院繼承了南宋太學書版及其他故物，元亡後这批書版又爲明國子監所承續，使得宋代高度發達的版刻成就有了更多的直接傳承渠道，这大概可算作是西湖書院在中國書籍發展史上最突出的價值和地位吧。

[1] 參見 [明] 鄭柏：《金華賢達傳》卷十一、《宋元學案》卷八十二。
[2] 參見賈秀麗：《宋元書院藏書與刻書》，載《圖書館論壇》1991 年第 2 期。

舉父：滚動向前的棒球精神

文｜Jack廖、Wendy
舉父棒壘球俱樂部創始人、湖上

編者語：在杭州，有這樣一個棒球活動組織，名爲舉父。他們以家庭和熱愛爲名，在良渚一隅爲孩子建造了浙江省第一座標准棒球場，於是一段與親子和棒球相關的奇妙故事在這裏開啟。他們將棒球的種子埋在這片小小的土地上，時間的滋養下它自然生長着。底部盤根錯節的枝葉就像每個人的手，托起了如今這棵鬱鬱蔥蔥的大樹。

到處都是大小不一的石頭，散落在空闊的、凹凸不平的黄沙地上，邊上放置着好些巨大的蛇皮袋，裏頭已被這樣的石頭堆得老高，這是一片正在建設中的球場，乍眼看去有些荒凉。

孩子們三三兩兩，正彎腰撿拾着，稚嫩的小手以最大的幅度張開，如同一張網似的將石子收在手心。遠處還有和他們一樣身着棒球服的大人們，正拿着鏟子將大塊的石頭倒入袋子裏。儘管棉手套已布滿塵垢，前額也滲出了細密的汗珠，長時間重復的彎腰不可避免地讓人感到明顯的酸痛，這群人仍樂此不疲着清理着場地。

這是後來許多的日子裏，他們常常跑壘的球場。以這樣的形式在球場留下的第一次足迹。無疑爲舉父注入了獨屬於它的靈魂——這是互動協作的第一步，也是舉父向前邁進的第一步。

一切都始於自然

2013年，一對退休的中国台灣夫婦來到了他們慕名已久的杭州，决定在“中華文明曙光”的發祥地——良渚安家。經繞漫長的時間，他們以此處爲起始點，再度與棒球接軌。

與棒球的緣分，可以追溯至他們各自的童年時期。

小學時期的 Jack 對棒球近乎狂熱。那時的他無論風吹還是日曬，大把的閑暇時光，幾乎都與棒球一起度過。一顆用紅色麻線纏繞的白色小球、棒球棍、棒球手套。有它們，就足夠讓一個少年擁有百分之百的快樂。

儘管步入成人世界後，被生活推着向前走的他能夠自己切身體會棒球樂趣的時間越來越少。但這并不妨礙他對棒球的熱愛。去公園看別人打打棒球、觀看棒球賽事，都是他參與棒球的方式。

而對於 Wendy 而言，棒球在她的記憶裏的味道是甜的。小時候，每當半夜和家人一起觀看棒球賽事時，母親都會在賽事開始前給他們分發巧克力。自此，棒球的餘味便在她的生活中暈開，浸潤了往後很長的歲月。

退休後的時間流逝得很慢。2014年某個平常的一天，Jack發現從小埋下的那粒火種，似乎在生活的河流中被沖淡了，但却從未熄滅過。那些在球場上曾讓他狂喜的、流淚的，情緒深刻的記憶經過幾十年，突然再次破土而出，證明他沒有忘掉。於是他常會叫上兒子一起去良渚文化村的草坪上打棒球，或許是他們的互動和諧有趣，吸引了不少對棒球感興趣的鄰居。以此爲契機，他們嘗試着組織親子棒球活動，拉近親子關係的同時，這也開始成爲鄰里間共同的生活方式。

從起初的一兩個家庭，到後來的四十多個家庭；從河邊的草坪，到學校的球場，直至 2018年，學校不便再提供場地，四十餘位父親決定合力，自行建造一個球場。棒球聯繫起人與人的情感交流，絲絲扣扣地爲他們織入萬有引力般的紐帶。

愛是血緣 喜歡是互動

生活由若干個動詞構建而成。我們如何理解生活，動詞便以何種形式出現。於 Jack 和 Wendy 而言，棒球運動就是他們理解生活的其中一種方式。肩膀的發力，身體的旋轉，手臂的甩動，整個能量傳遞的線性鏈條給大腦帶來的愉悅感，與小時候投擲的石子在平靜的河面打起水漂一般無二。差別在於，棒球更有一種可互動感。

這樣的互動感，被 Wendy 稱之爲——喜歡的運算式。 或許是長期從事教育行業的緣故，她對親子教育有着自己獨到的見解。她認爲，“愛是血緣，喜歡是互動”。由血緣而滋生的愛是本能，但發自內心的喜歡却需憑長久的互動滋養。因此根植於他們心中的教育理念是——以身作則，潤物於無聲。

英國哲學家與社會學家赫伯特·斯賓塞曾說：“父親是孩子通往外部世界的引路人。”在孩子的成長過程中,父親的存在也不可或缺。但傳統父權文化特色的家庭分工模式及社會性別的刻板印象，某種程度上也導致現在很多家庭中，父親在陪伴中的缺位。由缺位而帶來的直接影響則是親子相處中的疏離。

於是 Wendy和 Jack以此爲切入點，希望構建起每個家庭都能參與其中的烏托邦。

而此時的父親又多了一重身份——孩子的教練。似乎是這麼多年的踐行讓他們有所感觸，Wendy和 Jack認爲，教育不總是嚴肅正統的，它也可以很輕盈。

“我們在設計棒球體驗環節的時候，其中一個重點就是，樂趣應該是大人小孩都有的，在這個過程裏面，你可以產生你自己的樂趣，當然透過一些安排和設計，也要讓大人感受到樂趣，而不只是富有教育意義的、嚴肅的東西。”他們如是說道。

杭州举父之王垒球队
举父棒球俱乐部
JOYFUL PANTHER
杭州举父黑豹棒球队
举父棒垒球俱乐部

通過精巧的設計，大人們對棒球的熱情愈發高漲，從最初的親子棒球隊，慢慢延伸出了大叔聯盟隊、小鬼聯盟隊，以及母親們組成的女子壘球隊。這從側面意義上佐證了 Jack那句話："不管是大人、小孩、男人、女人。4歲的小孩想要得到的快樂跟 50歲的大叔想要得到的快樂形式可能不一樣，但本質是相同的。"

何爲舉父？它是《山海經》中善投擲的神獸；它是對於舉父二字最好的注解：舉眾父親之力爲孩子建造一個棒球場，這是他們贈予孩子的禮物，也是家庭之於他們的意義；它還意爲，永遠是一個“Joyful land”。

Jack和 Wendy認爲，比起找到真正令人倍感快樂的東西,學着如何快樂要容易的多。而舉父正在傳遞着這樣的能量，并以此作爲線索，鏈接着更多的人們。儘管在如何“做好一件事”上，腳下不平整的石子路總是居多。而舉父作爲自發新啟的組織，從來沒有所謂的模仿對象。從組織方式到資源的整合，再到創新的可能，這是一個不斷循環的過程。舉父一直以最積極的狀態與過程中的“不速之客”交手，試圖在快樂和發展的穩定性中尋求平衡。

向前滾動的棒球精神

“棒球，不只是棒球。”Jack和 Wendy認爲，比起爲了棒球而棒球，棒球更像是一個承載體，承載了他們的態度和思想。

對於他們來說，體育本質上雖帶有競技色彩，但不是全部。“參加比賽時，當然會有取勝的偏見，但是輸贏并不是我們所强調的，它可以有更大的空間。比如一些正面價值與思考的傳遞，比如它給人們帶來的互動體驗感。”

在 Jack眼中，這些更有温度的東西，遠比競技本身來得重要的多，它更像是一種生活態度的聚攏。對於孩子來說，或許能夠爲他們帶來積極的影響；對於青年來說，或許是在被學業壓得喘不過氣的時候，一個小小的通氣口；對於職場人來說，它又是生活和工作的調味劑。雖在不同的人生軌道上行駛，但是想在棒球中找到平衡和愉悅的心，却是一樣的。

JOYFUL

在不同國土之下成長起來的棒球，個性是迥異的。Jack認爲，即便都是由“棒球”這個關鍵字延伸而來，它的內核也是豐富多樣的。

“在美國，大家看棒球賽就像嘉年華，扶老携幼，熱鬧至極。邊喝啤酒邊觀賽，就這樣耗掉一個晚上，他們參與棒球的形式是輕鬆自在的；日本的棒球精神更重視精神層面上那些很堅毅、很堅硬的部分，正如他們的棒球英雄一樣，是忍者揮舞着刀劍，逐漸變成武士的過程；而韓國與日本的細膩又完全不同，韓國更勇猛，他們希望潛藏在棒球精神中更爲剛强。不同環境賦予其不同意義。展現方式也大不相同。它確實是變化豐富而有趣的東西。”Jack興致勃勃地向我們講述着他理解的棒球精神，也讓我們忍不住好奇，在中國，它又會有怎樣的獨特精神呢？

“中國也有中國的方式，我們曾經參與，也有一些感受和體會。坦白說到目前爲止也沒有答案，因爲他正在發生着。”Jack說道，“因爲我們這一代人受到很多外來棒球文化的影響，所以其實我還蠻期待舉父在中國，或者說至少在杭州這片區域，它會帶來怎樣的精神和內容，這都非常值得我們觀望。”

舉父——從草創到現在，從社區公園到如今的“綠色大扇形”。八年來，不斷的變化，發展模式也已不僅僅止步於最初設定的親子概念。正如他們所說，“參與的人有家庭式的也有更加年輕的，有喜歡動漫的熱血父親，也有因甲子園而加入的少女，還有充滿活力的辣媽”，如同正在發生着的中國棒球精神，舉父也還在發生着。

W.IC
9

“在很多表達愛的方式裏，我們選擇了這一種，這并沒有什麽了不起。兑現了送給孩子一座棒球場的承諾，這就是最大的意義了。儘管過程并非一帆風順，有推動事情的不易，有一波三折的無奈，當然也有一些突破的快樂。我們的態度在肯定和懷疑的循環中不斷往復，但我們相信保持正面的態度，加上實踐的努力，舉父會變得更好、更豐富。如果要說有什麽期望，我們在命名時就已經注入了期望，我們也希望能夠不負舉父之名。”

Jack講述着，我們僅僅只是凝注他，就好像能體認到他血液裏的湧動和他穿行過的明明暗暗。他是理想主義者嗎？或許是。不過相比純粹的理想主義者，他更堅韌。現實總有太多的阻難和不易需要一一推動解決。而支撑務實理想主義者的動力是，那細微的一絲理想之光。這又何嘗不是一種人生的跑壘？

杭州良渚，一大片平坦厚實的扇形球場上，我們常常能看到一群孩子奮力地揮着球棒，而父親則在一旁爲他們高聲地鼓勁兒吶喊。這些瞬間看似微不足道，但在他們的時間長河裏，却是值得永恆懷念的閃亮一刻。生命的喝彩往往無聲，却也直抵內心深處。舉父的存在，不僅填補了杭州乃至浙江棒球的空白，也掀開了一種新的可能性。它回歸了家庭、自然與人文本身，讓"陪伴"有了一種更爲温情和新穎的方式。或許在不遠的以後，親子棒球文化會浸透中國的每個角落。我們隨處都可以看到父親和孩子一起打棒球的身影。在河邊的草坪上，在某個不知名球場上……

如 Jack所說，"我明確舉父一直在滾動往前走，往前走它會變成什麽樣子？我們只有期望，但是我不認爲有任何一個框架可以把它框住。"沒關係，我們都會滾動向前。

神思我聞

良渚神徽中的華夏

文／陳輝　浙江大學教授

圖一 良渚遺址反山十二號墓出土的琮王

2019年7月，良渚古城遺址已成功入選世界文化遺産目録，但由於沒有像甲骨文那樣成體系的文字而受到部分學者的質疑，特別是它與中華文明之間的具體關聯也有待進一步考證。也許正是這個原因，有關部門在申遺前就特意整理出版了《良渚文化刻畫符號》一書，在該書的序言中提出了探問：“我們可以設想，在那個已經有了規模恢宏的城市和建築，并具有較爲複雜的分工和社會等級的時期，那麼多的圖形和刻符是否被賦予了諸多的含義，是否就是文字的雛形？”[1]筆者以爲，答案是肯定的。就以反山十二號墓出土琮王（圖一）表面所刻神徽爲例，它就是一種“徽記用語”[2]，我們可以從文獻和文物兩方面對其加以解讀，發現良渚文化與華夏文明之間的密切關係。

先秦時期，記録語言的符號被稱爲"書契"。許慎《説文解字》對"契"字的解釋是："大約也。從大從㓞，《易》曰：後代聖人易之以書契。"清人段玉裁進而注曰："大鄭云：書契，符書也。"由此可見，最初的文字就是刻寫於器物上的圖符，甲骨文就屬其類。不過，至今我們還沒發現甲骨文中有"契"字，只發現了它的異體字，即其所從屬的字"㓞"，從刀從丯，寫作""或""。元代周伯琦《六書正譌》解釋其爲"象刀刻畫竹木以記事者"。其實，在甲骨文中，"丯"也好，"丰"也罷，或是"丯"字左右翻轉，都被釋讀爲"玉"字。因此，我們完全有理由將"㓞"字理解成是"用刀刻畫玉石而成圖符以記事"，良渚玉器上的刻符就是"書契"的最原始産品。《史記·殷本紀》記載，殷商的始祖就叫"契"，他因輔佐大禹治水有功，被舜任命爲執掌文教的司徒，"汝爲司徒而敬敷五教，五教在寬"。[3]

如此説來，在玉器上刻寫書契當是商祖契的職責。有意思的是，殷商後裔箕子東渡朝鮮後，將書契之"契"作爲"文字"之意帶入半島并一直沿用至今，"Han Guel（韓文）"之"Guel"就是"契"字的讀音。至於書契、商契與倉頡造字之間的關係，王玉堂撰文《倉頡和倉頡造字説》，認爲"倉頡"實乃商祖"契"，是一名之急聲和慢聲兩種不同的讀法，"契"也不是僅指一個人，是一個職業群體，"當據古史説契爲司徒的時候，就是以契爲名的一族因其累世積善，而歷任司徒之職。同樣，當説倉頡造字的時候，就是説這一氏族因其首先發明和推行文字，并且世世不墜，因而在部落聯盟中世代爲史。"[4]將一個音用兩個字急讀，恰恰也符合古越語之復音膠着的特點。因此，筆者在認同王玉堂觀點的同時，進而認爲，"倉頡"或者説商祖"契"很有可能就來自太湖流域，他們是用石攻玉的玉器製作世家。以常人的能力觀之，石器時代能在玉石上一毫米之内刻出四五條綫的玉琮神徽（參見圖三）來，除了賦予倉頡有四個眼睛的傳奇神力以外，似乎也沒有更好的闡釋辦法了。

1. 張炳火：《良渚文化刻畫符號》，上海：上海人民出版社，2015年，第5頁。
2. 劉正認爲，在體系性文字出現之前，有一種具有族氏含義的族徽存在，它們"一般多表現爲由一個或幾個圖像組合而成的一種具有特殊指代含義的圖像文字。"（參見劉正：《金文學術史》，上海：上海書店出版社，2014年，第181頁。）
3. [漢]司馬遷：《史記》（一），北京：中華書局，1982年，第91頁。
4. 王玉堂：《敝帚叢 王玉堂語言文字學研究與書畫集》，長沙：湖南師範大學出版社，2012年，第30頁。

圖三 良渚神徽及其與伏羲字元和金文的比對

關於商的起源,《詩經·商頌·長發》曰:"濬哲維商,長發其祥。洪水芒芒,禹敷下土方。外大國是疆,幅隕既長。有娀方將,帝立子生商。"朱熹認爲,所謂"外大國",就是"遠諸侯",并解釋説:"方禹治洪水,以外大國爲中國之竟,而幅員廣大之時,有娀氏始大,故帝立其女之子而造商室也。"[5]與其説大禹治水是在本土采用了疏浚之法,還不如説大禹拓展了疆土,到北方去尋找了宜居的新地,這才有了後來商的出現。[6]其後不久,東南沿海的洪水當也逐漸退去,所以《史記》曰:"帝禹東巡狩,至於會稽而崩";"或言禹會諸侯江南,計功而崩,因葬焉,命曰會稽。"[7]對此,《吴越春秋》説得更加明確:"(禹)周行天下,還歸大越,登茅山以朝四方群臣,觀示中州諸侯,防風後至,斬以示衆,

圖二 伏羲發明的圖符『字母』，引自 Martino Martini：Sinicæ historiæ decas prima，1659

示天下悉屬禹也……遂更名茅山曰會稽之山，因傳國政，修養萬民，國號曰夏。”[8]大禹回歸大越，在會稽山建了夏朝，其司徒“契”則留在了中原，發展出了後來的商，“契”的本字寫作“禼”，“禼”在《説文解字》中的解釋與“禹”完全相同：“蟲也。從厹，象形。”足見夏禹與商契本來就是同族同源。而夏禹的治水副手大費，則在今天的陝西一帶繁衍出了後來的秦國。《史記·秦本紀》曰：“大業取少典之子，曰女華。女華生大費，與禹平水土。已成，帝賜玄圭。禹受曰：‘非予能成，亦大費爲輔’。”[9]大費即夏禹擬禪讓以王位的伯益，也就是説，秦始皇三十七年（BC210）東巡會稽祭大禹，實則是來祭拜他祖宗的治水頭領，藉以宣示他成爲中夏天子的正統理據：他的祖宗原本就該是夏禹的接班人而擁有天下。此前他還特意選擇“朕”字專用於自稱，原因也在於此。因為這個“朕”字，甲骨文寫作“”。由一條船加一雙手撐着竹篙構成，喻指洪水中的掌舵者，秦公簋銘文中也寫作“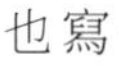”。不過，也正是此次東巡之後，大越土著居民被他强制遷徙，到了錢塘江以北的餘杭、長興等地。“是時，徙大越民置餘杭、伊攻、故鄣。因徙天下有罪謫吏民，置海南故大越處，以備東海外越，乃更名大越曰山陰。”加之他又采取了焚書坑儒和書同文政策，除《秦記》外，大部分先秦史尤其是諸侯國的歷史被人爲銷毁了，無怪乎司馬遷嘆曰：“秦既得意，燒天下《詩》《書》，諸侯史記尤甚，爲其有所刺譏也。《詩》《書》所以復見者，多藏人家，而史記獨藏周室，以故滅。惜哉，惜哉！”也因此故，今人很難理解爲什麼“華”與“夏”兩字相通，“中夏”往往又被稱爲“中華”，又偏偏是“華夏”兩字合爲一詞用於我們的民族與文化之稱謂？殆不知，在古越語中，此兩字同音，至今仍保留着古越語特點的温州蠻話都發音作“ɦo”，其他浙江方言也基本同音，以古越語解，“華”與“夏”既是同音通假，又能合音爲一個“夏”字。

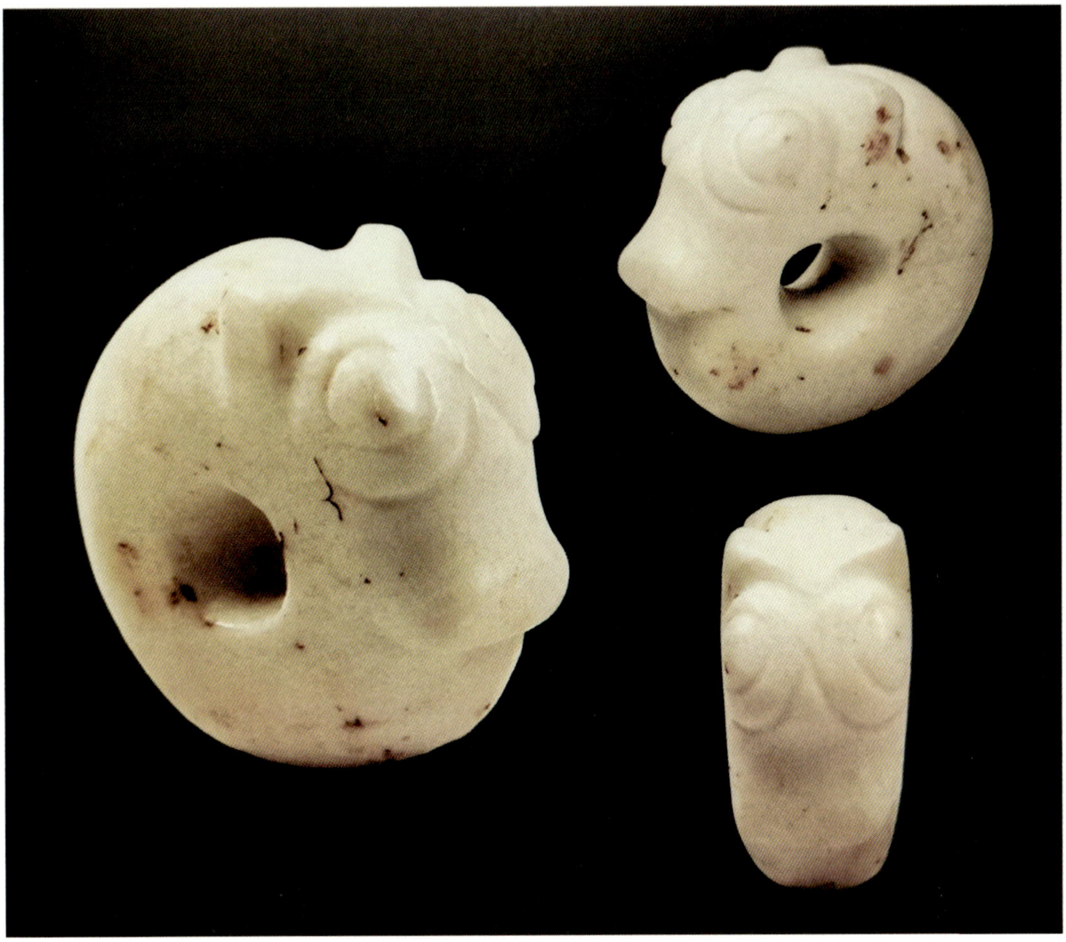

圖四 餘杭後頭山遺址出土的良渚文化中晚期玉龍 浙江省文物考古研究所供圖

5. 朱熹：《詩集傳》，北京：中華書局，1958 年，第 245 頁。

6. 2018 年，華東師範大學河口海岸國家重點實驗室的王張華教授團隊，公布了對浙江寧波鎮海九 龍湖鎮的魚山遺址地層記錄的研究結果，認爲該遺址的地層記録了良渚文化晚期的强風暴灾害、以及 BC2560-BC2440 年期間的相對海平面上升事件（上升幅度 0.95±0.52 m）。因此，海平面快速上升導致長江三角洲及杭州灣濱海平原在良渚文化末期發生大範圍的水澇灾害，可能是良渚文化衰變的重要原因。這恰恰也與大禹治水的時期基本吻合。

7. [漢] 司馬遷：《史記》（一），北京：中華書局，1982 年，第 83、89 頁。

8. [漢] 趙曄：《吴越春秋》，北京：中華書局，1985 年，第 132-133 頁。

9. [漢] 司馬遷：《史記》（一），北京：中華書局，1982 年，第 173 頁。

10. [漢] 吴平、袁康：《越絶書》，北京：中華書局，1985 年，第 45 頁。

11. [漢] 司馬遷：《史記》（二），北京：中華書局，1982 年，第 686 頁。

圖五　温嶺出土商代青銅龍紋盤龍頭　翻拍自浙江省博物博『越地寶藏』展覽視頻

至於“華”字因何而來，我們可以從良渚遺址琮王上所刻神徽中找到綫索。根據《列子》等文獻記載，中國古代有過一個華胥國，程德祺、董楚平等學者認爲“伏羲氏所代表的是原始的華夏族，他的根據地在東南，具體説就是现在的太湖流域”。[12]“伏羲出生於太湖”[13]有趣的是，17世紀上半葉在杭州傳教并長眠於西溪濕地南面桃源嶺腳下的意大利耶穌會士衛匡國（Martino Martini，1614—1661）用拉丁文寫過一本《中國上古史》，也認爲伏羲并不是傳説中的人物，而是中國第一個真實存在過的君王，公元前 2952年爲伏羲元年。[14]他認爲，伏羲不僅發明了八卦，而且還發明了類似於埃及的象形文字，書中他特意列舉了六個伏羲發明的圖符“字母”（圖二）。[15]令人驚奇的是，其中第5和第7兩個圖符“字母”竟然可以幫助我們解讀良渚出土玉器中反復出現的神徽之含義。

首先，我們可以將良渚神徽與衛匡國書中所列伏羲造象形字符的第 5號字“龍”和第 7號字“主（皇）”[16]做個比較（圖三）。顯然，神徽的上半部分圖意與第5號字相通，都是天上主宰風雨陽光的神，其左右下側都長了手，它們的不同在於前者是冠“亢”字帽的人面像，手上刻滿雲紋，後者是中間隆起的雲朵人面像，手是簡畫的爪子；神徽的下半部分圖意與第7號字“主（皇）”相通，都是“工”字加“鳥”，只不過神徽有兩只陰刻交媾着的鳥，且“工”

字形鼻梁兩側長了一對眼睛，將其與餘杭後頭山遺址出土玉龍（圖四）的眼睛比對，二者相似，而玉龍的眼睛是模仿蛇的眼睛，以蛇寓意龍。古人將彩虹視作飛天的巨蛇——龍，“虹”在甲骨文中寫作雙頭的龍“”在金文中演變成了一條“蟲”加一個“工”（蛇的面額中間往往會有“工”字形的皺褶，可見“虹”、蛇、龍三者的淵源），從而“工”也因“虹”往往被引申作巨大之意（如大水謂“江”，大穴爲“空”，有神力的人爲“巫”等），按《説文》，古文“巨”就寫作“ ”。由此可見，神徽下部刻繪的兩個眼睛是巨蛇之眼，底下刻兩只交媾着的飛鳥寓意它們能飛，兩眼中間的“工”字，説明他們是“大蟲”，“工”字加“鳥”則代表人“主（皇）”，這不正是神話傳説中華胥所生的伏羲與女媧嗎？筆者不免聯想到漢唐墓磚和帛畫中時常出現的伏羲女媧蛇尾交媾圖。《詩經》中有曰：“燕燕於飛，頡之頏之”，《毛傳》曰：飛而上曰頡，飛而下曰頏。《説文》曰“頏”本作“亢”，所以，神徽上部冠“亢”字帽的神人刻符說的就是他們的母親華胥飛臨人間（參見圖三），與下部刻符結合，構成了一個“徽記用語”，完整地描述了華胥降生伏羲與女媧之中華創世説。

其次，我們可以將良渚神徽的下半部與温嶺出土的青銅龍紋盤的龍頭作比照。據浙江省博物館“越地寶藏——100件文物講述浙江故事”展覽介紹：1984年温嶺出土了一件青銅器中的“盤王”——青銅龍紋盤，此件龍紋盤與日本白鶴美術館所藏商晚期徐國六鳥蟠龍紋盤相似。由此推測，温嶺的盤王可能是徐國被滅後由偃王公族子弟逃亡中携帶至温嶺。該銅盤腹部以雙鳥紋爲主紋，雲雷紋爲地紋（與良渚神徽陰刻的雲雷紋幾乎一樣），盤内底鑄有一條立體的蟠龍（圖五）。這條蟠龍面額酷似良渚神徽的下半部，兩個龍眼中間浮雕有一個工字形的眉額和鼻梁鼻孔，兩腮則各有一個陰刻的鳥頭。據清人徐時棟《徐偃王志》考證，徐國乃伯

12. 程德祺：《伏羲新考》，《江海學刊》1987 年第 5 期，第 62 頁。
13. 董楚平：《伏羲：良渚文化的祖宗神》，《杭州師範學院學報》1999 年第 4 期，第 24 頁。
14. Martino Martini: Sinicæ historiæ decas prima , Amsterdam : Apud Joanem Blaev, 1659, p21.
15. Martino Martini: Sinicæ historiæ decas prima , Amsterdam : Apud Joanem Blaev, 1659, p23.
16. 衛匡國解釋此字爲主人之“主”，但漢字却寫得像個“皇”字，當是有意爲之。

益次子若木所建，“若木事夏后氏，是始封於徐”。[17]我們雖然不能確證溫嶺的青銅龍盤是否是徐國之物，但該龍盤龍頭面額特徵與良渚神徽下部的一致性足以説明良渚文化并未消失，它的徽記用語被青銅器時代的夏朝後人徐或越的古地所繼承。

再次，我們可以進一步將良渚神徽與越王劍、吴王劍的劍格圖符相比較。雖然《史記》記載，吴王夫差乃周太王之後，而越王勾踐是夏禹之後，但陳橋驛等學者依據《越絕書》的“吴越爲鄰，同俗并土”“吴越二邦，同氣共俗”等史料研究認爲，吴和越是語系相同的一族兩國。[18]吴王夫差劍與越王勾踐劍劍格的基本相同似乎也説明了這一點（圖六、圖七）。而這兩個劍格與良渚神徽下半部、以及溫嶺青銅龍盤面額都有高度的相似性，都是在“宀”形尖頂下有一對龍眼，龍眼中間是個“工”，底部是一對交尾的飛鳥，只不過鳥頭模仿了琮王表面陽刻朝下的鳥頭（比照圖一）。那麼，究竟這樣的圖符設計説明了什麼呢？越王者旨於睗劍的劍格給我們了明確的答案，因爲它將前兩者的圖符替换成了鳥蟲書（圖八）。者旨於睗就是勾踐的兒子鼫與，他將自己的寶劍劍格從父王的“蟲、工、雙鳥”構圖换成了兩個横着的“王”字加一對頭部相向的飛鳥，而這兩個鳥蟲書“王”字與勾踐劍劍體上的“王”字寫法一致：一對交尾鳥下一個盤旋的“工”字，即“”，它是對“蟲、工、雙鳥”構圖的最直觀的文字注釋。由此可見，鳥蟲書雖然是盛行於春秋戰國時期中國南方的一種文字，但它很有可能傳承發展自鳥蟲崇拜的良渚文化時代，而衛匡國所述伏羲所造字符“主（皇）”字，由一個鳥加一個工字構成并非空穴來風，據曹錦炎《鳥蟲書通考》（2014），確有“王”字寫作“”或“”。《史記·越王勾踐世家》稱，越王先祖乃夏禹之苗裔、夏后帝少康之庶子，被封於會稽以祀守禹陵。如此，越王劍劍格的圖符和文字對良渚徽記用語含義的繼承正好説明了良渚文化與夏文化、古越文化的傳承關係，而吴國也在良渚文化故地範圍，吴王劍劍格同樣爲我們作了佐證。

圖六 越王勾踐劍劍格

圖七 吴王夫差劍劍格 蘇州博物館供圖

圖八 越王者旨於睗劍格

17.[清] 徐時棟：《徐偃王志》，北京：中華書局，2009 年，第 13 頁。
18. 陳橋驛：《論古代良渚人與良渚的自然環境》，《杭州師範學院學報》1995 年第 2 期，第 2 頁。

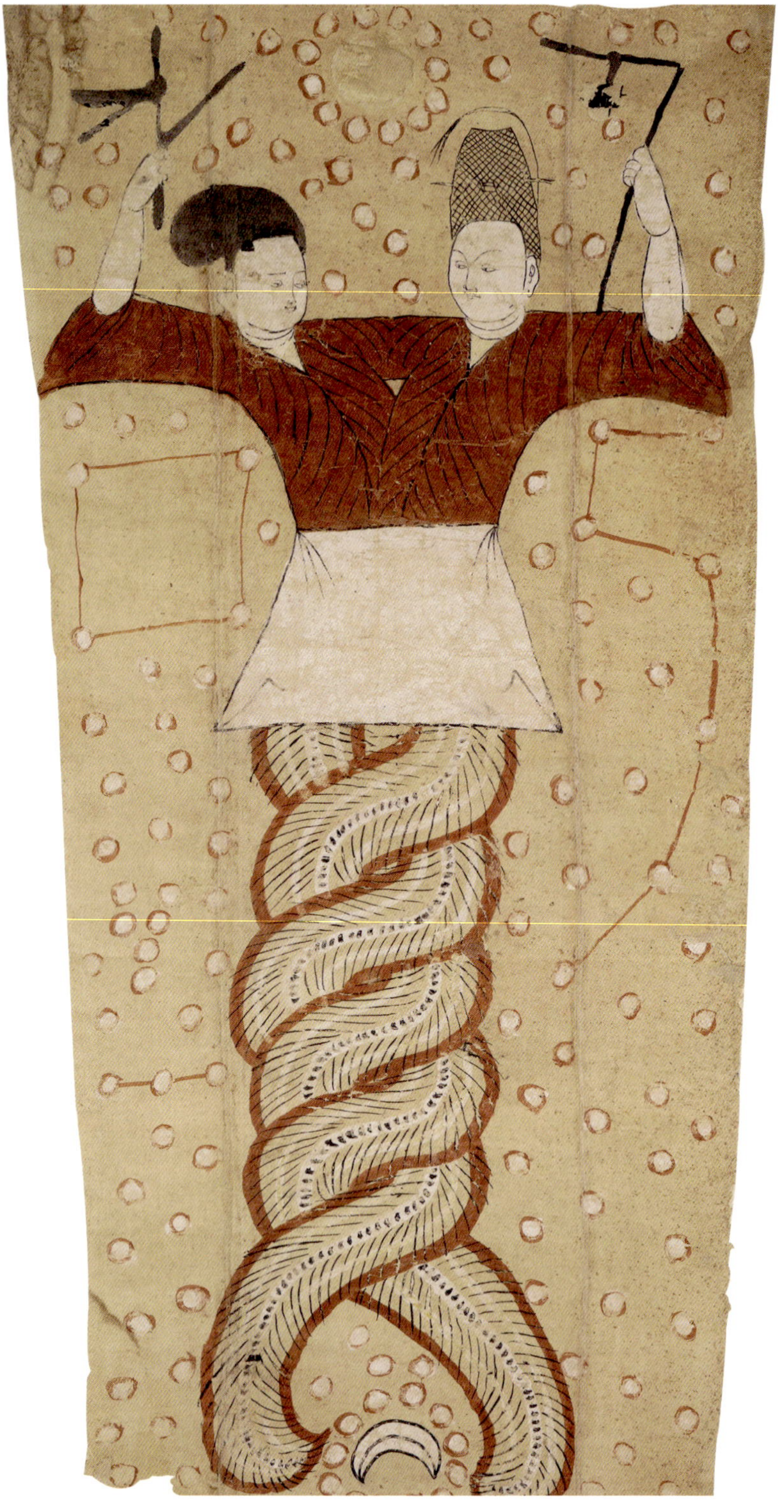

圖九　唐帛畫伏羲女媧像

頭模仿了琮王表面陽刻朝下的鳥頭

最後也是最重要的一點，通過以上三點圖符的比較解讀，我們還可以發現，良渚神徽實際上是漢字“夏”的雛形。秦始皇先祖秦景公所用秦公簋，簋中銘文曰：秦皇祖“受天命鼏宅禹迹”“虩事蠻夏”。“蠻”字寫作“”，其狀與良渚神徽底部極爲相似，兩只接吻的鳥中間一條蛇。《説文解字》直接釋“蠻”爲“東南越”。顯然，這個“蠻夏”指稱的就是大禹在會稽山建立的夏朝。而這個“”字，“頁”字下方兩側各一“手”，底部則是倒置的尺和規左右支撑。《説文》釋曰：“頁者，頭也。”良渚神徽的上部就是一個戴“亢”字帽的人頭，中部兩側各一手，而底部是代表伏羲女媧的飛龍。許多漢唐帛畫中的伏羲女媧蛇尾交媾圖之伏羲和女媧往往手上也各持一個尺和規（見圖九），所以金文“夏”字底部喻指的是伏羲和女媧頭朝下産出自華胥母體,從而創始了華夏文明。因此，我們可以推導出良渚神徽既闡述了華胥降生伏羲女媧的創世故事，又爲後人創製“夏”字提供了思想源泉。换言之，“華夏”一詞應該是華胥之“華”與夏禹之“夏”兩者的合稱詞，它們在古越地既可同音通假，又可合二爲一。

綜上所述，良渚玉琮王上的神徽，是一個“徽記用語”，是文字的雛形，它言説了華胥降生伏羲女媧的中華創世故事。至於良渚出土的其他如玉琮、玉鉞、三叉形器等玉器上，略去琮王神徽的神人部分，僅簡刻飛龍面圖，説明它們只象徵王權，而退去了華胥降生伏羲創世的内涵，這種王權象徵符號後來又被夏以及夏後裔越國傳承，進而發展出了鳥蟲書的“（王）”字。以此推斷，良渚文化并不是孤立的太湖流域新石器時代的文化,而是夏商周文化的源頭之一。它與良渚古城、良渚祭祀建築遺址一起，共同實證了中華五千年文明史。

净土遺踪——探尋杭州吴越國敕建佛教遺存

文／魏祝挺　浙江省博物館

吴越國（907—978）是歷史上著名的東南佛國。歷代吴越國王在國都杭州營造了大量寺院、塔幢和造像。歷經千年，如今木結構的寺塔建築,木制、泥塑、金銅的大型造像均已不存，但是杭州山林間遍布的石刻造像，以及部分石塔、石幢依舊靜靜矗立，宛如一部石頭上的史書。筆者在本文中，將從吴越王宮遺址出發，沿路尋訪，串聯起杭州吴越國敕建造像、塔幢遺存，一探千年前佛國净土的盛况。[1]

[1] 本文中的地名、寺名、塔幢名，均沿用吴越國原始名稱。

圖一　吴越王宮遺址現狀

杭州鳳山（今鳳凰山）東麓，在隋唐時是杭州州治所在。自吴越國建國以來，第一代吴越國王錢鏐以杭州州治所在的子城爲基礎，營建了吴越王宫和宫城。而緊鄰王宫的鳳山東麓，同時也是吴越國最初建寺開窟的地區。（圖一）

從吴越王宫西行上鳳山，溪水潺潺，經過聖果寺的山門、前殿、大殿遺址，最後來到一座巨大的山崖前。吴越天寶三年（910）時，錢鏐在此山崖上開鑿彌陀佛、觀音菩薩、勢至菩薩三座結跏趺坐的巨型石佛像，并在石佛前興建千佛閣以遮擋風雨。如今的三座大石佛，歷經自然和人爲破壞，大部分已经殘損不清，但是站在十米之高的巨像前，磅礴的氣勢依然撲面而來。遥想一千多年前，這裏是吴越王家寺院，香火旺盛，梵唄不絶。中尊彌陀佛、兩側的觀世音和大勢至菩薩組成的“西方三聖”，曾是歷代吴越國王們祈求往生極樂净土的精神依托。後世南宋人見到這三尊大像，也不禁感嘆“巋然三石佛，若在嘉州岸”，好比嘉州（樂山）岸邊那尊著名的大佛一般雄偉呢！（圖二）

吴越王宫西南側，山腹處有安國羅漢寺遺址。吴越天寶九年（916），錢鏐派弟弟錢鏵前往明州阿育王寺，迎請該寺傳世六百餘年的至寶——

圖二 聖果寺西方三聖大像

釋迦真身舍利。錢鏐特於緊鄰王宮的安國羅漢寺中建造了一所大木塔，以供養真身舍利。該塔位於子城之南，故名城南寶塔。其與子城之北的城北寶塔，均爲八角九層的巨型木結構樓閣式塔，高約75米，天宮高聳，峻極神工。從錢塘江上西望鳳山，山下的杭州子城兩側，南北雙塔凌雲，王宮殿閣羅列其間，成爲吴越國都的標誌性景觀。吴越顯德五年（958），城南大火塔毁，寺中僧人捨命搶出舍利。乾德三年（965），第五代吴越國王錢俶於原址重建了祖父錢鏐始建的城南寶塔，依舊是九層八面，雁塔凌雲，并在塔前建造了兩座大石幢，刻經鎮護。一千年後的今天，木構的真身舍利塔早已灰飛煙滅，石制的雙幢却依然聳立（即今梵天寺經幢）。“崇雁塔於九重，衛鴻圖於萬祀”，“勒佛頂隨求之嘉句，爲塵籠沙界之良因”，吴越國王錢俶的美好祝願，依然清晰可見，永存世間。（圖三）（圖四）

圖三 城南寶塔寺雙幢舊影
拍攝於 1922 年 引自《中國文化史迹》第 4 卷

圖四 -1 城南寶塔寺雙幢現狀

圖四 -2 城南寶塔寺雙幢現狀（局部）
圖四 -3 城南寶塔寺雙幢現狀（局部）

圖四 -4 城南寶塔寺雙幢現狀（局部）

圖四 -5 城南寶塔寺雙幢現狀（局部）

錢鏐於唐末相繼建築了杭州西夾城和羅城。空前遼闊的杭州羅城，以包家山爲其南界，秦望山（今將台山）爲其西界。出杭州羅城南門，沿鎮海石塘西行，即爲龍山（今玉皇山），這裏也是歷代吴越國王傾力打造的禮制和宗教空間。吴越龍德元年（921），錢鏐於龍山南麓建置登雲台，用以郊天。至顯德四年（957），錢俶於龍山閘口建立安吴塔院，院中立安吴塔（即今閘口白塔）（圖五）。該塔以潔白無瑕的太湖石壘砌而成，九層八面，完全仿製了城南和城北真身舍利塔之形，按原比例縮小到1:5，高約15米。自塔刹以下，每一層屋檐、天花、斗拱、梁柱、門窗、平坐、勾闌，乃至須彌座、踏道，皆按該比例雕出，不差分毫，堪稱吴越版的營造法式範例。安吴石塔還層層雕刻經咒、佛、菩薩、羅漢、天王、龍王等形象，用以鎮護吴國（即浙西道）的大門——龍山閘口，名副其實。大約十年之後，西山靈隱寺重建完成，恰逢城南城北雙塔重建完工，錢俶又於寺内大殿之前豎立兩座八角九層大石塔（圖六），依舊以 1:5仿重建的城南城北雙塔之形，告慰祖父。吴越寶大元年（924）龍山慈雲嶺路的開闢,使得嶺北的城西地區得到了開發。

圖五 安吴石塔

圖六 -1 靈隱寺大雄寶殿前雙石塔之一
圖六 -2 靈隱寺大雄寶殿前雙石塔之一

圖六 -3 靈隱寺大雄寶殿前雙石塔局部

吴越中期，禪宗在吴越國開始流行。清泰元年（934），第二代國王錢元瓘在龍山南側建千春龍册寺，爲鏡清禪師道怤道場，這裏就成爲了吴越禪宗（雪峰宗）的發祥地。至第三代國王錢弘佐，更着力經營。自慈雲嶺路南口（今南宋官窑博物館一帶）起，沿路皆爲錢弘佐敕建的禪宗寺院，自嶺下至嶺上，相繼有龍華寶乘院、廣濟院、天龍寺、資延院、石龍院等。（圖七）

圖七　自八卦田北望，右爲將台山，左爲玉皇山，中間低矮處即爲慈雲嶺

今天我們在玉皇山腰看到的慈雲嶺造像即爲吴越國資延院造像，崖壁上吴越時期的造像碑依然存世，篆額“新建鎮國資延禪院石像之記”十二字，即爲天福七年（942）錢弘佐造像之初的原始題記。主龕爲三尊結跏趺坐的西方三聖，姿態類似聖果寺大像，但尺度已經縮小，兩側再配以兩脅侍菩薩和兩天王。右龕爲地藏菩薩及兩侍女，龕上有六道輪回圖像。即使在當時方興未艾的禪宗寺院中，國王提倡的依舊是净土信仰，希求超脱輪回之苦，往生極樂之國。（圖八）（圖九）（圖十）同時期，錢弘佐建於開運二年（945）的西山靈鷲禪院，雕造了高懸青林洞崖壁之上的西方三聖像，類似資延院造像風格，保存近乎完好，令人驚嘆。（圖十一）

圖八-1 資延院西方三聖七尊龕（局部）

圖八-2 資延院西方三聖七尊龕（局部）

圖八-3 資延院西方三聖七尊龕（局部）

圖八-4 資延院西方三聖七尊龕（局部）

圖九 資延院地藏三尊龕

圖十　資延院六道輪回雕刻

資延院之東，還有石龍院造像，也建於錢弘佐時代。造像表現了十六羅漢聽釋迦説法和賢劫千佛的形象，配以觀音、天王守護。中晚唐開始流行的羅漢信仰，在吴越國達到了頂峰。（圖十二）

圖十二-1 石龍院釋迦及十六羅漢像（局部）

圖十二-2 石龍院釋迦及十六羅漢像（局部）

沿慈雲嶺路過龍山，往北至方家峪，這裏是吴越國的城西之地（今中國絲綢博物館一帶）。吴越後期，這裏有祭祀先王錢鏐的武肅王廟，以及供養先王錢元瓘的奉先寺。奉先寺規模宏大，大殿中列釋迦、彌勒、彌陀這三世佛像，并在側殿安置錢元瓘銅像。吴越開寶二年（968）寺院完成後，錢俶於寺門前豎立了一對大石幢，分刻《大佛頂》和《大隨求》經咒，高聳丹霄。北宋初年奉先寺廢後，兩座大石幢爲靈隱寺住持延珊看中，越西湖搬運而去，重新拼裝搭建。一千年後的如今，吴越國王錢俶“興隆霸祚，延遠洪源，受靈貺於祖先，助福禧於悠久”的美好祝願，已經永留在了靈隱寺中。（圖十三）

圖十三-1 奉先寺石幢

圖十三-2 奉先寺石幢（局部）

圖十三-3 奉先寺石幢（局部）

圖十三-4 奉先寺石幢（局部）

出方家峪路口，在西湖前左轉，西行至西關門下，即是皇妃塔（今雷峰塔）（圖十四）。吴越開寶五年（972），王宫内侍陳承裕等宫内宦官，於西關門外營造通天巨塔，以奉安其珍藏的佛螺髻髮舍利。巨塔設計高度爲千尺十三層，後因經費緊張，竣工於七層，耗費 600萬巨資。巨塔建設到第五級左右時的開寶八年（975），國王錢俶讚嘆不已，發心雕印八萬四千卷《寶篋印經》，藏入第五級以上塔身的塔磚之中。巨塔完工的太平興國二年（977），錢俶又雕刻《華嚴經》全本於塔下須彌座，并命名該塔爲“皇妃塔”，以紀念剛剛故去的吴越國王妃孫太真。次年錢俶納土歸宋，永别杭州。臨行前他拜别城南寶塔寺中的祖父錢鏐像、奉先寺中的父親錢元瓘像，也告别了妻子的象徵——皇妃塔。千年來，這巍巍巨塔，不僅守護着入京的錢氏家族，也一直守護着留在吴越故地的杭州父老。皇妃塔南側是大伽藍慧日永明院（今净慈寺）。這一帶都是錢俶着力扶持的禪宗法眼宗寺院。建隆二年（961），延壽禪師入主永明院，這裏也就成了吴越國後期的杭州佛教中心。

圖十四　皇妃塔舊影（拍攝於 1922 年，引自《中國文化史迹》第 4 卷）

永明院規模雄偉，據百年後的日本僧人成尋描述，大佛殿有一丈六尺的釋迦大石像，其後有五百羅漢院，還有兩座滿雕五百羅漢的大石塔。如今，净慈寺歷經多次興廢，只有後山的石佛洞和歡喜岩，留存着延壽時期開鑿的造像。石佛洞裏的三世佛、華嚴三聖、十八羅漢，乃是延壽設計的佛殿布局，迥異於吴越中前期之理念。歡喜岩爲一禪窟，坐禪其中，可面對壁上的西方三聖，觀想禮佛，禪净雙修。（圖十五）延壽大師一生堅持净土修行。每天傍晚，他從永明院後的慧日峰頂,沿山脊西行至别峰下（今九曜山西麓），面向西方，在落日余暉之中行道禮佛,稱念阿彌陀佛上萬遍。山下路過的行人,聽聞山上誦佛之聲，如聞天樂梵唄。錢俶聽聞此事，深表敬佩，爲其在别峰之下，建造了西方香嚴殿。如今香嚴院已經不存，而院後山上的彌勒上生經、下生彌勒七尊像、觀音像等，依舊完好（圖十六）。它們曾見證過，虔誠禮佛的延壽大師在崖壁之下的日日夜夜修行。

圖十五 慧日永明院石佛洞造像

圖十六 -1 香嚴院下生彌勒七尊龕

圖十六 -2 香嚴院下生彌勒七尊龕

圖十六 -5 『香嚴界』石刻

圖十六 -3 香嚴院下生彌勒七尊龕（局部）

圖十六 -4 香嚴院下生彌勒七尊龕（局部）

龍山南麓，大約建於乾德三年（965）的天龍寺造像（圖十七），與香嚴院造像時代相同，也表現了下生彌勒七尊、彌陀佛、水月觀音的形象（圖十八），可見吴越國晚期延壽提倡的造像題材和風格。從香嚴院往南，過錢糧司嶺（今虎跑路），右拐即是石屋嶺和煙霞嶺（今滿覺隴）。石屋嶺下有一天然石洞，洞大如屋，故稱石屋洞。吴越開運元年（944年），勝公禪師於石屋洞前建寺，大將錢仁儆舍錢雕造釋迦七尊像大龕，國王錢弘佐賜名石屋保安禪院（圖十九）。由於國王的特別允許，石屋禪院成爲了當時杭州僅有的許可民間造像之地。杭州全城的僧尼官民，紛紛於此舍財造像，多爲羅漢小像，以追薦亡者，保安自身。財力充足者，或有一次捐十身羅漢以上的。十餘年之後，民衆供養之羅漢已達數百，蔚爲壯觀。顯德六年（959），中央政權後周朝廷派來的兩位到訪使節，也慕名前來參拜石屋洞五百羅漢，并各自舍錢鐫造一尊。

圖十七 -1 天龍寺造像景點

圖十七 -2 天龍寺造像景點

圖十八 -2 天龍寺下生彌勒七尊龕（局部）

圖十八 -1 天龍寺下生彌勒七尊龕

圖十九 石屋保安禪院造像舊影（拍攝於 1922 年,
引自《中國文化史迹》第 4 卷）

自石屋洞上行至煙霞嶺，有一幽靜山坳，内有一深洞，水聲潺潺，後世名之曰水樂洞。開運三年（946），鑒諸禪師於洞前建寺，并上表國王錢弘佐，請求於此柴水便利的幽靜之處，建立方壇，用爲吴越國僧俗故去後的闍維（火化）之所。錢弘佐深表贊同，并賜寺名爲“净化”。吴越國闍維之風，於此起源。如今，這塊由高僧冲瑗撰文、大德遂徵書寫的“西關净化禪院新建之記”的碑文，仍完好矗立在水樂洞前。（圖二十）

圖二十 西關净化禪院新建之記碑

自水樂洞向西，煙霞嶺上第三處名洞，即爲煙霞洞（圖二十一）。吴越廣順三年（953年），國王錢俶夜夢羅漢，遂發願於此洞内造像。錢俶、大將吴延爽、高僧延慶等 12位供養人，舍錢建造十八身等身羅漢像，同時建造三世佛、雙觀音、孔雀明王等像，遍布全洞。最後，吴越國一千名供養人又各自舍錢 100文，於羅漢像邊雕造兩米多高的八角七層石塔，并於塔上和兩側雕出一千名供養人的形象。在吴越國石刻造像史上，這一次的千人供養可謂空前絶後。如今的煙霞洞，石塔已經被毁，但吴越時期的雙觀音和大部分羅漢像尚存，體量巨大、雕刻精美，代表着吴越後期敕建造像的最高水準。在如今的中國佛教美術史中，煙霞洞造像已名聲顯赫，錢俶建造的白衣觀音和十八羅漢，均爲開後世風氣之先的最早案例，在藝術表現和創造上達到了那個時代的巔峰。（圖二十二）（圖二十三）（圖二十四）

圖二十一 煙霞洞天

圖二十二 煙霞洞洞口（圖左側爲白衣觀音，右側爲浄瓶觀音）

圖二十三 煙霞洞東壁中段（自左往右：降龍羅漢、撑地羅漢、心中現佛羅漢）

圖二十四 煙霞洞石塔舊影（拍攝於 1922 年，引自《中國文化史迹》第 4 卷）

沿煙霞嶺原路返回，回錢糧司嶺一路往南，經過虎跑大慈山，就來到了龍山渡口。吴越開寶四年（971），延壽大師於此地募緣造釋迦磚塔，以鎮江潮。國王錢俶以傾國財力支持，不計花費。舉國上下，尊卑老幼，負土抬磚，盛况空前。釋迦磚塔設計爲八角九層,高四十丈,爲吴越國最高塔。其營造一共經歷了大約二十年，至北宋初始告完成。當初的大功德主錢俶，已經無緣得見巨塔的落成。遺憾的是，該塔後毁於方臘之亂，南宋重建僅爲七級，名爲六和塔。今人只能通過六和塔想象吴越國釋迦巨塔的巍峨雄姿。（圖二十五）

對塵世的守護，對净土的追尋，始終貫穿着歷代吴越國王建寺造塔、開龕立像的主題。經歷了70餘年的苦心經營，至北宋時，曾經的吴越國都杭州已躍居東南第一州的地位，真正成爲了娑婆世界中的一方净土。一千年之後，我們探尋這一處處散落在西湖邊的精美佛教遺存，依然能感受到吴越國王們的虔誠信仰和美好祝福。

圖二十五 六和塔

九龍山麓雜憶

文／王湫居　學者

前人有“無情歲月增中減，有味詩書苦後甜”的概嘆。鵬徙鯤遊，已爲去日之志；日暮途遠，當是今日之憂；俯仰之間，唯留雪泥鴻爪。閒居九龍山麓，漫憶成文，或可窺見吾命運之端倪。

我於 1943年農曆八月出生在開化縣，彼時中國正值抗戰之際。父母隨杭州聯合中學而遷至此地，抗戰勝利後始返杭州。其時，我在外婆家附近的私立小學就讀，每日所學皆以語文爲主，常需背誦古文賦、寫毛筆字。

1953年，我有幸轉入肉食品行會在枝頭巷辦的子弟學校，在這里我結識了班主任——一個約五十六七歲、謹慎雅致又不失親切温和的中年人，他是曾國藩後裔。班主任看過我的《遊湖的感想》并認爲寫得不錯，勸我多讀唐詩和範文。“大躍進”時，學校發動大家作詩，我在父親的書箱中找到《康熙字典》和唐詩讀本，揣摩着寫了首詩，老師讀後誇獎了一番。此後我但凡見到招牌名都會進行一番平仄分辨，從而走上了學詩之路。一次春遊之後，我寫了一首七言律詩，却被老師批爲“老氣横秋”，幸而那時的教研組長看了我的詩，鼓勵我堅持寫下去。

1963年，我應徵南戍福建，次年 4月因部隊外援而退伍，進了杭州房管局普查辦公室。我與鄭少梅拜訪了張宗祥的老學生，他的舅公張行簡。我寫了“龍蟠鳳逸”的横批托他交給張宗祥，張老批：“筆勢頗佳，但現在需在基本上着力，可臨顔字或瘞鶴銘之類”。這張墨迹，我珍藏至今。（圖一）

在那之後我又見了畫家周啟人先生，他説現今作詩、寫字難，因爲言必及階級鬥争，凡事要謹慎。周先生是馬一浮的弟子。他的家里掛着馬先生的字“模山範水”和張宗祥的對聯“爲愛鳥聲多種樹，貪看山色短栽牆”。房間里還有一幅張大千的賞梅圖，先生説大千曾寄來兩幅畫，一幅是給黄文叔的《放廬眺湖圖》，紙是温州皮紙。我對大千畫用皮紙頗爲疑惑，周先生説：“離開大陸時他各種紙都帶足了，而皮紙是大千喜歡用的紙品之一。”

1964年6月，我與鄭少梅去馬市街19號拜訪邵裴子先生，説明了與張行簡先生的關係，并提出學習書法的請求。裴老笑着應允了，并定周三下午開講，每兩周一次，講了一年。再去時我寫了首七律，第一句“馬市幽居訪主人”，第二句用唐人的“漸來深處漸無塵”。1965年夏，先生在莫幹山避暑時寫了一封長信，作爲教學小結。信中説：“二君亦喜詩，亦偶見作意，然作詩亦有必備之條件，一須有作意，居今日欲不蹈藉前人難矣！”從此，我們牢記寫詩要有己意，

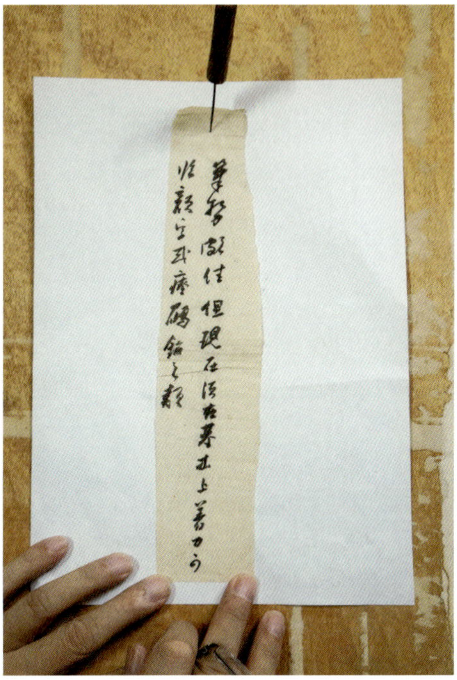

圖一 張老批：筆勢頗佳，但現在需在基本上着力，可臨顔字或《瘞鶴銘》之類

不拾人牙慧。少梅畢業分配去温州後，先生問我那封信在你那裏？我説是。先生説：“你們從稚鶴（即張行簡）這邊來，信寄給他，那才是你們的來路”。1965年12月，陸維釗與周天初約我談詩，知我在聽裴子先生講書法當代性時，陸要求跟我去聽聽。我有點爲難，因先生很嚴謹，未預約可能被拒之門外。還好，我介紹了陸先生，邵老只是點了一下頭，就開講了。最後，先生總結“藝術上好的東西就有永久的時代性，個人的時代性就是你的藝術創造性”。辭别後，陸先生感嘆“如飲醍醐”，後來還送了一張畫感謝我帶他去聽講。1966年初，先生又

問信有沒有給人看過？我答只給沙孟海看過。孟海極贊先生的書法："館裏曾購到先生抄的唐詩本，花了三千元。此信能收到館裏就好。"先生微笑地說："不必不必，你放着。"後來張宗祥先生去世，我作了八首挽詩請裴子先生過目。先生說："你還當你是什麼人？是黄山穀（與蘇東坡）啊？作八首！"先生要我把八首詩稿扔到字紙簍裏,實在尷尬。後來我向先生求取墨寶，他說阮性山也來求過，便寫了兩張讓我先挑。我要了温飛卿二絕句那幅，把現代詞那幅留下了。先生又賞了我一塊四兩橢圓形墨，有金色繪圖，这是乾隆墨，雖說捨不得用，但還是磨了五分之一。現在想起來，用佳墨寫了不成熟的書法真是可惜。

1964年，我到民政局分配之國營單位任職。8月，我與鄭少梅詣余打枝巷拜訪張宗祥先生，呈上其曾有過批閱之留題文字并懇請教導，宗祥先生親切鼓勵幾句。10月，我寫了《猛龍碑》《勤禮碑》和《瘞鶴銘》，臨本請先生過目。10月下旬，張老約我周日下午去看他寫字，要我看字間、行起、用筆，并要我試試。我學着寫了一幅，字間行起用筆連貫，落筆收勢皆健。先生頻頻點頭，說我一看就悟。11月張老給我寫了陸遊的"要足平生五車讀，相期力幹萬鈞廻"。不久又寫了毛詩聯和明朝格言二副，又爲包世臣墨跡題了舊作二絕曰："漱居出所藏包氏書索題，即以二絕書而歸之。"落款爲：張宗祥甲辰冬在杭州。12月，先生出示 1934年寫定的《論書絕句》，讓我多瞭解前代書家，并囑我抄一本。我回家抄了一份，趕緊送還原本。此抄本至今尚存。（圖二）

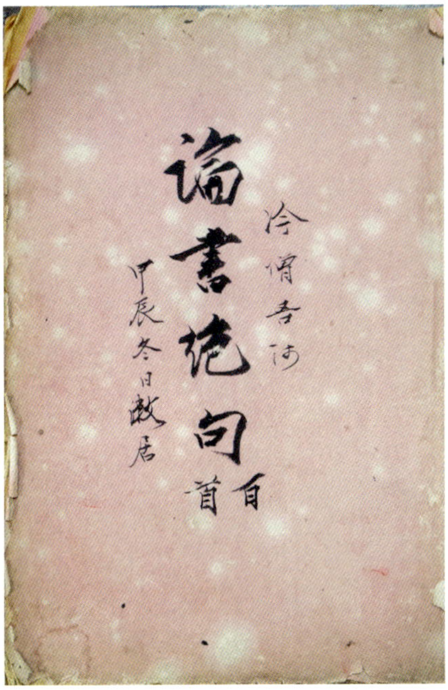

圖二 -1 論書絕句

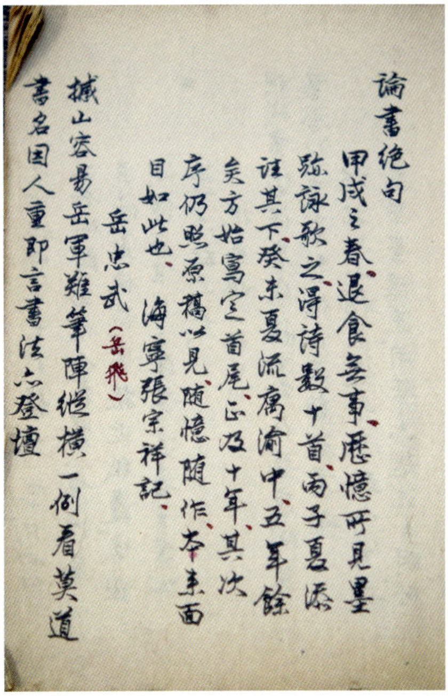

圖二 -2 論書絕句

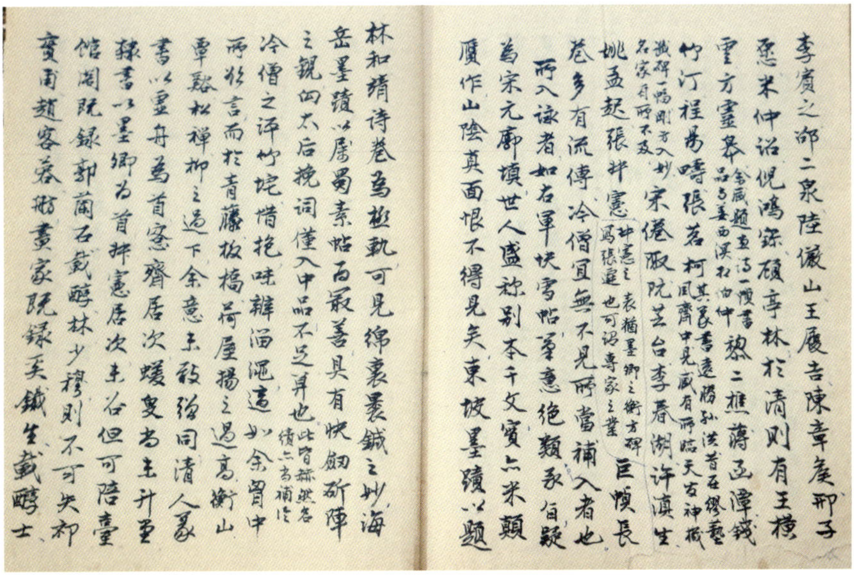

圖二 -3 論書絕句

1965年，西湖邊拆墳墓，報上有文批判吴山張宗祥題的“滿庭芳”。4月，張宗祥家蒲華花卉换成了弘一“南無阿彌陀佛”中堂。一次周嫂開門見是我，説老先生在等你。先生問我外面有點啥？我答報上批判的熱度增加，但與你無關，又拿出自己的習作請他指點，先生说：“臨摹很認真，不要争着出來，基礎要實。字雖從我學，不要像我。行書可以偏向瘞鶴銘一類發展，取法要上。”6月，張家壁上掛滿鬼畫八幅，極其生動。祖鵬説那是明朝的畫，我知道先師有預見，不覺默然。7月下旬張老住院，診治出是肺的問題。後來周嫂告我先生已去。我寫了挽聯到殯儀館參加追悼會。回想兩年內受先生指點多達三十七八次，深慨歲月之流逝，不可抗拒。

莊南村先生也有助於我的詩詞修養。他曾托我轉讓一幅林風眠的水禽圖，賣了個好價錢。他逝世後，晚川與我編了《武進莊南村詩詞集》（二册），徐行恭題簽，王敬身、莊一拂、周采泉、戴維璞作了序。1971年，我任《工人文藝》主編時，决心把《工人文藝》辦成綜合性文藝雜誌。在南村先生處我還認識了郭穀尼，以及于謙的後裔于學勤。于老爲我書寫了由鄭少梅執筆，莊、郭二人襄贊的藝術評論文章，我至今珍藏着這份墨迹（圖三）。之後我又開始寫詞，南村説可以去請教城北徐公。我去徐家，對行恭仁丈説明來意。之後兩年，我不時去造訪請益。他贈我的詞，我和了。他很高興，説：“映璞先生有你們這樣有靈氣的高足，可見導學之功深。”行恭仁丈對我説，你書法在行，詩又表述精闢，因人施教復見於情，你是非比尋常書法老師啊！隨即把自己的《延佇詞》及續集和《竹間吟榭續集》各四册送我，我一直珍藏至今。（圖四）

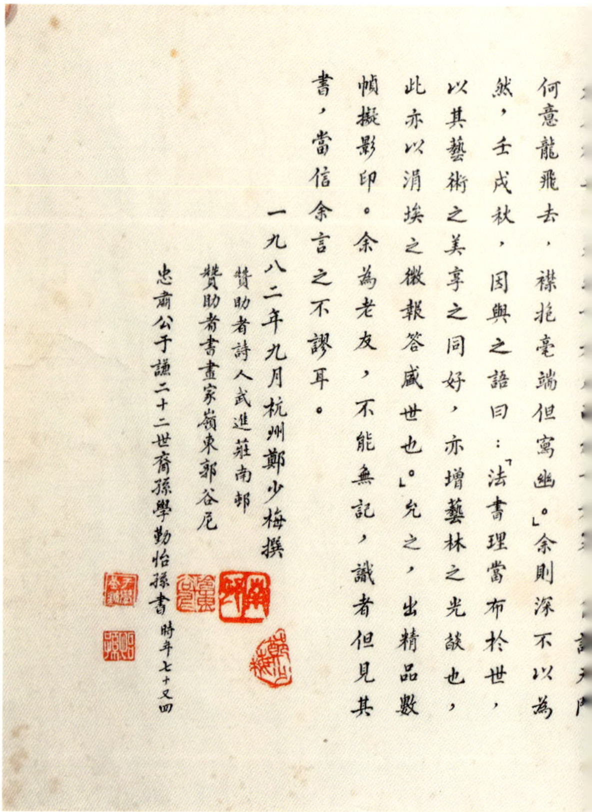
何意龍飛去，襟抱毫端但寓幽。」余則深不以為然，壬戌秋，因與之語曰：「法書理當布於世，以其藝術之美享之同好，亦增藝林之光啟也，此亦以涓埃之微報答盛世也。」允之，出精品數幀擬影印。余為老友，不能無記，識者但見其書，當信余言之不謬耳。
一九八二年九月杭州鄭少梅撰
贊助者詩人武進莊南邨
贊助者書畫家嶺東郭谷尼
忠肅公于謙二十二世裔孫學勤怡孫書 時年七十又四

圖四 徐行恭《延佇詞》和《竹間吟榭續集》

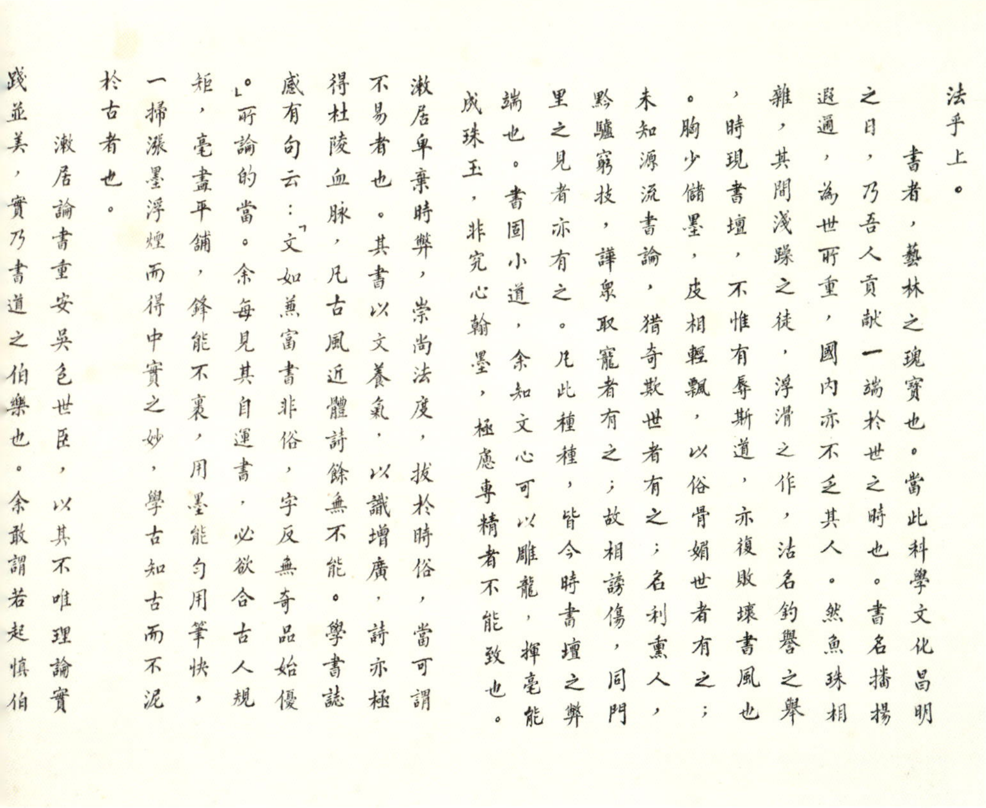

法乎上。

書者，藝林之瑰寶也。當此科學文化昌明之日，乃吾人貢獻一端於世之時也。書名播揚遐邇，為世所重，國內亦不乏其人。然魚珠相雜，其間淺躁之徒，浮滑之作，沽名釣譽之舉，時現書壇，不惟有辱斯道，亦復敗壞書風也。胸少儲墨，皮相輕飄，以俗骨媚世者有之；未知源流書論，猎奇欺世者有之；名利熏人，黔驢窮技，譁衆取寵者有之；故相謗傷，同門里之見者亦有之。凡此種種，皆今時書壇之弊端也。書固小道，余知文心可以雕龍，揮毫能成珠玉，非究心翰墨，極慮專精者不能致也。

漱居卑棄時弊，崇尚法度，拔於時俗，當可謂不易者也。其書以文養氣，以識增廣，詩亦極得杜陵血脈，凡古風近體詩餘無不能。學書誌感有句云：「文如蕪富書非俗，字反無奇品始優。」所論的當。余每見其自運書，必欲合古人規矩，毫畫平鋪，鋒能不裹，用墨能勻用筆快，一掃漲墨浮煙而得中實之妙，學古知古而不泥於古者也。

漱居論書重安吳包世臣，以其不唯理論實踐並美，實乃書道之伯樂也。余敢謂若起慎伯

圖三 于學勤老先生書寫的藝術評論文章

在南村家我還認識了戴維璞，他比南村小八歲，常到南村處切磋詩藝。1986年，戴老來我家爲新圖書館的落成徵集書畫，徐行恭、徐定戡、鄒夢禪都贈了作品，我也送了一張書法。他承接了領導布置給三百位中國台灣人士送嵌名聯的任務，我一周内幫他作了六十幅。2011年，96歲高齡的戴老辭世，我作挽聯寄哀：

曲折過來，然南亩有陽寬壽域；
平和歸去，已東風無力暖詩人。

改革開放後，我與庚燦兄交往日多。他童年從韓國意外到了中國，輾轉來杭州，拜了很多畫家爲師，以周昌穀的指導最多。1983年他回歸韓國時，已是西湖畫會會長，畫名享譽全韓，并爲中韓友誼和藝術交流作出貢獻。中韓建交，他率團參觀了北京炎黄藝術館，去香山黄胄新居做客，黄胄提議推選庚燦爲炎黄藝術館理事，并請我題詩。我當場作聯：“福至果然曾失馬，灾消一定又添驢”，後續成一律寄他。由於庚燦的推薦，東方研書會三次邀我訪韓。首次訪韓有《訪韓吟草》七絕 42首刊登在東方研書會《書通》第 40期上（圖五），還考察了韓國的歷史文化，進行了書法交流。二次訪韓，我參觀了英雄紀念館，還去了阿里郎電視台，現場直播在六尺紙上題字，但這幅字在裝裱過程中遺失，於是

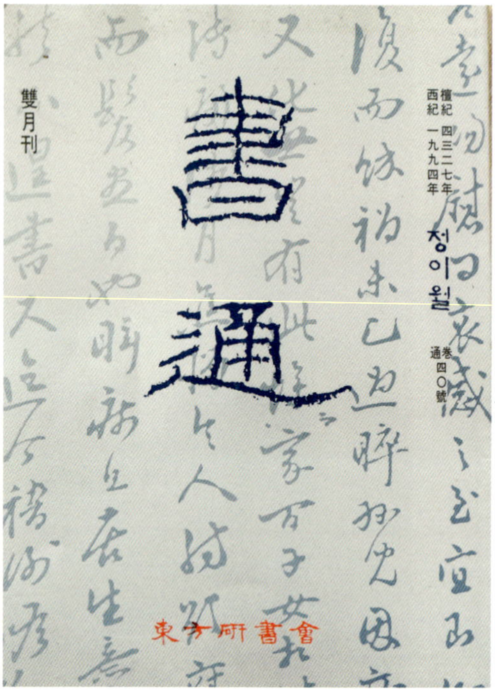

圖五 -1 東方研書會《書通》第 40 期

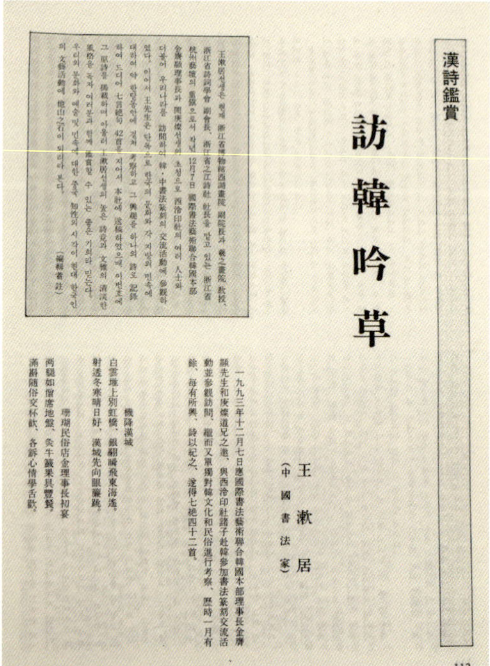

漢詩鑑賞

訪韓吟草

王漱居
（中國書法家）

王漱居선생은 현재 浙江省博物館西湖畫院 副院長과 羲之書院 敎授、浙江省詩詞學會 副會長、浙江省之江詩社 社長을 맡고 있는 浙江省杭州藝壇의 重鎭으로서 작년 12月7日 國際書法藝術聯合韓國本部 金膺顯理事長과 閔庚燦선생의 초청으로 西泠印社의 여러 人士와 더불어 우리나라를 訪問하여 韓·中書法篆刻의 交流活動에 參觀하였다. 이어서 王先生은 단독으로 한국의 문화와 각 지방의 민속에 대하여 약 한달동안에 걸쳐 考察하고 그 興趣를 하나의 詩로 記錄하여 드디어 七言絕句 42首를 지어서 本社에 送稿하였으매 이번호에 그 原詩를 揭載하며 아울러 王漱居선생의 높은 詩境과 文雅의 清淡한 風格을 독자 여러분과 함께 鑑賞할 수 있는 좋은 기회라 믿는다. 우리의 문화와 예술 및 민속에 대한 중국 知性의 시각이 현대 한국인의 文藝活動에 他山之石이 되리라 본다. （編輯者 註）

一九九三年十二月七日應國際書法藝術聯合韓國本部理事長金膺顯先生和庚燦道兄之邀、與西泠印社諸子赴韓參加書法篆刻交流活動並參觀訪問、繼而又單獨對韓文化和民俗進行考察、歷時一月有餘、每有所興、詩以紀之、遂得七絕四十二首。

機降漢城

白雲堆上別虹橋、銀翮瞬飛東海遙。
射透冬寒晴日好、漢城先向眼簾跳。

璟瑚民俗店金理事長初宴

兩髮如僧席地盤、炙牛蔬果具豐餐。
滿斟隨俗交杯飲、各訴心情學舌歡。

112

圖五 -2 訪韓吟草

我又再寫了寄去。2004年第三次訪韓，去了金膺顯寒溪嶺的家，金先生的書法、治印在韓國堪稱泰斗。他逝世前遺囑說希望在墓地種五百株梅樹。金膺顯紀念館開館前，庚燦要我爲紀念館巨幅梅花題詩，我即興題了：

冥福江原道，梅開五百株。

盡知公愛物，千里故人摹。

徐定戡是行恭提議擔任的之江詩社名譽社長，每期社刊他都寫作品寄來。（圖六）他曾出過十種詩集，1993年移居南澳大利亞州又出了《居夷集》。虞山李猷認爲：“詩涵蓋今昔，直逼朱（竹垞）、樊（榭），爲浙詩之後勁，視越縵則尚有過之。”廖蘊山在《居夷集》序中引用定戡詩句：“浮海幼安終戀土，閉門元亮亦居夷。”我寄去賀歲片和日曆本，他復函贈詩曰：（圖七）

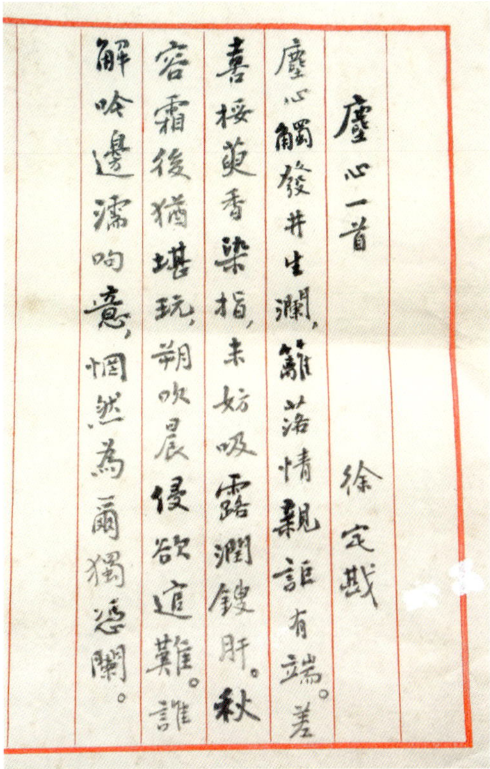
廛心一首　徐定戡
廛心觸發井生瀾，籬落情親詎有端。差喜櫻萸香染指，未妨吸露潤鏤肝。秋容霜後猶堪玩，朔吹晨侵欲追難。誰解吟邊濡呴意，惘然為爾獨憑闌。

圖六 徐定戡贈詩

漱居吾兄大方家遠貽賀片暨明歲合璧曆書，小詩報貺，即乞粲正：

剥啄黄頭賀簡開，中原應是雪皚皚。一番心上温馨過，想見嚴凝手自裁。
物换星移歲月馳，紀年夷夏總參差。曆書蓂莢同珍重，朔望奚煩載魄推。
文字緣同骨肉深，獨蒙青眼契苔岑。迢迢萬里限南北，甚日親承咳唾音。
岩棲春夏曆秋冬，不覺人間八十翁。翹首雲天愁北望，家山時系夢魂中。

甲戌長至稼研徐定戡拜稿

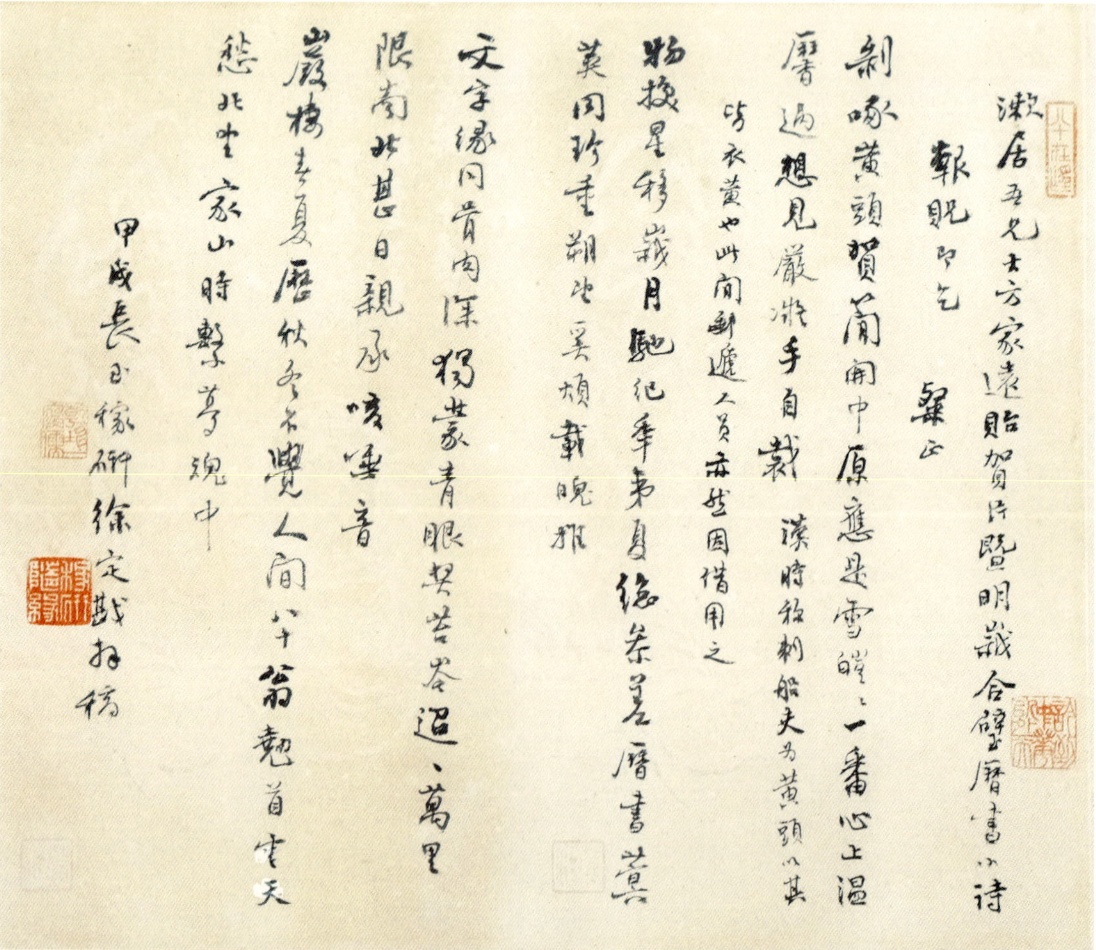

圖七 甲戌長至稼研徐定戡拜稿

自定戡赴澳大利亞以來先後收到詩稿函件數十通，還寄來夫人高誦芬與兒子家禎合著的《山居雜憶》。（圖八）

葉玉超、唐璧珍夫婦是之江詩社顧問，葉在香港從事文玩事業，唐是嶺南派畫家。1988年，杭州舉行“銀、雅”詩鐘創作會，紀念葉玉超夫婦銀婚之喜，得詩鐘三十餘副。中秋，又在望湖樓舉行“人、月”詩鐘雅集。1996年，西子詩會特邀葉玉超夫婦與會，請他吟唱了詩篇，雖是方言，我也聽出其情味聲韻之悠長。丙子春，唐璧珍還專門爲我畫了“漱玉千竿竹，清溪水竹居”的國畫，并由葉玉超親筆題詩。2015年3月30日葉玉超逝世，我沉痛地寫下挽聯：

創社締文緣，豈能忘銀雅詩鐘，湖山楹帖，更三台夜宴，五磊晨遊，遺杖認鳩頭，知閬苑静迎星級主；

饋圖傳友誼，猶在睹漱流飛白，居息園青，還雅什親供，優生特薦，返魂經馬尾，慨神州美譽玉般心。

步出莊外：溪水有聲聽不息，好秋人立菊花邊。（圖九）

二〇二二年十一月五日

圖九 譚建丞贈畫

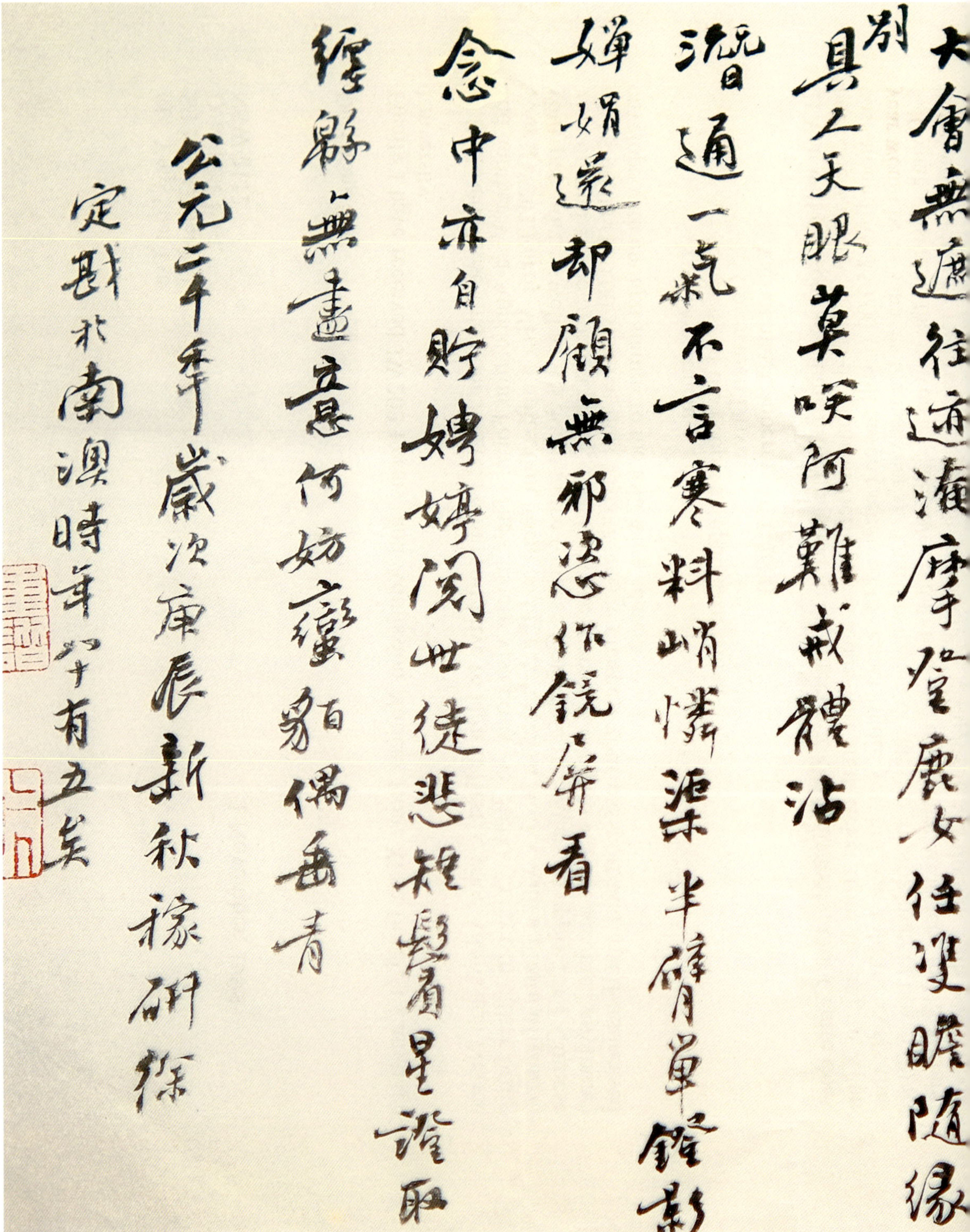
大會無遮往逝滄摩登處女任婆瞭隨緣
別
具人天眼莫笑阿難戒體沾
潛通一氣不言寒料峭憐渠半臂單鐙影
嬋娟還却顧無邪思作鏡屏看
念中亦自娉婷閱世徒悲雙鬢星證取
纏綿無盡意何妨孌貌偶垂青
公元二千年歲次庚辰新秋稼研探
定戡於南澳時年八十有五矣

圖八 徐定戡贈詩

闕題五首

玉立亭繫夢思羅衣坐浣愁天涯出牆
紅杏從袁賞爭似絪縕帳褥時
殘絮沾泥久未揚色空已證幻無常寸綠石

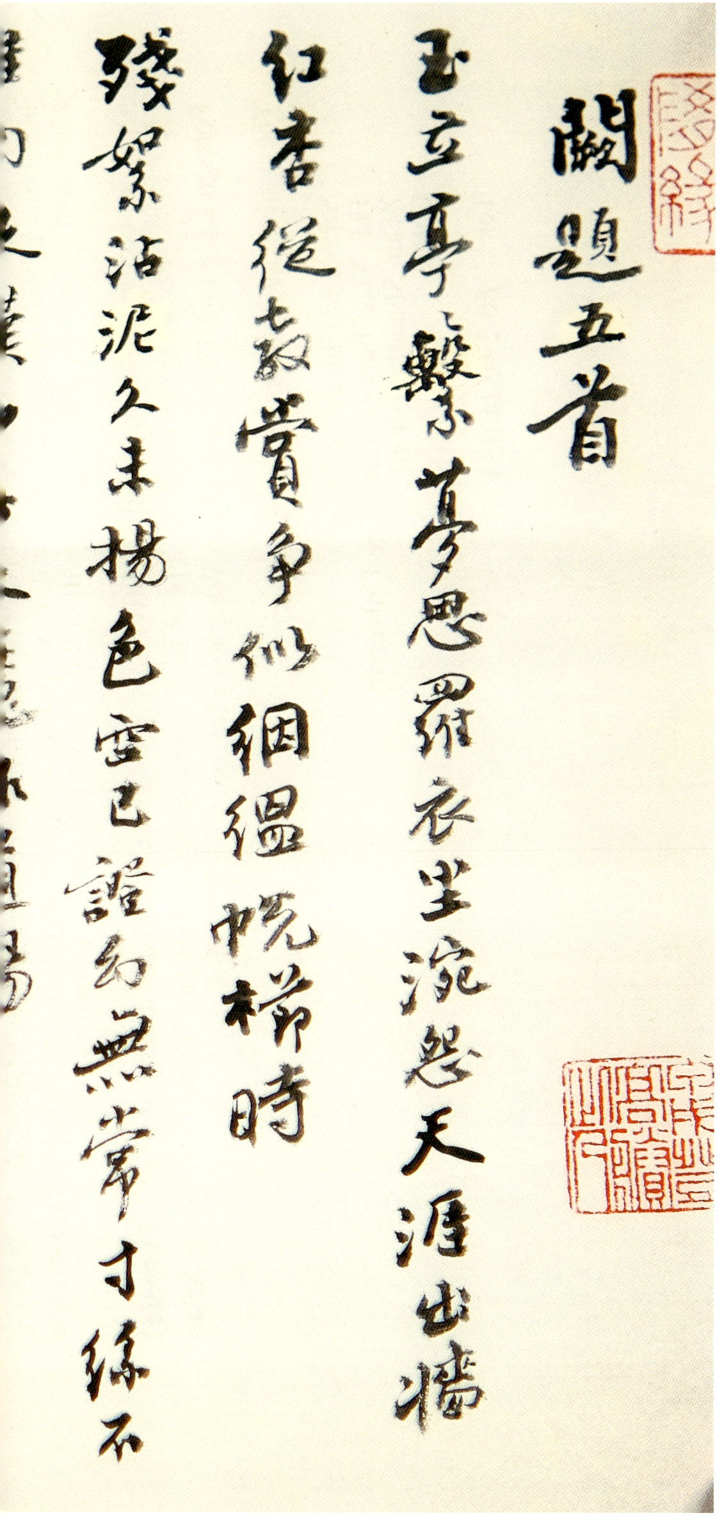

兩浙第一世家錢氏與杭州

文/錢偉强　中國美術學院教授、湖上

圖一　吴越國王錢鏐

孟子曰:“君子之澤,五世而斬。”中國之豪門士族甚衆,而大多短暫興盛於三五代間,如錢氏家族之千年不衰者少見也。自錢鏐建國,迄於錢弘俶歸宋,歷朝如錢惟演、錢易、錢選、錢士升、錢謙益、錢棨、錢大昕等,近世如錢玄同、錢穆、錢锺書、錢學森、錢三强、錢偉長諸公皆出此門……經歷三十餘世,海內外遍布其後裔,人才輩出,豈爲偶然哉!蘇杭天堂,則爲錢氏宗祖所創,既是千年閥閱名族,又爲兩浙第一世家。今特借此市變朝遷一般的時變風流,述及錢氏之榮枯更替,道其與杭州城淵源之縱横交織。

早在西周,錢姓就已獲姓得氏。楚國先祖火神吴回生陸終,陸終三子彭祖。[1]彭祖姓籛名鏗,支子去竹而爲錢氏。[2]此爲錢氏之姓源流所在,見諸《錢仁昉墓誌》有“派陸終之緒”[3]之記載。周秦之間見諸於史籍者有隱士錢丹、御史大夫錢産,錢産之後錢琳因避王莽篡權之亂而南遷至江東。自此，錢氏始祖南渡行止定居長興地域，浙江長興也成爲天下“錢氏”的祖脉所在！

魏晉之間，錢氏發展爲武强士族，并經歷兩次復辟吴國的失敗；但由於多次被鎮壓，晉朝中後期錢氏就開始由武强家族轉型成文化家族。這中間以陳朝最爲顯赫，在此期間封王者四人，太守以上級别者二十餘人。六朝時期，錢氏子弟便有遷居杭州發展者，最著名的是梁、陳時期的東海太守臨安人錢逵，生九子，皆相次爲將軍、郡守。但隨着陳朝淪亡，錢氏家族亦隨陳叔寶遷至長安，其中，即包括了錢镠的先輩——錢文强。

隋唐之際，文强之子九隴爲唐高祖李淵的心腹武臣，他平定劉、竇之亂，助力國家統一，遂擢巢國公、右武衛將軍、潭州大都督，至是家族名將公卿相傳不絕[4]。錢镠（圖一）自稱爲九隴第九代孫也，唯其奪得杭州，赢取家門基業[5]，此後討逆平叛，而成開國建邦之主[6]，轄境遍及浙江全省，横跨蘇州、潤州等地，後忠獻王錢弘佐（圖二）執政時更將福州併入其管治區。當時紹興享有尊崇地位，而杭州則僅是三線城邑。紹興屬於浙東道首府所在，而浙西道中心自原地鎮江遷至今日杭州，即是由錢镠實施的决策舉動[7]。

圖二 吴越忠獻王 錢弘佐

[1]《史記·楚世家》：帝乃以庚寅日誅重黎，而以其弟吴回爲重黎後，復居火正，爲祝融。吴回生陸終。陸終生子六人，坼剖而產焉。其長一曰昆吾；二曰參胡；三曰彭祖；四曰會人；五曰曹姓；六曰季連，芈姓，楚其後也。

[2]《百家姓考略》：錢，徵音。彭城郡。系出鏗氏。彭祖姓籛名鏗，支子去竹而爲錢氏。

[3]《唐故使持節袁州諸軍事袁州刺史上輕車都尉錢府君墓誌銘并序》：君諱仁昉，字仲昇，吴興長城人。原夫仙庭胙國疏封派陸終之緒。

[4]《新唐書·列傳·卷一百四十八》：九隴，本高祖隸奴也，爲虛立門閥功狀，至與劉文静等同傳。

[5]《資治通鑒·唐紀·卷七十二》：昌徙鎮越州，自稱知浙東軍府事，以錢镠知杭州事。

[6]《資治通鑒·後唐紀一》：梁主遣兵部侍郎崔協等册命吴越王镠爲吴越國王。丁卯，镠始建國，儀衛名稱多如天子之制，謂所居曰宫殿，府署曰朝廷，教令下統內曰制敕，將吏皆稱臣，惟不改元，表疏稱吴越國而不言軍。置百官，有丞相、侍郎、郎中、員外郎、客省等使。

[7]《新五代史·吴越世家》：镠如越州受命，還治錢塘，號越州爲“東府”。光化元年，移鎮海軍於杭州，加镠檢校太師，改镠鄉里曰廣義鄉勳貴里，镠素所居營曰衣錦營。

圖三 吴越忠懿王 錢弘俶

因而言之，在杭州成爲一線城市的歷史長河中，沒有錢镠無從談起。當時有一位風水先生言道："西湖風水不佳，恐會影響吴越國安危。唯有填平此湖，方可延長國運。若不爲之，吴越之土將難以久存百年。"然錢镠明察秋毫，深知填湖必定傷民害眾，故未聽從其謀略計策[8]。及在彌留之際，仍囑寄後人"度德量力而識事務，如遇真君主，宜速歸附。聖人云順天者存"。後代錢弘俶（圖三）子荷祖析,此即納土歸宋之第一因由也。錢镠王之睿智超群，氣度不凡，古往今來恐少出其右者。由此，吴越之地兵火未燃，糧食衣冠安穩。北宋蘇軾曾言，即至晚年將及黄泉之日而未嘗兵革，四時中嬉戲笑語閒居常有樂音傳來耳畔[9]。這一景象如今過了千載仍歷歷在目，可見吴越錢氏所做的事情對於杭州百姓的影響無以加焉。

今日時世，杭州城內依舊有一項盛大的壓軸節目——已被列入浙江省非物質文化遺產名錄之中的"元宵錢王祭"活動。斯祭亦歷經歲月漫長，其源頭已可溯至清時。然而，錢王有兩日之祭典，一者爲正月十八之元宵祭，另一則爲二月十六生日祭。何以正月十八仍稱元宵？錢王納土歸宋，宋太宗感念其功勞之大，特許元宵節後延遲兩日至十八。可見錢氏功勳彰顯於世，俾成後人奮發圖强、建功立業之典範與方向也！

世道隆盛，流年如梭，千古風華，曆久彌新。錢氏家族能夠追溯至千年前，已在浙江這片土地上紮根生長，并與此間文脉相互融合、相輔相成。

北宋之初，吴越王室後裔多隨錢俶移往河南。據元代錢國衡統計，兩宋時期，吴越錢氏封王 9人、朝廷各級官員 736人、舉進士 67人。如秉節高邁的大臣錢若水，享譽一時的着名文學家錢易等人都是耀眼的代表。另一個備受矚目的人物則是吴越王俶之子錢惟演，錢惟演博學多才，其詩文出類拔萃，爲西昆詩派代表之一；他更是樂於廣納文士、獎掖後進之典範，歐陽修、梅堯臣等賢才皆得其賞識和栽培，足見錢氏恢廓大度之姿。

西元 1127年南宋建立後，錢氏大宗遷居台州，賢良輩出，如"紙幣之父"錢端禮成爲參知政事，并主持推行交子（紙幣）試點計劃；其孫左丞相兼太子太傅錢象祖更是達到了家族仕途的巔峰。他曾主王安石祠之修繕，當時異議蜂起，然彼果斷决定重修其祠宇，并請大儒陸象山撰碑記述，給王安石作了千

---

[8] 《幕府燕閑録》：百姓資湖水以生久矣，無湖是無民也，豈有千年，而天下無真主者乎？

[9] 蘇軾《表忠觀碑》：是以其民至於老死不識兵革，四時嬉遊歌鼓之聲相聞，至於今不廢，其有德於斯民甚厚。

秋定評。

入元之後，錢氏後裔中，有一位才華出眾的名士，其名曰錢選。彼於景定之時考中進士，雖得高第却未入仕途，癡迷於山水之間，沉醉於詩酒之中，并善繪畫，不論是花鳥、山水、人物，抑或鞍馬等皆精通無比，時人有“老錢丹青當世無”之譽。

科舉制度旨在選拔優秀人才，明清兩代，吴越錢氏共誕生了 310名進士。其中共有四名狀元：明代有《明日歌》的作者錢福（圖四）、狀元宰相錢士升；清代有尚書畫家錢維城、“六元及第”的錢棨[10]。而在眾多科舉世家之中，錢氏家族顯得尤爲出色，其中常熟錢氏最具代表性。不計外遷支系，該家族仍至少培養了 25名進士，人才輩出，稱之爲“進士世家”，實至名歸。其中文章宗伯錢謙益（圖五）更是代表人物，他領袖文壇四十年，既是明代文學的總結者，又是清代文學的開創者。

圖四 錢福 吴越國太祖武肅王錢鏐之後 《明日歌》作者

[10] 六元，科舉制度稱縣試、府試、院試第一名爲案首，鄉試、會試、殿試的第一名爲解元、會元、狀元，合稱“六元”。接連在縣試、府試、院試、鄉試、會試、殿試中考中了第一名，稱“六元及第”，中國科舉史上只有黄觀和錢棨六元及第，其中黄觀連中六元。

圖五 錢謙益 字受之 號牧齋 晚號蒙叟 東澗老人

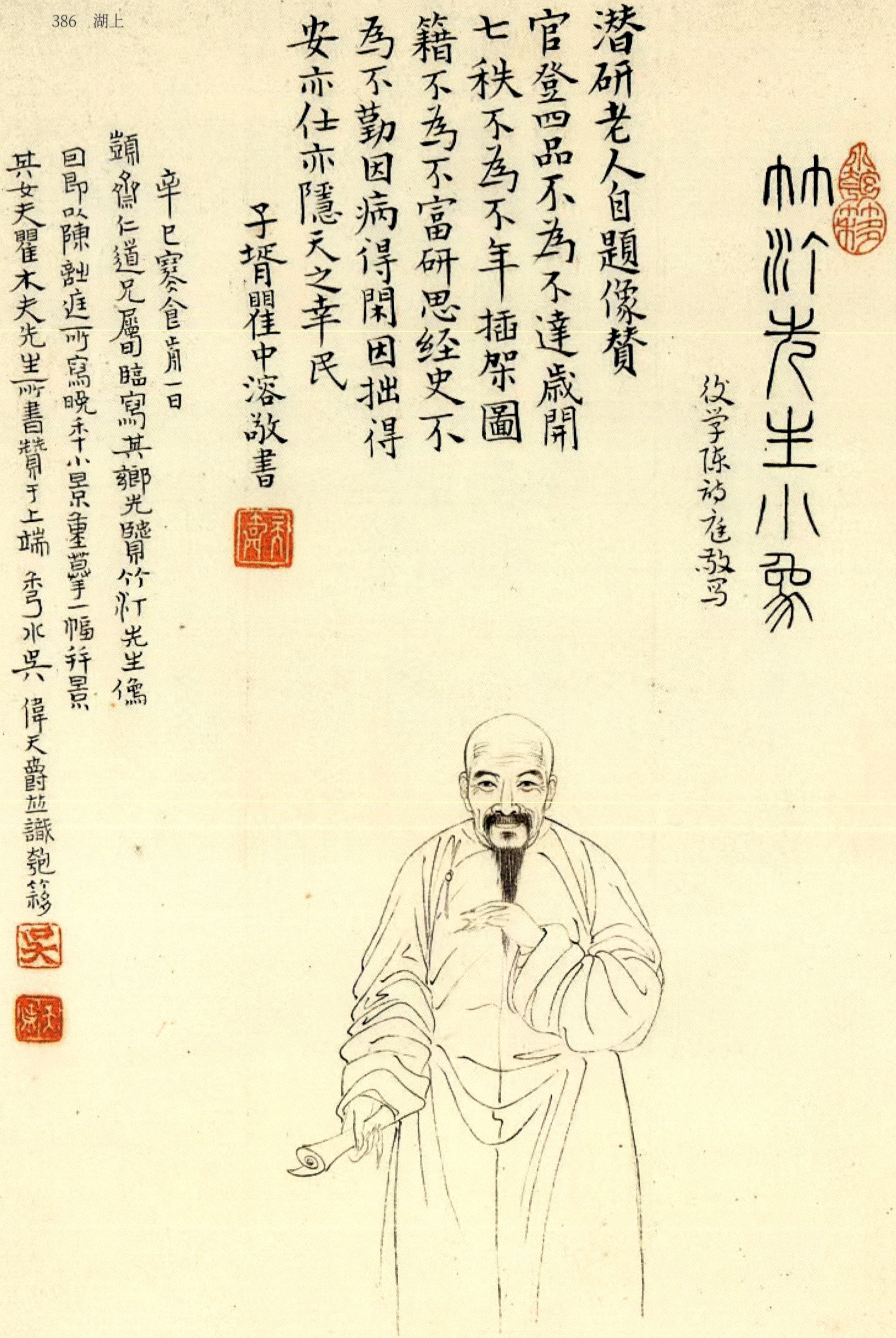

圖六 錢大昕 字曉征 號辛楣 清代史學家 文學家 乾嘉學派代表人物

值得一提的是，常熟錢氏的分支嘉定錢氏，有位識高學粹、才華横溢的人物——錢大昕（图六）[11]，堪稱清代史學第一人[12]，并多次到吴山寫詩留念。而其另一分支杭州湖墅錢氏則聚居於江漲橋附近，也是一科舉學術名族，湧現了多位進士賢才，尤以福建布政使錢琦最爲著名，錢琦之子錢枚、錢林、錢杜皆舉進士，以詩文藝術，着名於學界。

千年以來，錢氏在歷史舞台上濟濟有衆，而至近代則如破竹之勢，蔚爲大觀。作爲有名的錢家後裔，除了卓越人物錢鍾書和錢三强外，在國學領域享譽盛名的大師錢仲聯也是一位值得銘記的重要人物。錢仲聯之祖振倫與錢玄同的父親錢振常乃同胞兄弟，振倫與曾國藩同科進士，官至司業級職務，乃大學士翁心存之婿、翁同龢之姊夫。其侄玄同更是新文化運動之先驅，在多個方面都產生了巨大并深遠影響——縱向如標點、版式改革等創新突破；横向則包括經濟政治、教育學術等多個領域。錢玄同之侄稻孫積學深厚，在於日本文化走向及譯介方面更與周作人并列當代大家。可見其名門望族俊彦挺秀、英才濟濟。至於錢鍾書所屬之堠山錢氏亦是善守正道，宏勝多致。

凡人之家，血脉相傳；大匠之門，技藝流傳。自錢氏始祖錢鏐之世，家族聲名日盛。而惟有杭州一帶，在宋朝時期達到巔峰。其根本原因則在於杭州乃爲天下錢氏的中心所在，其中最重要的建築即是錢王祠。

[11] 淩廷堪校：《禮堂文集》（卷二十四）：學問體大思精，識高學粹，集通儒之成，祛俗儒之弊，直紹兩漢者，惟閣下（錢大昕）一人而已。

[12] 陳寅恪：《金明館叢稿二編》，上海：上海三聯書店，2001年。新會陳援庵先生之書，尤爲中華學人所推服。蓋先生之精思博識，吾國學者，自錢曉征以來，未之有也。

錢王祠的前身表忠觀，雖建在玉皇山附近，未見其特而已。直至元代，表忠觀被毀後，明嘉靖年間錢氏後裔賢達齊聚一堂，共同籌集資金重建錢王祠。其中最傑出的人物當數朝廷名臣、心學大家王陽明的第一大弟子——錢德洪（图七）。他不僅整理了陽明先生主要著作并進一步闡述發展心學思想，更親自監督修繕和日常祭祀工作，功莫大焉。明朝以後，杭州錢王祠終成爲了天下錢氏文化和信仰中心所在地。

錢氏家族久負盛名，其所長存者非錢王祠等象徵榮光之物，而在於團結一致的精神面貌。不言而喻，此種凝聚力遠遠超越江浙門閥身份之限制，源自文化底蘊中的殊功勁節。眾所周知，《錢氏家訓》代表了此種文化概念之形式，在傳承下來的意義中并未涉及單純物質上的專屬所有權，反而獲得了無與倫比的人性資產。《錢氏家訓》："利在一身勿謀也，利在天下必謀之。"[13]《錢氏家訓》便着眼於傳達"兼平天下"這一治世重任，并走出單純宗訓之範疇。(圖八)

余見錢氏家族，自先代錢鏐王以來，所悟天機者二：有學爲上者，則無論至何時、處何境，皆當執實行之；有報國獻策者，則秉忠君愛國之心，不遺餘力。如著名科學家錢偉長棄文從理，并非世俗之偏離，乃初衷得定於此；又如錢學森耄然回首重修齊治平，則足見其族人精神之淳正也。

昔者錢氏享盛譽於茫茫人海之中，慷慨激揚，名動天下。今之杭州，載莊重古風的吴越國影迹豐富多彩，展現出其卓爾不群的歷史地位。吴越國既成往事，而留於後世的文化遺產却不可忽視。僅以錢鏐王所撰寫的墨跡碑刻，華章巨制，體大思深，其中尤以浙江省博物館所藏錢鏐墨寶最爲珍貴；再看錢俶之草書，則筆勢豪放、氣韻流暢。縱覽全城，在青灰色歷史中顯現出白粉和殷紅色典型建築群——如擁有亦莊亦諧美譽的保俶塔、雷峰塔、净慈寺等與錢氏生平相關聯者無不展現着古風古韻之美景。

杭州之地源遠流長，自吴越時代錢氏政權高築城垣，憑藉其政治經濟文化實力成爲中心。至今錢氏後裔雖散居天涯海角，然從根脉上言皆首推此處。千古風雲變幻無常，唯有錢氏家族沿時間的長流不倦。其胸襟智慧、道德經綸皆堪稱楷模。目下歸眸杭州之土地，則見證着錢氏輝煌發展；而歲月更迭，則銘刻於歷史書頁中，固非一時之幸也！

---

[13] 2003—2013 年時任總理温家寶在海南博鰲論壇見錢復時，引用了《錢氏家訓》："利在一身勿謀也，利在天下必謀之"。

圖七 錢德洪 字洪甫 號緒山 明代思想家 著有《緒山會語》

參考書目:
1.《唐初低級功臣子弟仕途走向——以新見〈 錢仁昉墓誌 〉爲中心》，《唐都學刊》，2010 年 11 月底 26 卷第 6 期。
2. 兩《唐書》。
3.《宋史》。
4.《百家姓考略》。
5.《浙江錢氏：名門望族千年不衰》。
6.《吴越國、兩宋時期吴越錢氏家族世系綜考》。
7.《“度德量力而識時務”——錢鏐與唐末五代杭州及吴越國的治理》。
8.《吴越王錢鏐與西湖》，《湖北師範學院學報》(哲學社會科學版) 第 35 卷第 1 期。

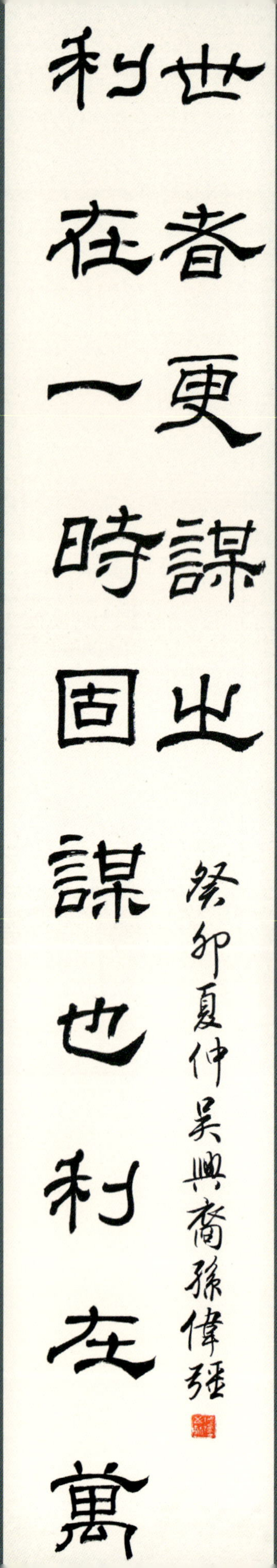
利在一時固謀也利在萬
世者更謀之
癸卯夏仲吳興裔孫偉强

圖八　錢氏家訓下聯

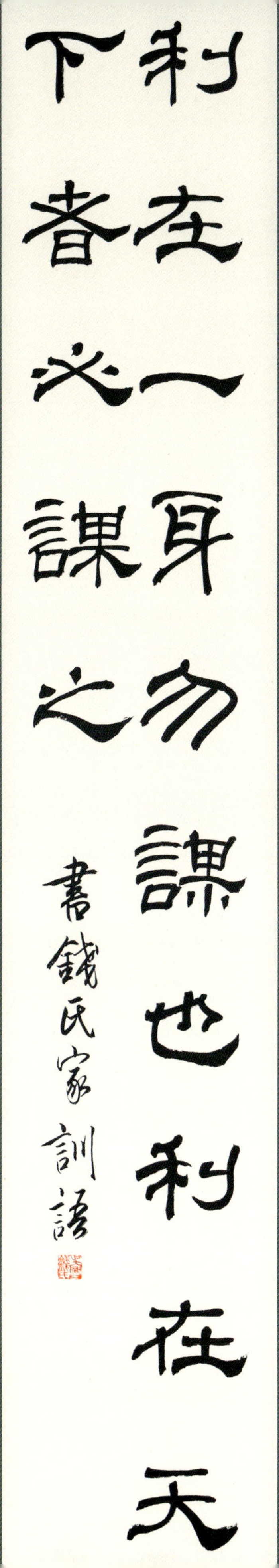
利在一身勿謀也利在天
下者必謀之
書錢氏家訓語

圖八 錢氏家訓上聯

孤山年年自梅花
——記民國詩人徐祖武先生

文／徐達斯　學者

我的朋友、金華詩人季惟齋以爲杭州一地兼有廟堂氣，山林氣與書卷氣，在我看來，杭州的詩人亦分有此三氣，或一身而三氣兼備，或但稟一、二種氣。比如蘇東坡，一身而三氣兼備；龔自珍融廟堂氣和書卷氣爲一體；袁枚張揚了才子的書卷氣；而"梅妻鶴子"的林和靖，其山林氣則尤爲突出。

我的叔祖父徐祖武先生，就是一位兼具書卷氣和山林氣的隱逸詩人，在"三千年未有之大變局"的興亡滄桑中抒寫詩篇砥礪性情，傳承杭州的千年文脉。明代詩人王諱的《西湖》詩似乎就是他一生遭際和情懷的寫照：

波光一碧净無瑕，
楊柳芙蓉紫翠加，
岸岸樓台圍綺麗，
船船歌管載繁華。
蘇堤北去嶽王塚，
葛嶺西來賈相家，
富貴功名總如夢，
孤山年年自梅花。

他生於民國初年（1916），其時徐氏家族經三代人的經營已成爲杭州絲綢業的翹楚。民國七年（1918）徐家購得杭州金洞橋原屬許增（邁孫）所有的江南名園——榆園（亦名娱園），年幼的祖武從此搬入新居，在深巷大宅、亭台

圖一 幼年的祖武躺在祖父的懷裏

樓樹之中，度過了他一生中最美好的青少年時代。因爲父母早亡，祖武從小跟作爲一族之主的祖父一同生活，得到了祖父和祖母格外的寵愛和關照（圖一）。榆園，自然成了孕育詩人、情種的“大觀園”。雖然出身鉅賈豪富，但祖武對積聚財富和奢侈享樂并沒有什麼興趣，倒是在讀書吟詩中找到了安樂鄉。祖武天資聰穎、博聞强記，從小博覽群書，常常過目不忘。雖然當時杭州已有新式學校出現，但祖父還是爲孫子延請名師張惠衣先生（曾任西湖博物館館長），在家設立私塾，并且廣購古今圖書供他閱讀。到十六歲時，祖武已經在杭州出版第一部詩集《弱歲吟稿》，并在高手濟濟的浙江國學界贏得了“神童”的美譽。十七歲時，又出版《祖武雜詩初稿》三册，收詩 652首，得到了詩壇耆老陳石遺的嘉許。正當弱冠之年的祖武，至此成了享譽民國詩壇的詩人徐定戡（晚號稼研）（圖二），開始跟古典詩詞、金石書法界的名宿耆老相唱酬，其中有章太炎、陳三立、馬一浮、龍榆生、夏承燾、吴湖帆、唐圭璋、陳九思、徐行恭等等輝耀民國文化天空的詩詞大家。陳聲聰先生嘗評論其詩才：“有方回之秾麗，無蒲江之妍雅，長調尤近草窗。靈珠在握，隨意取與，皆成妙制”，“徐定戡清才敏給，記誦浩博，詩詞唱和嘗疊韻不已，餘與九思皆甚畏之。”陳石遺先生驚嘆：“江南徐祖武，年少驚才絕豔，自言爲詩好仲則、定盦。”

圖二 民國詩人徐定勘

據施議對先生的說法，儘管有名師啟蒙，但徐定戡成爲詩人却純屬偶然，《徐定戡小傳》裏記載："偶嬰篤疾。病廢家居，遯而爲詞。閉門覓句，無所師承也。時以所作就正詞壇耆宿，若徐行恭、陳聲聰，獲益良多。其詞不爲派囿。愉悴之情，稱心而言。"實際上，祖武從小身體不好，從無三日太平，等到十多歲才慢慢硬朗起來。正是疾病和苦難讓這位天才少年走入傳統詩詞的天地，并最終成長爲一代詞宗。當然，還有杭州得天獨厚的人文環境和自然美景，一直滋養着詩人的性靈。自林和靖以來的杭州隱逸詩人，就是從山山水水處處明明秀秀、晴晴雨雨時時好好奇奇的西湖風光裏，汲取了無窮的靈感和詩料，一代一代不期而然地湧現出來。西湖成就了詩人，詩人也成就了西湖。徐定戡先生一生寫作詩詞幾近萬首，這在中國文學史上，也可謂十分罕見。（圖三）（圖四）

一九三六年，祖武二十歲，遇到了他一生的摯愛。誠如辜鴻銘所說"西方人結婚是愛情的終了，而在中國，結婚是愛情的開始"，祖武的愛情也從結婚開始。經祖父母之命和媒妁之言，祖武娶杭州名門望族高氏維魏之女高誦芬

圖三 依然静好樓刊書圖

爲妻（圖五、圖六）。高誦芬在晚年寫的回憶録《山居雜憶》裏面，對這樁舊式婚姻做了一番詳細的描述。當高誦芬十二歲時，就有媒人給她作媒，向她的父親介紹了祖武。父親心有戚戚，但母親暗中觀察，覺得這男孩雖然相貌清秀，但是身體單薄，再加面孔不是圓的而是長的，便不很滿意，提出讓男家等到女兒十六歲再來迎娶。徐家看了女孩的照片，認爲這女孩身體長大，下巴也大，是有福之相，再加上雙方八字相配，於是欣然“下定”。過了幾年，女孩十六歲，徐家要求迎娶，定在姑娘十七歲時來迎親。不料大半年後，新郎的祖父突然中風去世，婚禮因此延期了兩年。婚禮鋪張而喜慶，那是民國期間杭州最好的時光。高誦芬對洞房之夜的回憶，讓我們對傳統中國式婚姻的温馨美好有了認識。書中寫道：

圖四　獅子峰別墅

還有兩個喜娘，一個盛了兩盆水，請我們洗臉；另一個將新房的紫紅絲絨房帷拉攏。

此時，我窘得沒有手勢，只好去盥洗室洗臉了。新郎跟在後面，還問我："今天吃力嗎？"我聽了回答："不吃力，謝謝！"

這時一位姓蔣的伴娘正好走過我們身邊，聽見我們在講話，抿住了嘴，一副不讓笑出來的樣子（圖七）。

喜娘鋪好了床，對我們說："姑爺、小姐早點安置吧。"就把門掩上，出去了。我丈夫對我說："請先睏吧。"

我低頭不語，不知做什麼好。這時，只聞房外鐘打四下，時候已經不早了。我只好和衣上床，鑽到裏床的被子裏去。我們的新床是兩張單人彈簧床拼起來的，很大；被子是定做的，也很大。我睡在裏床，丈夫睡外床，中間還距離很遠。但我生平第一次與一個從不認識的男子睡在一起，窘到什麼程度是可想而知的了！

可能我丈夫也很窘，所以要想出什麼話來問我。他忽然說："你明天見了我祖老太太怎麼叫法？"

圖五 民國時期杭州的神仙眷侶：徐定勘、高頌芬夫婦

圖六 民國時期杭州的神仙眷侶：徐定勘、高頌芬夫婦

一位大家閨秀，一位豪門詩人，一個似閬苑仙葩，一個似美玉無瑕，在婚床上竟然就像這樣閒聊了一夜，直至天亮。就是從這一天，詩人的愛情開始了。這場愛情給了詩人青春韶華的美好，也支撐了詩人後半生的患難滄桑，甚至持續到愛人逝去，詩人依然在對愛情的回憶中度過了最後的歲月（圖八）。九十歲的徐定戡先生在悼念亡妻的詩中低吟着：

> 食寡腰愈瘦，年凶爾應灾。我心猶未碎，汝骨已成灰。問暖嘘寒慣，金釵鈿匣開。良緣原夙定，後死總堪哀。
>
> 塵緣邁周甲，叔季已非常。顛沛刀兵日，辛勤着作堂。疚心難自贖，畢世此彷徨。幸爾宿根厚，慈門普筏航。
>
> 九十煢鰥叟，支離孰護將。毗荼非共穴，嬴博況殊方。獨鶴但宵唳，孤鸞只翼翔。巫陽疑誤召，欲替叩穹蒼。
>
> 終朝但閉關，小院見南山。愛以詩彌摯，衰緣痛益孱。試呼人欲出，未語淚先潸。中饋無萊婦，陶潛共慘顏。
>
> 死別已吞聲，生懷玉不温。履綦消拾級，書頁指留痕。菊有荄重發，人無逝返魂。恍然疑頓悟，迴向本師尊。
>
> 倏焉屆九秩，寒日薄崦嵫。未下巫咸召，翻賡元稹悲。絲蘿今已斷，緣會總存疑。欲報攢眉舊，金經永夕持。

圖七 新婚後的高頌芬女士

悼亡詩一共寫了二十七首，其真摯沈痛、哀感頑豔皆可追步唐代元稹的同類作品，且數量遠過之。深悟佛理的稼研先生在詩中表達了他至情至性的風人本色，以此向一生相濡以沫的伴侶告别。至於他的另一位伴侣——西湖，他已經在二十年前寫下了告别的詩句（圖九、圖十、圖十一），那時他正準備偕妻離開中國，隨子去澳大利亞斯陡林山莊隱居，詩共十三首：

微軀猶得戴吾頭，又作明湖下澤遊，袂舉眉軒還一笑，慚非大受亦函牛。
吴根越角經行地，楓葉初丹槲葉黄，今日陰晴渾未定，料應西子倚新妝。
聖恩歸許憩湖濱，蒿裏車回過六旬，心怯明漪重照影，遊儵定訝白頭人。
磚街燈火兀相望，聽杏南樓換海棠，白首重來問陳迹，孩兒巷口立斜陽。
徙倚湖樓日半斜，縱非新火瀹新茶，清商漸起霜猶晚，蓮葉田田不見花。
北高峰頂雨連天，不見跳珠十四年，我已重來無片瓦，明時差幸此身全。
剪翎也得脱雕籠，遙挹朝南暮北風，眼底滄桑已如此，越山無復浪花中。
驥子騶孫幾仗閑，棕鞋桐帽稱疏頑，頻年省識荒寒趣，貪看晴湖水底山。
劫後南山翠黛横，了無言説不勝情，低徊末路思齊物，入眼湖波故未平。
支羸杖策尚蹣跚，侵曉湖光薄似煙，鼻觀香嚴金布地，隨風流出鮑家田。
一角南湖夕照微，打頭黄葉已成圍，百年哀樂看雙鬢，忽忽憑欄似客歸。
剩向華堂望落暉，誰何重問舊烏衣？獰飆争奈檐前燕，猶辨朝來比翼歸。

圖八 晚年的徐定戡及其夫人

全詩寓意深婉，格調高古，充滿故國喬木之思、黍離之悲。定戡先生淡泊名利，遭際坎坷，却成全了一個性靈詩意的人生。很遺憾，我并沒有見過叔祖父，但祖父徐祖蔭先生的音容笑貌却常常出現在我的腦海中。他的儒雅、厚道、樂天、率真，他身上的書卷氣和山林氣，一直讓我追思回味不已，并由此窺見徐氏家族的門風。祖父曾經留學日本東京帝國大學，却在杭城古巷隱居一生，讀書弦歌不輟。祖父和叔祖父，或許都得了孤山梅花的靈氣。

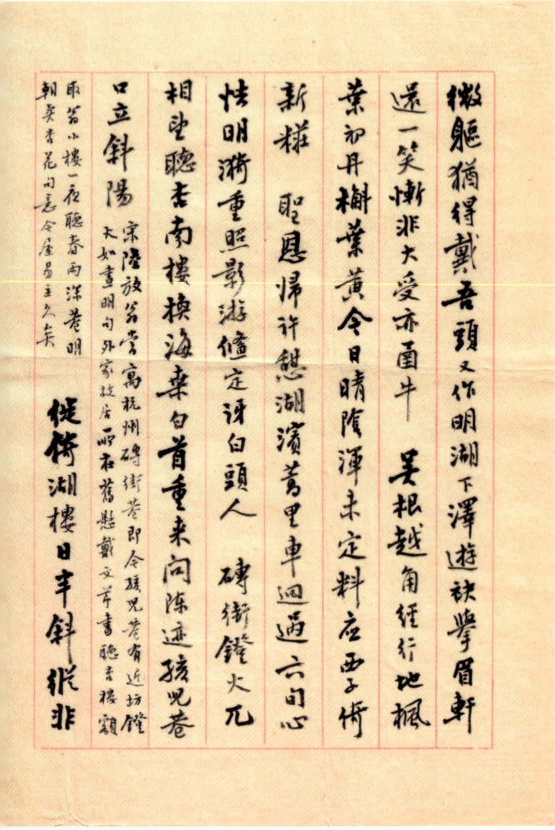

圖九 晚年西湖詩稿手迹

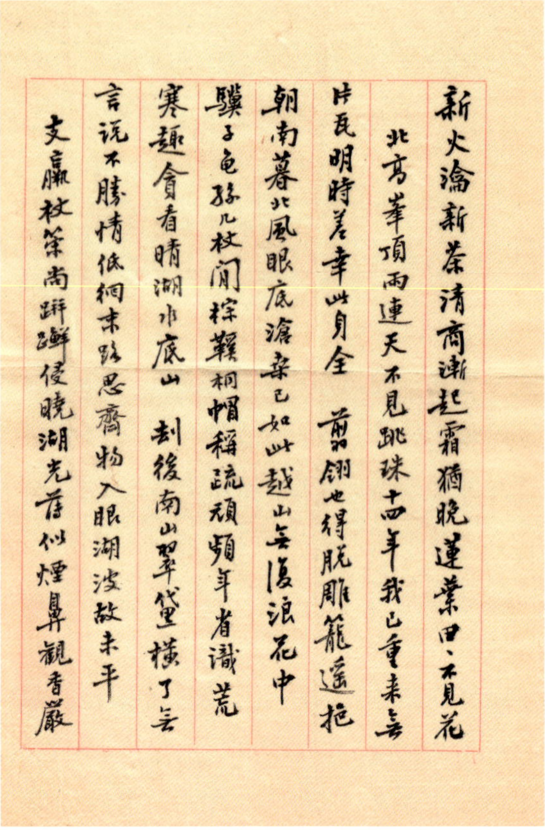

圖十 晚年西湖詩稿手迹

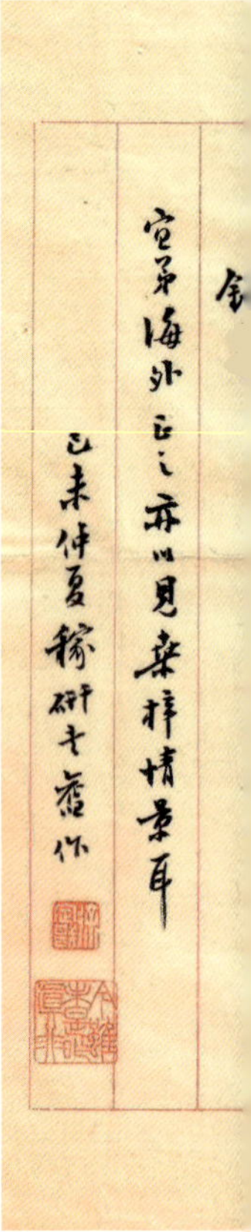

抗日戰爭爆發以後，徐定戡先生舉家遷居上海（圖十二），他在滬上的寓所——依然靜好樓，從此成了江浙滬文人墨客的雅聚之地，經常往來的除了徐行恭、陳聲聰、陳九思、朱龍湛諸位老友之外，還有周退密、俞平伯、包謙六、施蟄存、陳琴趣、江辛眉、胡邦彥、王小廔、鄭逸梅、蘇淵雷、蘇局仙、王退齋、許寶騤，“文化大革命”後則有中国香港的饒宗頤，新加坡的潘受，中国台灣的李嘉有、張定成、張壽平、陳慶煌，澳大利亞的趙大鈍、廖蘊山，以及法國、美國、泰國、馬來西亞等國的詩詞大家，彼此切磋酬唱，儼成詞派。先生作詩，思如泉湧，榻上席間，隨時録寫，加上擅長書法，其行書如行雲流水，自然流暢，娟秀清麗，故此片紙尺牘，如今皆爲藏家所珍（圖十三）。

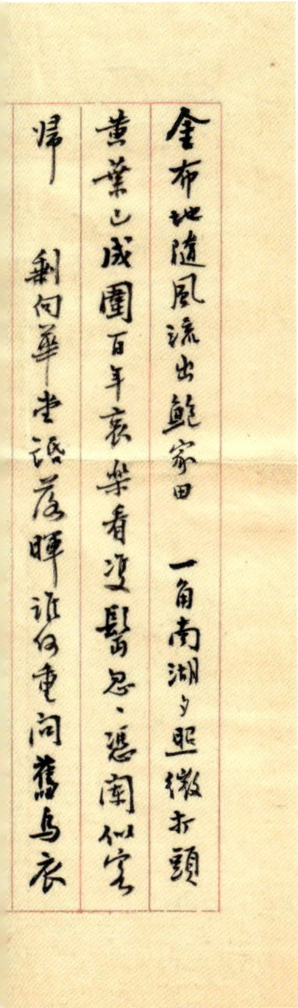

圖十一 晚年西湖詩稿手迹

圖十二 抗戰時徐氏家族舉族遷往上海租界後拍攝的合影

移居四首

其一

索居岑寂養吾真。歇戶知無雅趣人者宿孑遺尊老輩編誌籍隸秦齊民揖梔衣舊徵顯浣研池清墨濡新野史他年徵軼事。傻棲海燕德為隣。

其二

浩蕩乾坤物象移。驚心倦侶醫添綠。把策甕馱書興況復扶筇步徑遙憫世觸蠻仍剗運伏藏安隱倔支頤蒐羅喜續東城記秉燭光陰此一奇。

左妻寫鋪茅著山居雜憶二十八萬數千餘言付報志連載

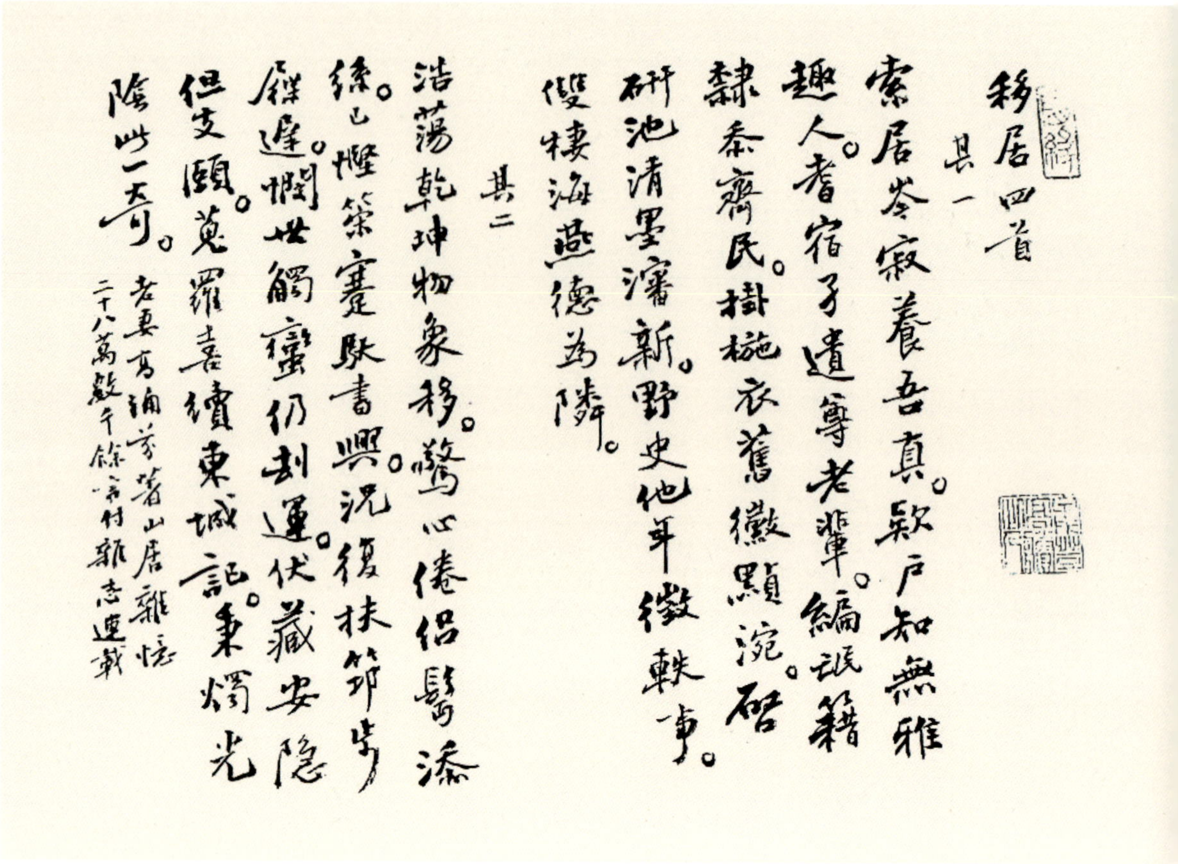

圖十三《移居》手迹

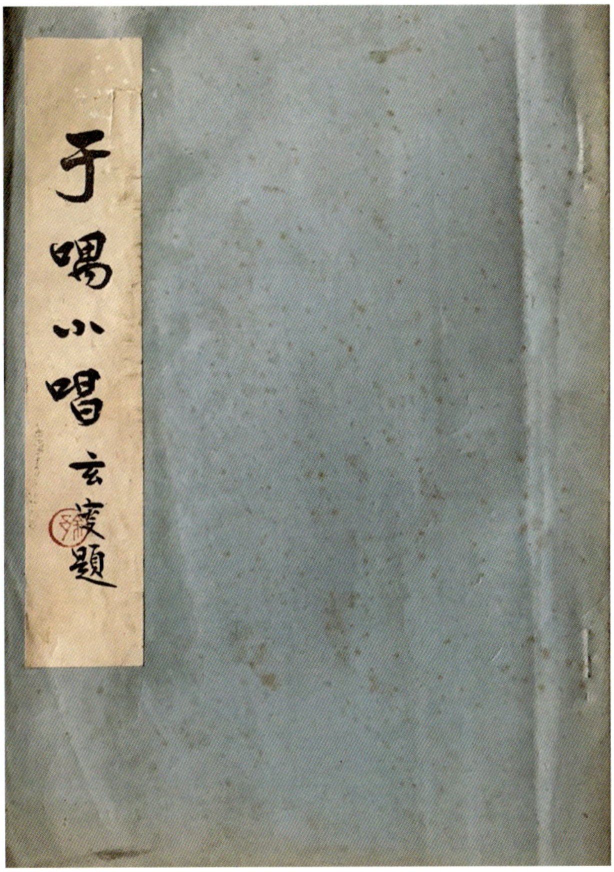

圖十四 詩人在上海與周退密相唱酬，結集爲《於喁小唱》

經歷十年浩劫，徐先生“文化大革命”前所作詩詞幾乎全部佚失；“文化大革命”後至今，共自刊詩詞集十一集，計十三册，按時間先後列出如下：

《滬瀆同聲集》一册，《夙諾集》一册，《於喁小唱》一册（圖十四），《和陶九日閒居》一册，《稼研庵近詞》(上下)二册，《依然靜好樓絕句鈔》(上下)二册，《北駕南艤集》一册，《稼研庵七言唱酬津髓》一册，《稼研庵庚午消夏詞鈔》一册，《餘生贅稿》一册，《居夷集》一册。

徐達斯，2021年10月寫於杭州葵巷桂花香中

煙火人間

書店：城市裏的精神避難所

文/鍾楚怡　湖上

時代的火車轟轟地往前開，絲毫沒有放慢脚步的勢態，一如既往。而在這龐然巨物下，傳統的獲取知識與資訊的方式已不再那麼適用，它們被碎紙機般的車輪碾割成屑末，又爲崇尚速食的現代人所消化。紙質書是否還有它存在的意義？書本這種介質是否終將會被取代？在這樣的時代下經營一家書店是否是螳臂當車？這些問題都可以被討論，但作爲城市的一個文化現象，書店必然有它的不可替代性。

杭州自古便是書坊林立、書香濃郁的城市。在北宋時已有書坊，南宋時杭州作爲古都，由全國三大刻書中心之一一躍成爲全國的印刷出版中心，書坊可考者多達二十餘家。歲月更迭，書坊也在時間的洪流裏不停地改顔換貌。一波去，一波又來。從連鎖書店到獨立書店，它們有着獨特有趣的個性，藏於杭城的大街小巷間，被層層疊疊的緑色包裹其中。人們穿行於鬧市及山水之間，稍不留神便能與它打上照面。尋訪書店的過程，更像是將多面的“杭州”一頁頁翻閲。它們的肌理不盡相同，却都有着獨屬於杭州的質感。

西湖可以説是“杭州”這本書的封面。這塊寶地自然不能少了人文地標，沿着西湖東側的南山路一直走，我們就能看到一棟民國時期保留下來的歷史建築，粉色薔薇爬滿牆面，爲灰色的小洋樓添了一絲俏皮。這裏就是南山書屋，它隸屬於中國美術學院出版社，一直以來也作爲中國美院歷史文化中的一部分。（圖一）書屋內幾乎被藝術人文類書籍占滿，小眾字帖、摩崖石刻、名家畫册……應有盡有。四壁皆是書，佇立其中抬頭望時，頂部的鏡子把書梯延續得更爲深長，使人仿佛掉入知識的秘境一般。（圖二）除內部陳設如此，書屋的文化氛圍如此濃厚還有另一個原因，它不僅是讀者與作者之間對話的入口，更作爲學者們的課外講堂。大到文明起源，小到插花藝術。求知若渴的人們總會相約在南山，與學者們一同探尋文化的礦脉。（圖三）

圖一-1 南山书屋 外墙的粉色蔷薇

圖一-2 南山书屋 匾额

圖二 南山書屋 頂部的鏡子

圖三 南山書屋 內部

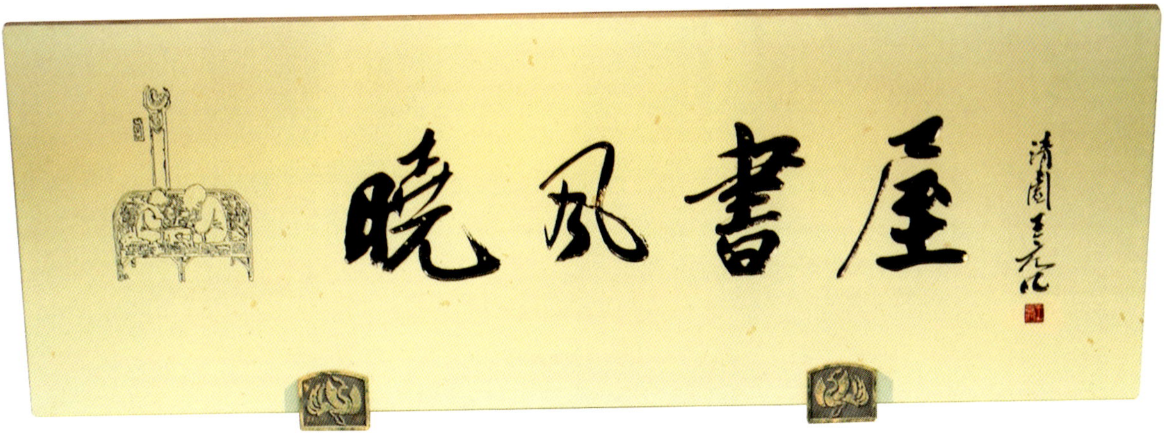

圖四 曉風書屋 門牌

接着，我們翻開杭州的第一頁——曉風書屋，它的肌理是古樸而寫意的，從 1997年至今，體育場路上一家不起眼的小店到如今 20多家分店，它烙着深厚的杭州印記，與杭州人也結下了頗爲密切的情感聯結,人們常親切地將它稱之爲“理想書房”。(圖四）北山街，體育場路，南宋御街……它的身影似乎無處不在。運河畔，古街旁的曉風極具江南氣。緑槐高柳咽新蟬，曉風書屋融於其中，顯得那麼和諧。二層的舊木窗一扇扇向外敞開，像是一支寫滿了文字符號的口風琴，它將文化的聲音吹出窗外，引得行人忍不住進去駐留片刻。（圖五）書店內的一切都有一種斑駁的歲月感，空間雖小，却算是一方黄金屋。

圖五 -1 曉風書屋 口風琴般的舊木窗與綠意

圖五 -2 曉風書屋 紀念票

除了過道和座位，四面都是書架，書本挨挨擠擠的無一處虛席。曉風與豐子愷有緣，裏面慣常掛了不少豐子愷的畫，畫風樸實，富有童趣。（圖六）還因是南派三叔的作者書屋，店內有杭州最全的作者書籍陳列櫃和一面可愛的讀者留言牆。這裏可以說是古典文學愛好者的天堂，詩經詞學、歷史文化、中華經典藏書，幾乎都能翻閱到。（圖七）小窗正對運河，推窗便能看到微微泛起波紋的水面，和偶爾在槳聲中走遠的船隻。這裏的時間流逝得很慢，捧一本喜歡的書，就能知曉“久在樊籠裏，復得返自然”所謂何意。

圖六 豐子愷的書畫

圖七 曉風書屋 書籍

繼續翻，普通讀者——這是杭州的下一頁。（圖八）它的肌理是温暖而靜謐的。在伍爾夫的文學評論集《普通讀者》代序中，她引用了詹森博士的一句話："我很高興與普通讀者產生共鳴，因爲在所有那些高雅微妙、學究教條之後，一切詩人的榮譽最終要由未受文學偏見腐蝕的讀者的常識來决定。"普通讀者之名正源於此。這是店主私人的偏好，但也在無形中觸動了許多普通讀者的心。

墨綠色和深木色架構起了這個復古的空間，編織了一方讓讀書人得以航行於浩茫文海中的思想之洲。（圖九）書店的書目分類也極具創造力，靈感來自法國哲學家阿蘭·巴迪歐在《哲學宣言》中列舉的四條通往真理的程式：科學、愛、藝術、政治。"科學"囊括博物科普及類型小說，"愛"則意指文學、心理學及生活類圖書，"政治"以哲學、歷史、政治思想等圖書爲主。"藝術"則包含美術、攝影、音樂、設計類圖書。單人閱讀位的設置爲當代社恐們營造了公共空間的安全感，點一杯咖啡，在紙張親吻指尖的聲音下度過一個下午，就是現代人汲取快樂時最簡單的方式。（圖十）或許真理我們很難真正的觸及，但是來到這裏，在廣闊中穿行，在思考中漫遊，以此尋得忘我的專注，已然瞻仰過真理之光。

圖八 普通讀者 墨綠色外牆

圖九 普通讀者 書店內部的分區

圖十 單人閱讀位

我們翻開杭州更爲摩登的一頁——蔦屋書店，如同麂皮的質感，它的肌理是舒適而愜意的。（圖十一）它坐落在由意大利著名設計師倫佐·皮亞諾設計的天目裏園區，這代表着現代主義風格的建築與蔦屋的氛圍相得益彰。

書店講求的不僅僅是兜售書籍，更是要講求書籍的擺放羅列。它內部的分區條理分明，與一般書店所標記的“文學區”，“哲學區”不同的是，富有人情味的蔦屋書店以“生活中的和紙藝術”，“一日一花”，“城市速寫”這樣的關鍵字來劃分、擺放書籍。（圖十二）除了常規書籍以外，這裏還有很多原版書籍、漫畫書和國內外難尋的雜誌。（圖十三）當你在書架與書架之間踱步閱覽之時，就像是在尋寶，很多意想不到的小眾書籍，會突然跳入視野給你一個驚喜。蔦屋的書店創始人增田宗昭說過，“我要販賣的不只是書籍，而是販賣一種生活方式的提案。”正因如此，這裏還兜售各式各樣的家居雜貨，可愛的文創周邊、復古的相機唱片、粗糲的食器和工藝品……這些能爲平凡生活增添趣味的小小物件，更像是美好生活的具象化。蔦屋就是有這樣神奇的魔力，以書愈心的同時，也能看見更多生活被擦亮的可能性。

最後，我們再翻開杭州温情的一頁，這是一家敞開式的移動書店。店主是一

位年邁的老爺爺，在我們上班的必經之地——吳山山腳的防空洞邊上，我們幾乎每天都能看到他坐在小板凳上的身影。他曬太陽，帶來的舊書也跟着曬太陽。有時他帶來養生之道，有時是杭州的歷史文化書，有時是老版裝幀的魯迅小說……回回都不同，兩三塊一本，說是掙個買菜錢。晨練的老居民和遊客經過時，都會駐足停留，與他嘮上一兩句。我們的編輯部也因爲地理位置的親近，自然地成了最常光顧的熟客，每次清晨聽到那句親切的“早上好”，就有一種莫名的心安，而若買到了心儀的書，更是會快樂加倍。這條市井長巷的盡頭，行人來來又去去，樹木葱蘢又凋零，而老爺爺十年如一日地，爲這裏保留着一寸書香，爲庸常的生活平添一份詩意。

書頁翩躚間，杭州的身影似乎也變得更爲鮮活。它從來如此，反復咀嚼後方能品出更多元的美。它是有生命力的，如同在這裏崛起的一家家書店，成色絕不是單一的，或許還有很多頁我們尚未翻及，但却正在發生着。儘管人們常說書店是理想與盈利的拉扯，但仍有人努力的把紙質的高地建起，它們在高速運轉的水泥從林裏如同精神的堡壘，成爲了一座城市的肖像和文化燈塔。在寂寞的現代都市人感到麻木和失意之時永遠敞開大門，不吝給予源源不斷的精神力量。

圖十二-2 蔦屋書店裏富有人情味的分區一角

圖十一 蔦屋書店內部

圖十二-1 蔦屋書店裏富有人情味的分區一角

圖十三 蔦屋書店的原版書籍專區

當我用聲音，去理解杭州的秋和冬

圖二 老巷子裏的人

文／末末 獨立撰稿人

八月下旬，進入處暑節氣，聽完夏日最後的一聲蟬鳴我們便進入了氣象意義的秋。城市的秋冬，總給人一種寒涼、蕭瑟的感覺，杭州也不例外。西湖邊的荷花逐漸進入頹敗時期，荷葉半綠半枯萎着，桂花落滿了石板後，好聞的桂花香也終會慢慢散去。（圖一）

但如果你用聲音深入這座城市，將自己感知的顆粒度變細時，你就能發現寂靜之中蘊藏的奇妙生機。

我喜歡在秋冬來臨的時候去逛杭州的大馬弄，這是吴山腳下的馬路菜場，走進其中，紛繁有趣的聲音就出現了。它讓我想起老杭州的歌謠：清波門外柴擔兒，候潮門外酒罈兒，望江門外菜擔兒，清泰門外鹽擔兒……（圖二）

圖一 西湖初秋 沾露的荷

察院前巷和大馬弄交岔的路口，刨甘蔗、切甘蔗的聲音尤爲清脆，老闆俐落地抬手將甘蔗切成一小段，那機子發出了無比有節奏感的聲音。而一旁的大喇叭中，則有提前録好的那段：諸暨年糕、諸暨年糕、十元一包……兩種聲音交織在一起，一下子就讓這街道熱鬧了起來。

大馬弄雖只有 200米，但延伸開去連接着察院前巷和十五奎巷。走進窄小的巷子中，能找到更多記憶之中熟悉的聲音。（圖三）

比如街口的修鞋攤，老大爺用刷子磨皮鞋底的聲音，“唰唰唰”，帶着一些沉悶的色彩；而另一邊的老闆娘經營着蔬菜攤，她一邊拿出罎子裏的醃菜，將水擠出，一邊遞給老客人，背景音則是：支付寶到賬，5元！這聲音無比清亮，瞬間壓過了鞋匠修鞋的聲音。這種聲音的對比，在我聽來就很有意味，好像是過去和今天的一種對話。（圖四）

拿着録音筆，我們録下了許多聲音，比如螃蟹吐泡泡的聲音、拍魚的聲音、切醬鴨的聲音、糖炒栗子滾動的聲音、討價還價時方言交談的聲音……它們組合在一起，便是杭州“菜市交響樂”。（圖五）

圖三 街頭散養着的狸花貓

圖四 大叔在抓魚

圖五 醬鴨攤

我喜歡聽老阿姨做蛋餃時拿着鏟刀，發出“叮叮”這樣清脆的聲音，因爲它透着一股濃濃的人情味，也是一種時代的寫照。而基於聲音的多樣性，才有生活的多樣性。否則若是城市裏都是車流的喧噪和敲打鍵盤的聲音，那多無趣。（圖六）

離開大馬弄，我决定繼續去尋找杭州這座城市中有趣的聲音。雲栖竹徑，沒有了夏日燥熱的蟬鳴，竹林的風聲和溪水聲尤爲乾净透亮，瞬間治好了人的壞脾氣；北山街，落葉飛舞，環衛工人在爲梧桐樹刷上白色的保護漆的聲音，温和而美好；走進孤山，西湖裏生活的魚群總能在平静的水面上掀起波瀾，層疊的水聲則讓人想起馬遠的《水圖》……（圖七）

努力搜集杭州城市聲音的過程，讓我們看到了這座城市更深的人文精神。寒暑易節，自然的樂章，和諧的間奏，悠遠而又情長！

圖六 -1 西湖枝頭的風鈴

圖六 -2 采集西湖的風聲與柳聲
圖六 -3 采集西湖的水聲
圖七 -1 采集雲栖竹徑的水聲
圖七 -2 采集雲栖竹徑的溪水声

圖七 -3 西湖落日

讀一座城，以及川流人生

文／王珏　浙江日報記者、湖上

行進在城市的十字街頭，來來往往的人們帶着各种的表情走過。紅綠燈之下,有一瞬間時空是停止的，沒有喧囂，沒有風聲，也沒有蟲鳴，人成了城市的一個符號。

然而，當我們深入瞭解這個城市，就會發現杭州不僅有西湖美景和繁華商業區的燈光，還有許多隱匿在角落裏市井長巷的煙火氣息。

圖一　大石佛像

一

佛像、古樹和一個洗去塵埃的人。（圖一）

當那小小的木門推開，西湖的喧囂像流水般逝去。

三年前，這個院子裏堆滿了塵世欲望的殘渣：一個違章厠所、一間違章鐵皮屋、一個垃圾堆。那天他從西湖斷橋走過，偶遇一個老伯，被告知這個破敗的小院正在出租。他至今依舊清晰地記得，把小院清理出來，望見大佛時靈魂深處的悸動。就因爲這一眼，他付出了五年的時光。（圖二）

屋子的主人從茅屋裏走出，望着佛像站了一會，已過了霜降，佛像身上原本青翠的青苔已經發黃了，如一件袈裟覆在佛像身上。銀杏樹下放着一張矮几，幾把竹椅，他在一把竹椅前坐下。矮几上的茶已經有些涼了，他輕啜一口茶水，閉上了眼睛。風經過這棵古老的銀杏樹，唱着最原始的歌謠，秋日的蟲鳴帶着生命最後的獻禮，陽光漸漸斂去的温暖凝聚着天地封藏之力。（圖三）

圖二 爬滿青苔的大石佛像

圖三 大石佛院

三年前，他經歷着生命的悲歡離合，受困於愛別離、求不得，他一遍遍地在西湖邊找尋着這座城市能給予他生命的歸屬感。也許那個時候，他的內心也如這個院子一般，煩悶、焦慮、迷茫、痛苦，這些源於生活，却背離生活的情緒，讓他看不見生活本來的面貌。於是，他默默地在古籍中給這個佛像找到它的印記，他去瞭解它的過往，就像去瞭解生命的本質。他慢慢地給這個院子做調整，小到一棵植物，一顆石頭。他漸漸讓身邊的人走進這個院子，來認可這段歷史，來瞻仰自然的力量。（圖四）

第二年，銀杏再黃的時候，金色的熱烈和石像的滄桑吸引了一批又一批的人。人們爲之驚嘆，爲之讚美，爲之沉醉。

終於他要從這個小院搬出，大佛寺遺址納入了北山街改造的規劃之中。臨近離開的日子，他日日坐在小院中，看着院子裏的每一處擺設，不知道要帶走什麼。多年來與大佛的相伴，每日所思所想都是大佛，一日離去，竟有不知去往何處的迷茫。（圖五）

“離開了這裏，我要開始新的征途，與大佛相伴了幾年，是生命沉積的幾年，大佛早已在我的心裏。”這或許是他與大佛寺遺址的另一場因緣吧。

圖四 清理後的大石佛院

圖五 清理後的大石佛院

二

江南、古琴和一個汲古潤今的人。

屋後的紫藤花從空調外機鑽進去既而又竄上了屋頂，院子裏的一棵柳樹在雷電交加的夜晚傾然折斷，移栽過來的芭蕉已經遮住了半個小院……

他第一次來到這條小巷，是因爲一個朋友在這裏開了一家私房菜，邀他過來品嘗。他驚詫地發現，杭州居然還有這樣一條古老的江南小巷，依偎着古運河，像是遺落的一段時光。（圖六）

他是從外地來杭州的，對於江南他有着很多的想像。這些想像中有着古典文學中的江南意境，也有着人文風土中的浮生雅事。他喜歡在源遠流長的文化大河中，拾撿着當下生活的美好場景。 也正因爲這樣，當他遇到傳統文人樂器——古琴，便一發不可收拾地愛上了。（圖七）

在來到這條江南小巷之前，他跟着張岱的《西湖夢尋》游遍了西湖。他去尋訪張宗子的舊蹤，去追前輩的足迹，去踩踏前輩用腳步丈量過的土地，去憑吊，去靜思……

圖六 聽雪齋

圖七 聽雪齋

圖八 聽雪齋主人

而當他坐在運河邊的石階上，看着一只白鷺棲息在河邊垂落的樹枝上，河面粼粼泛着餘暉的光，周圍的屋舍裏漸漸彌漫出炊煙，他仿佛找到了心安之處。

於是他辭去工作，在這裏尋了一處屋舍，以琴會友，推廣古琴文化，從此枕河而居。全國各地的琴友經常會來這裏尋他，小小的屋舍裏，琴聲不絕於耳。偶爾也會有簫、尺八、二胡、越劇、昆曲等不同愛好的朋友，滿滿擠坐一堂，天南地北，海闊天空地聊着。（圖八）

逐漸，這裏開始有刺青店、手工咖啡店、古中醫館、玉雕店、手工裁縫店……仿佛如千年前的運河，在安靜的生活中尋找生命的另一種繁華。

在這五年裏，他帶着外地好友泛舟西湖上，用琴聲打開西湖另一種風景；他背着琴游走在杭州的山水之中，用琴詮釋杭州另一種生活；他參與各種文化推廣活動，用詩詞展現古琴與杭州的緣分……

古琴原本就不是一件表演樂器，它不應該只出現在舞台上，只有落於生活，才能真正地實現傳承。（圖九）

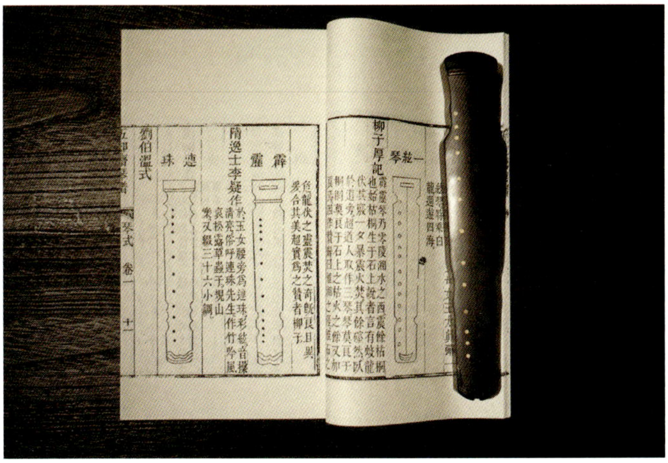

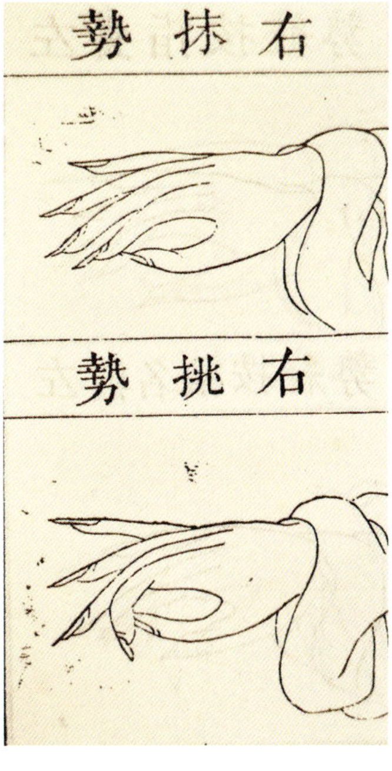

圖九 《五知齋琴譜》

三

市井、煙火和一個心中有光的人。

自從2020年疫情以來，他就處於半失業狀態，原本他是一家養老機構的負責人之一，如今養老機構因爲疫情已經關門。他倒沒有很在意這件事情，他一直相信一切的安排都是最好的。也因爲這些巧合，讓他遇到了《黑貓警長》的創作者——戴鐵郎先生。

這是第 2届“黑貓警長相關”紀念展。說是黑貓警長展，也是一場戴鐵郎先生的紀念會。三年前，戴鐵郎先生在杭州逝世，生前無論多少故事，黑貓警長的“請看下集”，成了無數人生命中永遠的續章。

8月1日，他早早地到了展廳，這個展廳位於杭州城西，是一個城市閱讀空間。開幕式在12點，他到的時候時間尚早，展廳裏只有他和另外一個女孩。這個女孩來自台州，剛剛初中畢業，因爲很喜歡畫畫，去年辦“黑貓警長相關”紀念展召集作品時，她在微博上給他留言，於是相熟，很多關於黑貓警長的作品便出自她的手。

因爲“黑貓警長相關”紀念展，他認識了很多這樣的朋友，對於他來說“黑貓警長相關”紀念展，遠不止於“黑貓警長”。就像十多年前，他在豆瓣上認識一群人，他們都喜歡探討哲學的藝術呈現，他們經常會在咖啡館一起看小眾的藝術電影，比較熟的幾個小夥伴也會一起做一些事件作品的創作。雖然很多時候只是自嗨，但是他們在思考中感受到自己活着的生命。

中午，參展的朋友，陸陸續續地到了。有原本與戴鐵郎先生一同在上海美術電影廠工作過的馮毓嵩先生以及他的幾位好友，也有連夜駕車從廣東過來的戴鐵郎先生的親人，還有戴老的鄰居和全國各地的黑貓警長迷。有一位從北京趕過來的警員，他說他是因爲看了黑貓警長，才立志成爲一名警長。

這場結束後，他坐在展廳裏回顧這段時間見過的人，做過的事，想起戴鐵郎先生逝世前與他短暫的緣分，想起以前在中國美術學院裏蹭過的課，再想少年的自己……他想去構建生命的意義。

“紀念”，記録以懷念。記録什麼？懷念什麼？不同的人有不同的記録，也有不同的懷念，這些生命與情感的痕迹交織着，形成社會的大網，而人在這張大網中，迷失着，尋找着，完成自己的生命。

一座城市，因爲人而活着，因爲生活而生長。他們的故事，交織成了這座城市豐富多彩的文化底藴和人情味道。杭州城市的變化，或多或少在他們的身上鐫刻下城市的烙印。他們的成長，就像走過四季的生命，落在這片土地，滋養着這座城市。

城市棲居：播種城市記憶的人們

文／王珏 浙江日報記者、湖上

無論是歷史建築、傳統街巷還是自然景觀，杭州都以其豐富的文化遺產和獨特的美景吸引着人們的注意。這種對城市記憶的珍視不僅體現在行走於城市中的個體之間，也反映在很多公益組織上。

每個時代都有它的風景，城市是一個容器，當歷史記憶成爲我們城市的地標，這個城市才能真正擁有鮮活的生命。

圖一 嚴陣以待的公羊會成員

一

2021年7月20日，颱風“煙花”正在逐步靠近東南沿海，韓虎根正在辦公室部署着抗颱事宜。在這惡劣的天氣下，每個救援成員都嚴陣以待。（圖一）

下午4時，來自河南的請求支援電話打到了韓虎根的手機上——那裏已經水漫金山了，而且更加緊急的是，由於斷水斷電斷網，數十名重症病患因醫院停電設備無法使用，因而急需轉移至河南省人民醫院接受治療，情況十分緊急。

值此危難之際，韓虎根所領導的“公羊隊”出動了，他們携帶各種設備奔向了災區，而韓虎根則留守在後方分配統籌救援物資——這對前線的救援隊來説無疑也是十分重要的舉措。（圖二）

圖二 公羊會救援現場

浙江公羊會是一個怎樣的組織？它成立於2003年，本質是一個民間救援組織。從浙江杭州開始，逐漸發展到北京、上海、四川、新疆、寧夏以及海外。創始人何軍是一名企業家，他通過自己的行爲，影響和帶動了身邊的一群又一群的人投身進來，而韓虎根就是其中的一員。已有近20年曆史的公羊會多年以來都活躍在搶險救災的第一線，我們可以在不少大事件裏都看到他們的身影：G20志願保障服務、四川九寨溝地震救援、重慶公車墜江救援、巴基斯坦地震救、印尼地震救援……（圖三）

圖三 公羊會救援現場

對於公羊會的成員而言，很多時候救援也是一種自救。在現代的繁雜社會中，太多欲望的大樓，遮蔽了生命向上的陽光。只有點燃信仰，才能滋潤自己的生命，從而照亮別人的道路。（圖四）

向上成長，向暖而生。一片土地正是因爲有這樣子的力量，才有了那真誠且善良的微笑。

圖四 公羊會的口號

圖五 國大恒廬美術館

圖六 國大恒廬美術館

二

杭州從來都是一座崇尚"美"的城市，這樣的條件使得許多與美學有關的店鋪得以在杭州生存。作爲一位老杭州人，席挺軍更是從骨子里透着對文化與藝術和美的親和與嚮往。

就如種子的隨風而落，一個理念落入一片空間，生長出一片風景，席挺軍的藝術理念落入國大城市廣場，逐漸成了這個城市的一個風景——國大恒廬美術館。（圖五）

在國大城市廣場5樓的過道裏，席挺軍每個月都會在這裏做一場關於二十四節氣的直播，聊聊節氣，談談杭州的文化，對於他來說，這就是一種文化藝術的推廣。

席挺軍曾經講過這樣一件對他觸動很大的事：在恒廬美術館成立15周年的時候，一位退休老教師來觀展，她說她就住在隔壁，只不過不太懂這些陽春白雪，所以雖然鄰居多年，却是第一次來看展。這件事引起了席挺軍的反思：藝術如何才能走進普通人的生活，成爲生活的一部分呢？也正是這樣的反思，讓席挺軍產生了要讓美術館走出去的觀念——於是在努力爲觀展市民打造"世界美術窗口"的同時，國大恒廬美術館還舉辦了豐富多彩的美育活動。（圖六）

海德格爾曾經說過:“人,詩意地栖居在大地上。”除開日新月異的高新技術之外,杭州這座城市在不斷的發展中,也重新在文化的沃土裏蒸騰起精神的圖騰,重新尋找文化的靈魂。時代把“恒盧”這顆種子吹落在國大城市廣場,讓這裏成爲人們精神的棲息地。(圖七)

每天,當席挺軍從長廊走過時,腦海中時常會浮現出兒時在外公家看到的情景,大大小小的畫錯落地掛在牆上,窗外的餘暉透過花棱玻璃照在上面,人間煙火便多了些詩情畫意。

三

“相較於學者,其實我更應該是一名行者。”仲向平這樣描述自己。

從家裏出門,轉兩趟車到了西湖邊的北山街。仲向平到的時候,已經有三四個人在等待,稍一會,陸陸續續地又來了五六個人。他做了簡單的自我介紹,便帶着他們開始北山之旅。

像是一名導游,他對自己所到的每個景點都爛熟於心。然而仲向平并不是一位導游,而是杭州歷史學會副會長。

圖七 國大恒盧美術館

“如何更好地瞭解一座城市？如何在城市文化中完成另一種閱讀？”這是在旅游行業由於疫情而進入停擺之後，旅游行業者考慮的問題。

於是有旅行社找到了作爲學者的仲向平，希望他從專家的角度給市民游客帶來不一樣的旅行產品。仲向平欣然接下了這個專案，因爲對他來說別有一番樂趣，這是一個尋找瞭解自己愛好的知音的過程。

仲向平算是一個老杭州，所以在他的記憶裏，杭州城是不同記憶的疊加，因此，留在仲向平腦海裏的記憶時常與城市的發展碰撞着。於是當記憶中的拼圖在現實生活中一片片的缺失，仲向平選擇另一種方式把它保留下來，譬如給一座座老房子拍照片，做文字速寫。

爲了城市的發展與便利，原本城市的格局與文化變得支離破碎，這是仲向平難以接受的。他的童年，他的回憶，只是這個城市中很小的一部分，但是它們被抹平了，跟着城市曾經的歷史文化一起被抹平了。但是當城市逐漸地醒來，當城市裏的人們從生存走向生活，這種傷痛，便從靈魂深處蔓延開來。

現在，仲向平正努力地把自己一個人的記憶，變成群體性的記憶，從而成爲城市的記憶。

“我不是一個人行進在這條路上。”當他一遍又一遍地走在北山街上，越來越多的人加入他的隊伍。西湖、河坊街、小營巷……有很多的人，有很多的故事。

杭州還有無數像他們一樣的人，珍視這片土地上每一個細節，把城市的記憶鎸刻在自己的生命裏，再等待着把這種記憶重新播種在這片土地上。正是這無數的細節，織補了城市，找到歷史的每一處痕迹，拼成了屬於我們每個人的世界遺產。

杭州的巷弄

文／余淮

有學者考證，“弄”字有小巷的意思，是從五代十國開始的，《南齊書·鬱林王紀》中有這樣一段：“帝竟無一言，出西弄殺之，時年二十二。”我的家鄉在西南，在我所居住的城市裏是沒有“弄”這個概念的，自然也沒有這種念法。至於巷，也與江南有很大的差別，因此來杭一個月，走過巷弄之時，時刻都會感覺到一股新奇。

杭州的弄巷,最初的感覺是兩旁邊的屋檐雨棚之矮，令人頓悟武俠的飛檐走壁可以全信，天晴之時，屋檐下停靠的私家汽車边上擺曬滿了衣服，球鞋，襪子……而即便對於那些身手沒有那麼矯健的人，好像稍一蹬腿也能

圖一 巷弄屋檐

夠借助這階梯躍屋上梁——之後你便會發現那裏是野貓和燕子的好居所。（圖一）但逢上下雨天，小動物們回到巢穴，兩旁空蕩蕩一片，只留得雨滴打在屋檐上的一片沙沙聲響，空留得那“高牆裏面有的是妯娌爭風、姑嫂嘔氣、兄弟奪產、婆媳鬥智——牆白着，門黑着，瓦灰着”的巷。

圖二 大馬弄路牌

我上班便需經過這樣的巷弄：我工作的地方在吴山，山腳下便有丁衙巷，大馬弄，（圖二）那是我每天上班的必經之路。每日我都需要騎車穿過一片煙火氣十足的街巷，然後又下車徒步經過同事林東的竹軒，（圖三）穿過鼎沸的人聲，方能抵到那通往我上班之所，石觀音閣的幽靜小道。

圖三 林東竹軒

在巷弄騎車定然會要求一番技巧：兩旁的屋牆、垣壁將道路生生逼得狭窄，進進出出都需側身讓過，（圖四）而巷弄內的攤鋪、往來的行人更是將這條窄之又窄不能再窄的小道弄得擁擠不堪，像我這樣年輕的外地新人，往往會被這一方天地裏錯綜複雜的地形打個措手不及，彷佛闖進了諸葛孔明布下的迷魂陣法，惶恐訝然，手足無措。而背後行人的呵斥，摩托車長鳴的喇叭更是在這種焦灼感上添火澆油。反觀那些騎着自家自行車的大爺

圖四 行人打牌

大媽，便像是練就了什麼功法，在人群、商販和車輛中左右閃避穿梭，進退自如，想必定是多年來訓練出的功力與敏感度。（圖五）

說到人，那便不能不提位於巷弄兩旁的攤鋪，聽說這坐落在吴山腳下，號稱“杭州最後的馬路菜場”的大馬弄依然保有着老街的風範，故而不少遊客便持着“懷舊”的願景特地前往探訪。

圖五 大馬弄街景

圖六 雜貨鋪

初進大馬弄，你便會驚覺自己是否是無意間闖進了一場七嘴八舌的論談與争吵：街這邊和那邊的攤鋪大剌剌地敞開着鋪門，只見那老闆手執蒲扇，袒胸露乳,身後的家電維修部對外支着擴聲音響，旦夕高唱道“你總是心太軟，心太軟”，那邊的零售鋪顯而立場極爲不定，忽而認爲“這一切都是月亮惹的禍”，忽而發覺“羞答答的玫瑰靜悄悄地開”，又忽而打算“穿過你的黑髮我的手”，（圖六）這些歌曲年代不同，曲調各異，令人有時光飛轉，掐指之間又是换了人間之感。如若這些流行歌曲還未能讓你體會到杭州的人情風土的話，那麼巷弄裏的吆喝聲便是正正宗宗的杭州土產了。杭州人聲低語款，又在言語上善於簡練，因而即使是吆喝聽上去也有如在含着一口柔水歌唱，這邊魚鮮店老闆對你吆道：“活

圖八 魚鯗

魚，嘎鮮嘎鮮！”（圖七）那處的美髮店喝道：“開業酬賓,會員卡八五折！”喝畢，魚店老闆便拎出一條滴答淌水的活魚，摔至案板——只見得那魚兒在案板上上下翻騰，拍得案板劈啪作響——老闆虎口按住魚背，右手舉刀猛擊魚頭，那魚便瞬間失去了意識。接着刀尖點入進魚肚，如同削絲刨花一般，繞魚的身體一圈，唰唰唰……魚肉瞬間開花，片片厚薄均勻，刀一刮，收起魚片，左手一拎，整張魚皮完好無損，乾净俐落，又極爲人道。（圖八）之後便是將魚背打開，把鹽均勻地在魚肉和魚背搓一遍，再和另兩條魚的魚背貼在一起，醃之曬之，浙江人的最愛之一，口感乾柴的魚鯗便成型了。

圖九　果店

肉店、小食店雖在吆喝上面略輸一籌，但在招徠顧客上總也不遑多讓，只見那肉店老闆赤膊叼煙，向着肉骨上“噔、噔”下着刀，那聲響一板一眼，像是往桌案上面一下一下拍響的驚堂木，判別着大馬弄芸芸事物的喜怒哀樂、苦辣酸甜，又伴之而來的是那魚腥味，醃制後的魚鯗味，八角香，與聒噪的歌聲，蟬鳴和喧鬧聲通通混合雜糅在一處，散發着一股巷弄特有的氣息。（圖九）

這些店鋪的主顧則大多是江南人口中所說的“馬大嫂”，都說江南水鄉美女子多，但在我看來，美女子即便到了花甲之年，舉手投足間也是別有一番氣韵，或又是叫做“有樣子”。在夏日的巷弄裏，你定能見到那燙着時興的大波浪卷，穿着花布衫，過膝短褲的阿姨孃孃——她們踩着拖鞋，在家必然也是如此穿

圖十 市民

着——一手攬挎着竹編籃袋，一邊偏斜着腦袋，時時側耳捕捉着那每扇門面裏傳來的吆喝，眼觀每個攤位上的好貨。（圖十）有時碰見熟人，便留步寒暄："你嘎遠跑來買早餐？""我就住旁邊。""不是住別墅了嗎？""哎，住不慣，木佬佬冷清，連個説杭州話的人都没，就是爲格頓早飯也要住回來啦。""莫被人家刨黄瓜兒（宰客）的嘞！"行走言語間，那舉手投足的步態、姿儀都雅致非常，嫻靜安適，好像她們并非是來上街買菜的，而是在參加一場什麼摩登瑰麗的秀場，處處都在昭示着她們年輕的時候也曾風華過，美貌過。

夤夜至時，諸事退去，這巷弄便如同那屋檐上的灰瓦一般安静，質樸，只留得社區樓内傳來的幾聲夢囈和夜鳴蟲叫，清清閑閑寂寥無人，只有一個戴紅袖標的居管大媽在自行車頭别着一個高音喇叭，悠悠哉從這頭擺蕩到那頭，透過略微破音的喇叭播報着："落嘎落嘎，火燭小細，門窗管哈，主義安窮"（樓上樓下，火燭小心，門窗關好，注意安全）。（圖十一）騎車的那份閑緩，那份勁頭，就好像她是從五代十國時期便居住在了這條巷弄，日日打更直到如今——其實人要的便是這份閑勁：火燭固然需要提防，然而那音律頓挫，咬字雅正的腔調才是精髓所在，有時我們稱之爲"生活"的事物，便存在於這不言之中。至於那夜晚杭州城裏的巷弄，雖少了幾分鬧熱，但却不至於歸於寂寞，畢竟杭州人都心明得很：只待至魚肚泛白，再騰挪出一席空地，留與這嘈雜的人世間。（圖十二）

圖十二 招牌

圖十一 小弄

西湖永在我心中。
（巴金）
浙江西子賓館

湖光山色不勝收。
费孝通

杭州西湖柳莺里酒店

未能抛得杭州去

杭州西湖国宾馆

一半勾留是此湖

中國文化書院　主辦

責任編輯：周翔飞

执行編輯：崔　艷

書籍設計：茹寒越　單子沛　歐陽薇

責任校對：楊軒飛

責任印製：張榮勝

圖書在版編目（ＣＩＰ）數據

湖山有美 / 鍾楚怡，李嘉文編著. -- 杭州 : 中國美術學院出版社，2023. 9
（湖上 / 李海波主編）
ISBN 978-7-5503-3041-2

Ⅰ. ①湖… Ⅱ. ①鍾… ②李… Ⅲ. ①杭州—概況 Ⅳ. ①K925.51

中國國家版本館 CIP 數據核字 (2023) 第 149638 號

湖上：湖山有美
李海波　主編　　鍾楚怡　李嘉文　編著

出 品 人：祝平凡
出版發行：中國美術學院出版社
地　　址：中国 · 杭州市南山路 218 號 / 郵政編碼：310002
網　　址：http：// www.caapress.com
經　　銷：全國新華書店
製版印刷：浙江海虹彩色印務有限公司
版　　次：2023 年 9 月第 1 版
印　　次：2023 年 9 月第 1 次印刷
印　　張：30
開　　本：787mm×1092mm 1/16
字　　數：380 千
印　　數：0001—5000
書　　號：ISBN 978-7-5503-3041-2
定　　價：198.00 元